Unseren Frauen
Brigitte Baumann
Anne Künkele
gewidmet

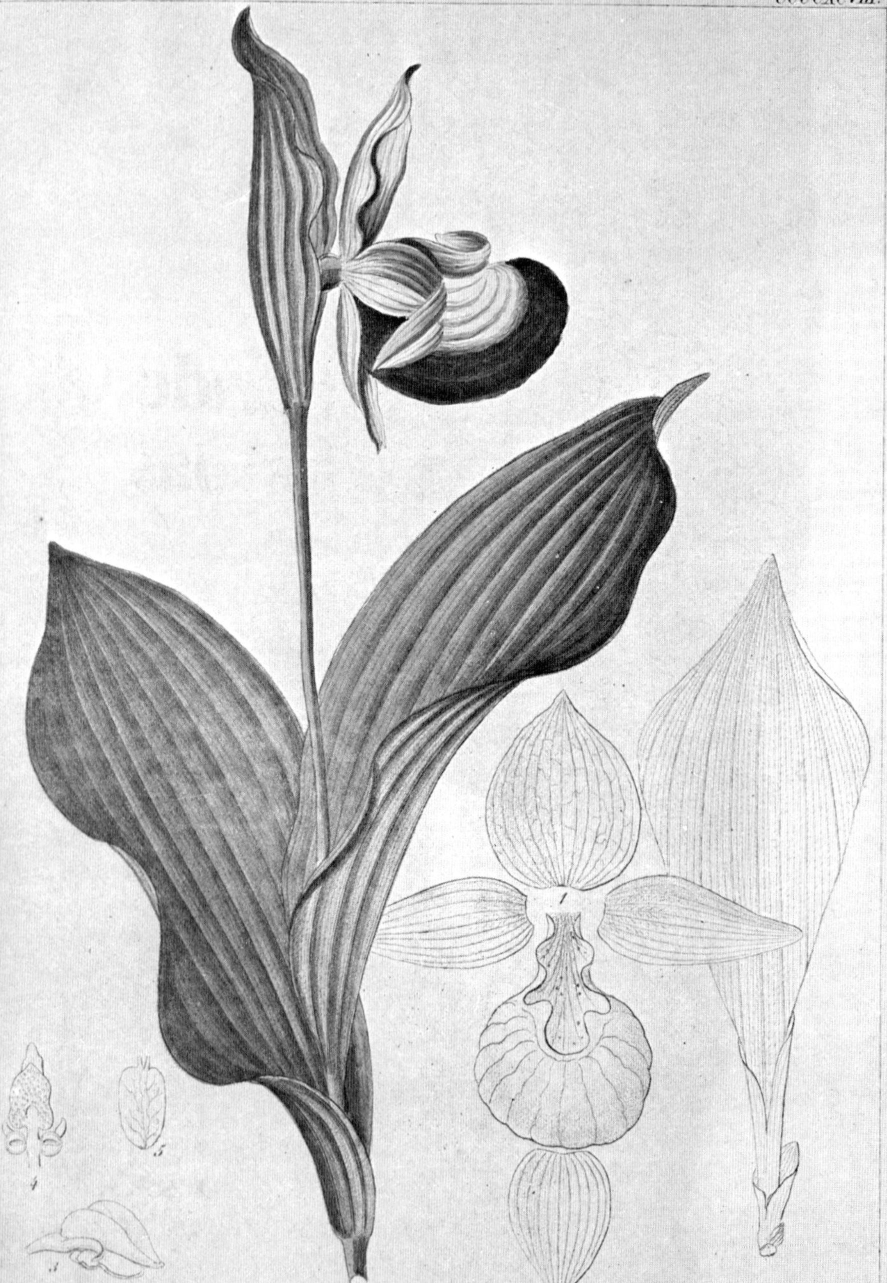

Cypripedium macranthon SW.

G. Reichenbach del. &c. C. Schnorr sc.

Die wildwachsenden Orchideen Europas

Vorwort

Wie viele Orchideen gibt es in Europa, wie heißen diese, und wo findet man sie? Dies scheinen sehr einfache Fragen zu sein. Mit der Suche nach Antworten haben wir uns bereits seit Jahren befaßt. So einfach ist es jedoch nicht, hierauf Antworten zu finden, die dem zeitgemäßen Stand der taxonomischen Forschung entsprechen. Da ist zunächst einmal die Weite des Raumes, der von den Azoren bis zum Iran und vom Eismeer bis nach Nordafrika reicht. Natürlich kann man heute frei und ungehindert fast jedes Land besuchen, um dort Geländestudien zu betreiben. Wir vergessen aber allzu leicht, daß solche Freizügigkeit kaum einer früheren Generation beschieden war. Eine großräumige Erforschung der europäischen Orchideen im Gelände war vielmehr erst in der jüngsten Gegenwart möglich. Dies zeigt sich auch daran, daß in den letzten 20 Jahren immer noch oder immer wieder neue Arten beschrieben worden sind.
Für die wissenschaftliche Benennung der Pflanzenarten sind allerdings nicht die jüngsten, sondern die ältesten Namen maßgebend. Im Laufe der Zeit haben sich die wissenschaftlichen Namen für die rund 200 europäischen Orchideen-Arten zu mehreren tausend angehäuft. Mit der Klärung und Ordnung dieser Namensfülle befassen wir uns im Rahmen der Vorarbeiten des internationalen Projekts „Kartierung der mediterranen Orchideen". Grundlage der Bearbeitung dieses Feldführers sind daher nicht nur ein paar hunderttausend Geländekilometer, sondern auch umfangreiche Literaturstudien. Auf ein Literaturverzeichnis verzichten wir. Es wäre zu umfangreich. Außerdem gibt es dazu moderne Bibliographien von BARBARA und ECKHARD WILLING (Berlin). Dieser Feldführer ist kein Nachschlagewerk über alles Wissenswerte über Orchideen. Er ist vielmehr eine moderne Darstellung, um die wildwachsenden europäischen Orchideen rasch und zuverlässig bestimmen zu können.
Den heutigen Kenntnisstand haben wir selbstverständlich nicht allein erarbeitet. Wir konnten auf dem aufbauen, was frühere Generationen beigetragen haben. Aber auch in der Gegenwart haben uns viele Freunde und Bekannte mit Fundmitteilungen und Bildmaterial unterstützt. Herzlichen Dank schulden wir unseren Freunden im AHO (Arbeitskreis Heimische Orchideen Baden-Württemberg) und in der OPTIMA (Organization for the phyto-taxonomic investigation of the mediterranean area) sowie zahlreichen europäischen Museen, Instituten und Bibliotheken.
Ganz besonderen Dank schulden wir ferner der Stiftung zum Schutze gefährdeter Pflanzen (Bonn), die die Erlaubnis zur Ausstattung dieses Buches mit einigen Zeichnungen aus der berühmten Sammlung E. NELSON erteilt hat. Die Farbtafel *Epipactis phyllanthes* ist J. LANDWEHR, Wilde Orchideeën van Europa (1977) entnommen. Für die Erlaubnis danken wir Herrn LANDWEHR und der Vereniging tot Behoud van Natuurmonumenten in Nederland.

Die Verfasser

Einleitung

Orchideen bilden mit etwa 30 000 Arten die artenreichste Familie der höheren Pflanzen. Der weitaus größte Teil davon lebt auf anderen Kontinenten, zumeist auf Bäumen (Epiphyten) tropischer Regenwälder. In Europa kommen mit etwa 200 Arten vergleichsweise wenige Vertreter dieser Pflanzenfamilie vor. Die wildwachsenden europäischen Orchideen haben seit eh und je den Naturfreund, den Amateurforscher, den Botaniker und neuerdings den Naturfotografen in ihren Bann gezogen. Es ist der unglaubliche Variationsreichtum, die verwirrende Vielfalt an Farben und Formen, die die Natur aus den sechs Grundbestandteilen der Orchideenblüte hervorzaubert. Des einen Freud, des anderen Leid. Der Systematiker und Taxonom hat wegen dieser paar Arten größte Probleme, um Ordnung zu schaffen. Deshalb ist auch die Frage, „wie viele Orchideen gibt es in Europa und wie heißen diese“, gar nicht so einfach zu beantworten. Vor der Suche nach einer Antwort türmt sich vor dem Bearbeiter eine fast endlose Fülle vielsprachiger Literatur aus alter und neuer Zeit auf. Genauso riesig sind die Räume, die zu bereisen waren, um die Pflanzen nicht nur aus der Literatur und dem Herbarium, sondern vor Ort kennenzulernen. Erst Erleichterungen in jüngster Zeit wie die Farbfotografie, das Kopiergerät und die wesentlich verbesserten Reisebedingungen haben zum Durchbruch verholfen, so daß nicht nur die Spezialisten, sondern auch die Naturfreunde ihre Pflanzen rasch und zuverlässig bestimmen können. Zu danken ist vor allem den in jüngster Zeit tätigen Orchideenforschern wie ERICH NELSON (1897–1980), OTHMAR & EDELTRAUD DANESCH, HANS SUNDERMANN und JAKOBUS LANDWEHR. Auf ihren Ergebnissen bauen wir selbstverständlich auf. Aber es wäre ungerecht, aus den früheren Epochen nicht wenigstens einige der bedeutendsten Forscher wie EDMUND GUSTAVE CAMUS (1852–1915), HANS FLEISCHMANN, GOTTFRIED KELLER (1873–1945), HEINRICH GUSTAV REICHENBACH (1824–1889), RUDOLF SCHLECHTER (1872–1925), RESZÖ VON SOÓ (1903–1980) und PIETER VERMEULEN zu erwähnen.

Für den Naturschutz sind die Orchideen, die Königskinder unter der Flora, inzwischen leider zum Inbegriff gefährdeter Pflanzenarten geworden. Weniger, weil diese Pflanzen – trotz ihres inzwischen auf sämtliche europäischen Orchideenarten ausgedehnten gesetzlichen Schutzes – immer noch vereinzelt gepflückt oder ausgegraben werden. Vielmehr steht bei den Gefährdungsursachen im Vordergrund, daß die Lebensräume der Pflanzen zunehmend eingeengt werden.

Dabei sind es nicht etwa Weizenfelder, fette Wiesen und Weiden, wo diese Pflanzen in unerwünschte Konkurrenz zu den Bedürfnissen des Menschen treten. Die Orchideen sind vielmehr in der Selbstbeschränkung ihrer eigenen Bedürfnisse kaum mehr überbietbare Lebenskünstler. Sie wachsen daher vornehmlich auf den kargsten Standorten, zumeist auf Ödland. Auf diesen Standorten haben sie selbst Zeiten bitterster Hungersnöte des Menschen überdauert. Ob sie alle auch die Zeiten des menschlichen Wohlstandes überdauern werden und in eine Zeit mit etwas weniger Agrochemie und mehr ökologischer Vernunft sich werden hinüberretten lassen? Nun, die entsprechenden Vorzeichen sehen schlecht aus. Bleibt zu hoffen, daß dieses Buch im Jahre 2000 nicht nur den Neid auslösen wird, was es vor 20 und 30 Jahren noch alles gegeben hat, sondern zum verstärkten Schutz dieser Kostbarkeiten beitragen möge.

Die Anordnung der Pflanzenarten folgt dem praktischen Bedürfnis nach leichter Auffindbarkeit und ist daher alphabetisch nach den wissenschaftlichen Artnamen. Auf die zahlreichen Unterarten, Varietäten, Formen und Farbspielarten kann dieser Feldführer nicht eingehen. Er beschränkt sich vielmehr auf die – dafür aber vollständige – Darstellung der soliden Arten. Darüber gibt es allerdings von Autor zu Autor wechselnde Auffassungen, von einem unbestrittenen Grundbestand allgemein anerkannter Arten einmal abgesehen. Bei LINNÉ war die gesamte *Ophrys*-Fülle noch eine einzige Art mit 8 Varietäten, nämlich *Ophrys insectifera* L. So eng läßt sich heute der Artbegriff nicht mehr fassen. Wir selbst gehen die Frage, was unter einer Art zu verstehen ist, mehr unter praktischen Gesichtspunkten an: Die Sippe muß im Gelände gut ansprechbar sein, sich also durch eine Reihe konstanter Merkmale deutlich von den nächstverwandten Sippen unterscheiden. Zum anderen besiedeln aber, wie die Erfahrung lehrt, die europäischen Orchideen-Arten in aller Regel große Verbreitungsgebiete. Die Verbreitungsgebiete sind gleichermaßen die „Fingerabdrücke" der Arten: Viele sind ähnlich, aber keines ist mit einem anderen deckungsgleich. Mit dem Herausarbeiten dieser Verbreitungsgebiete sind wir bereits seit vielen Jahren beschäftigt. Nur so war es überhaupt möglich, diesen Feldführer mit einem vollständigen Satz Verbreitungskarten auszustatten. Diese bleiben zwar weiterhin verbesserungsfähig, bringen aber doch einen weitgehend den tatsächlichen Gegebenheiten entsprechenden Stand zum Ausdruck. Für den Fachmann sei der Hinweis erlaubt, daß in die Verbreitungskarten auch viele unveröffentlichte Funddaten Eingang gefunden haben. Darunter befinden sich auch Erstnachweise von hohem Rang. So sind neu für Europa *Epipactis persica* (Finder: 1981 H. Baumann) und *Platanthera algeriensis* (1976 J. v. Bodegom). Neu für europäische Länder sind etwa *Epipactis muelleri* (Süditalien – 1979 H. Baumann), *Gymnadenia odoratissima* (Griechenland – 1885 C. Haussknecht), *Liparis loeselii* (Spanien – 1873 F. Hegelmaier) und *Ophrys insectifera* (Griechenland – 1980 S. Künkele). Ein Teil der Belege lag unbestimmt in europäischen Herbarien.

Zur Benutzung des Buches

Der Gattungsschlüssel zeigt charakteristische Vertreter aller 36 in Europa vorkommenden Gattungen. Man stelle fest, welcher Abbildung die zu bestimmende Pflanze am nächsten kommt, und schlage dann die hinter dem Namen angegebene Seite auf. Dies führt zur richtigen Gruppe der Abbildungen. Wurde die Gattung zutreffend erkannt, dann steht bereits der erste Teil des wissenschaftlichen Namens fest.
Auf den Farbseiten sind alle aus Europa, Nordafrika und Kleinasien bekannten Orchideenarten am natürlichen Standort mit ihren für die Bestimmung wichtigen Merkmalen abgebildet. Beim Vergleich der zu bestimmenden Pflanze mit den Abbildungen darf aber nicht übersehen werden, daß sowohl der Habitus als auch die Blütenfärbung oder die Form der Lippe bei vielen Arten erheblich variieren können. Die Abbildung zeigt die Pflanze nicht in ihrer abweichenden, sondern in ihrer typischen Erscheinung. Selbst innerhalb der großen Gattungen *Dactylorhiza, Ophrys* und *Orchis* gelangt man mühelos zu einer ersten Eingrenzung bis auf wenige Arten.
Als nächsten Schritt überprüfe man, ob der Fundort der zu bestimmenden Pflanze innerhalb des Verbreitungsgebietes der aufgeschlagenen Art liegt. Ist dies nicht der Fall, suche man weiter (bevor der Erstnachweis einer rein griechischen Art für Spanien gefeiert wird!). Zu den Verbreitungskarten ist zu bemerken, daß die wenigsten Arten in dem angegebenen Gebiet gleichmäßig verbreitet sind. Sie kommen vielmehr nur in den ihnen zusagenden Lebensräumen vor. Diese Biotope können auch sehr selten sein, z. B. Feuchtgebiete oder Wälder in Südeuropa. Als nächsten Schritt sollte man daher stets die Angaben zur Blütezeit, zur Höhenverbreitung und zum Standort zu Rate ziehen. Soweit die Verbreitungsgebiete außerhalb des behandelten Raumes ihre Fortsetzung finden, sind sie in der Karte nicht fortgeführt und durch eine gezackte Linie gekennzeichnet.
Die ökologischen Angaben unterliegen in dem behandelten Raum beträchtlichen Schwankungen. Bei der Höhenverbreitung sind die unteren und oberen Höhengrenzen, soweit sie bisher überhaupt bekannt sind, zusammengestellt. Die oberen Höhengrenzen liegen teilweise auch außerhalb von Europa, z. B. in den Gebirgen von Nordafrika oder Kleinasien. Es ist ferner zu berücksichtigen, daß alpine Pflanzen in Nordeuropa Pflanzen des Tieflandes sein können. Die Angaben zum Standort sind allgemein gehalten. Unter den Bezeichnungen Ödland oder Gebüsch werden nicht oder nicht intensiv genutzte Flächen verstanden, für die es von Land zu Land wechselnde Bezeichnungen gibt (z. B. Wacholderheide, Phrygana, Macchie).
Die letzte Sicherheit bei der Bestimmung läßt sich bisweilen nur mit Hilfe der genauen Pflanzenbeschreibung gewinnen. Innerhalb der Beschreibung sind die artbestimmenden Merkmale *kursiv* angeordnet. Hierauf ist deshalb bereits am lebenden Objekt besonders zu achten.
Nur ein kleiner Teil der europäischen Orchideen hat deutsche Namen. Soweit solche nicht festzustellen waren, wurden die wissenschaftlichen Namen übersetzt. Dadurch wird auch deren Verständnis erleichtert. Man sollte sich aber im Interesse einer eindeutigen Verständigung angewöhnen, die wissenschaftlichen Namen zu benutzen. Diese sind binär, d. h., sie haben zwei Bestandteile. Der erste Teil besteht aus dem Namen der Gattung, z. B. *Ophrys.* Der zweite Teil stellt den Artnamen (Epitheton) dar. Zu einem korrekten wissenschaftlichen Namen gehört auch der

Autor, der die Pflanze zuerst beschrieben hat. Die korrekte Verwendung der wissenschaftlichen Namen richtet sich nach dem Internationalen Code der Botanischen Nomenklatur, dem das Prinzip der Priorität zugrunde liegt. Das bedeutet, daß als korrekter Name der älteste gültige Name einer Pflanzenart zu verwenden ist, wobei von dem am 1. Mai 1753 erschienenen Werk von LINNÉ „Species Plantarum" ausgegangen wird.

Für die etwa 200 europäischen Orchideen-Arten existieren mehrere tausend wissenschaftliche Namen. Bei der Abfassung dieses Buches wurden die Namen der mediterranen Arten in großem Umfang überprüft. Dabei hat sich leider gezeigt, daß mehrere der bisher gebrauchten Namen verworfen oder durch ältere Namen ersetzt werden mußten.

Der Synonymie-Liste (vgl. S. 424) lassen sich für regelwidrige Namen, die in der Literatur noch vielfach gebraucht werden, die korrekten Namen entnehmen, unter denen die Arten in diesem Buch aufgeführt sind. In einigen Fällen ist es aber noch nicht gelungen, die korrekten Namen aufzuklären. So ist z. B. *Ophrys atrata* LINDL. ungültig (illegitim). LINDLEY hatte 1827 diesen Namen für Pflanzen aus der Umgebung von Rom gewählt, dabei aber übersehen, daß schon LINNÉ im Jahre 1767 diesen Namen für Pflanzen vom Kap der Guten Hoffnung vergeben hatte. Nach der Homonym-Regel darf der gleiche Name nicht für verschiedene Arten vergeben werden. In einem solchen Fall ist der jüngere Name ungültig, und es hat statt dessen der nächstältere gültige Name einzutreten. Dieses Problem ist bei *Ophrys atrata* LINDL. längst bekannt. Es ist aber bisher nicht gelungen, aufzuklären, welches der nächstältere Name ist. Ungeklärt sind ferner die taxonomischen Grundlagen bei einer Aufgliederung von *Ophrys bertolonii* MORETTI. Von dieser Art wurden in jüngerer Zeit mehrere Bastardsippen als selbständige Arten abgetrennt und unter neuen Namen beschrieben *(O. benacensis, O. bertoloniiformis, O. catalaunica),* obgleich bereits ältere Namen vorliegen. Wir haben daher von einer solchen Aufgliederung vorläufig abgesehen, obgleich wir sie inhaltlich für berechtigt halten. Ein weiteres Problem betraf *Ophrys umbilicata* DESF. Dieser Name aus dem Jahre 1807 gründet sich auf eine Pflanzenzeichnung des berühmten französischen Malers AUBRIET (1651–1743), die anläßlich der Orientreise des französischen Naturgelehrten TOURNEFORT (1656–1708) im Jahre 1701 oder 1702 nach Material aus dem Raume Samos – Izmir entstanden ist. Es ist uns nach 280 Jahren gelungen, diese Pflanze zu identifizieren und dem darauf gegründeten Namen *Ophrys umbilicata* DESF. zu seinem, den Regeln entsprechenden Vorrecht gegenüber mehreren jüngeren Namen zu verhelfen, die man in der Synonymie-Liste nachlesen kann. Wir halten nichts davon, daß die wissenschaftlichen Namen fortlaufend geändert werden müssen. Es hat sich aber gezeigt, daß die taxonomische Bearbeitung der mediterranen Orchideenarten noch weit hinter dem mitteleuropäischen Stand zurückgeblieben ist. Mehr Stabilität beim Gebrauch der Namen läßt sich daher nur über eine Überprüfung der Grundlagen erreichen. Diese führen wir im Rahmen des internationalen Projekts „Kartierung der mediterranen Orchideen" durch. Die in diesem Feldführer gebrauchte Nomenklatur entspricht diesem neuesten Stand der taxonomischen Forschung.

Die Bestimmungshilfen in ihrer optimalen Anordnung (Farbbild, Verbreitungskarte, Beschreibung und ökologische Angaben) ermöglichen es, die beobachteten Pflanzen rasch und zuverlässig zu bestimmen.

Gattungsschlüssel

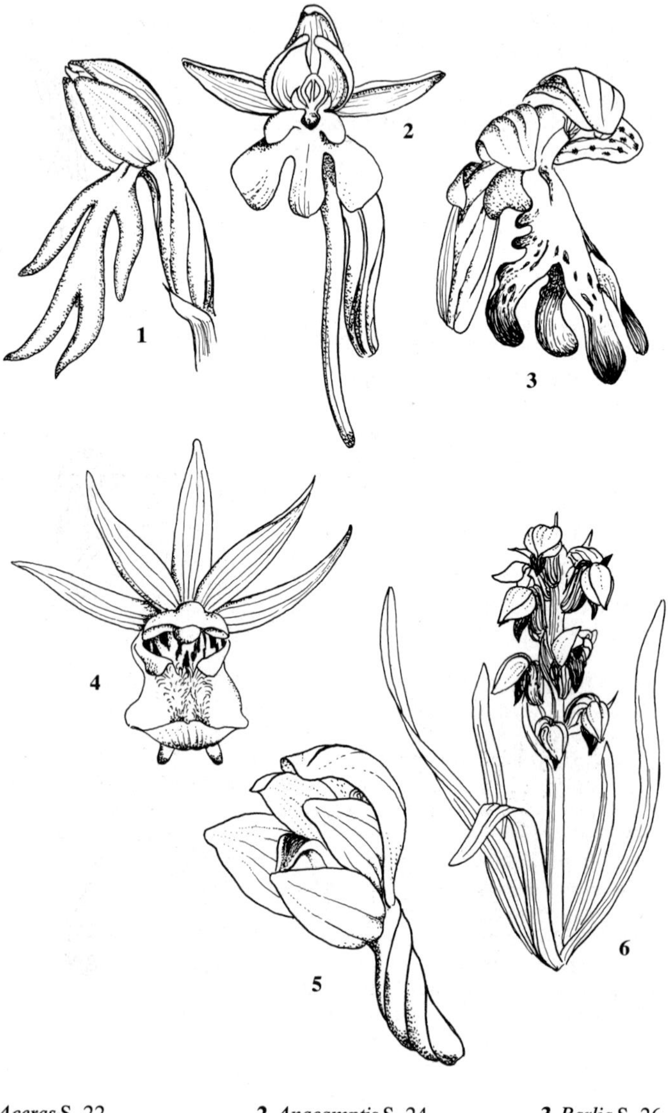

1 *Aceras* S. 22
2 *Anacamptis* S. 24
3 *Barlia* S. 26
4 *Calypso* S. 28
5 *Cephalanthera* S. 30
6 *Chamorchis* S. 44

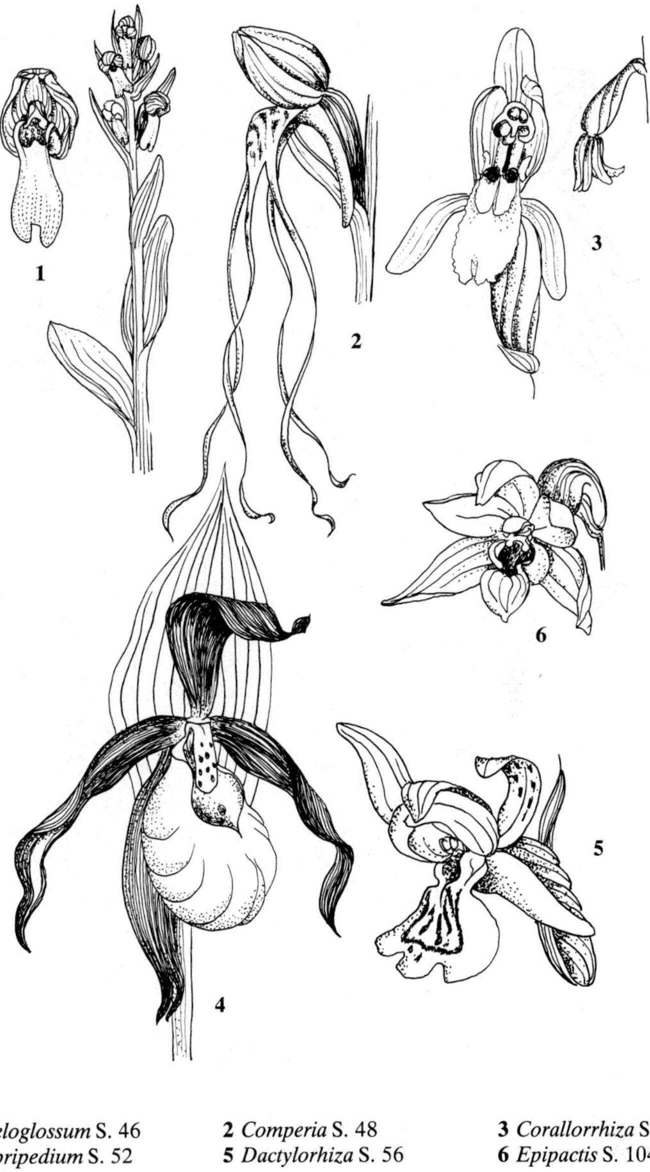

1 *Coeloglossum* S. 46 **2** *Comperia* S. 48 **3** *Corallorrhiza* S. 50
4 *Cypripedium* S. 52 **5** *Dactylorhiza* S. 56 **6** *Epipactis* S. 104

1 *Epipogium* S. 134 **2** *Gennaria* S. 136 **3** *Goodyera* S. 138
4 *Gymnadenia* S. 140 **5** *Hammarbya* S. 144 **6** *Herminium* S. 146

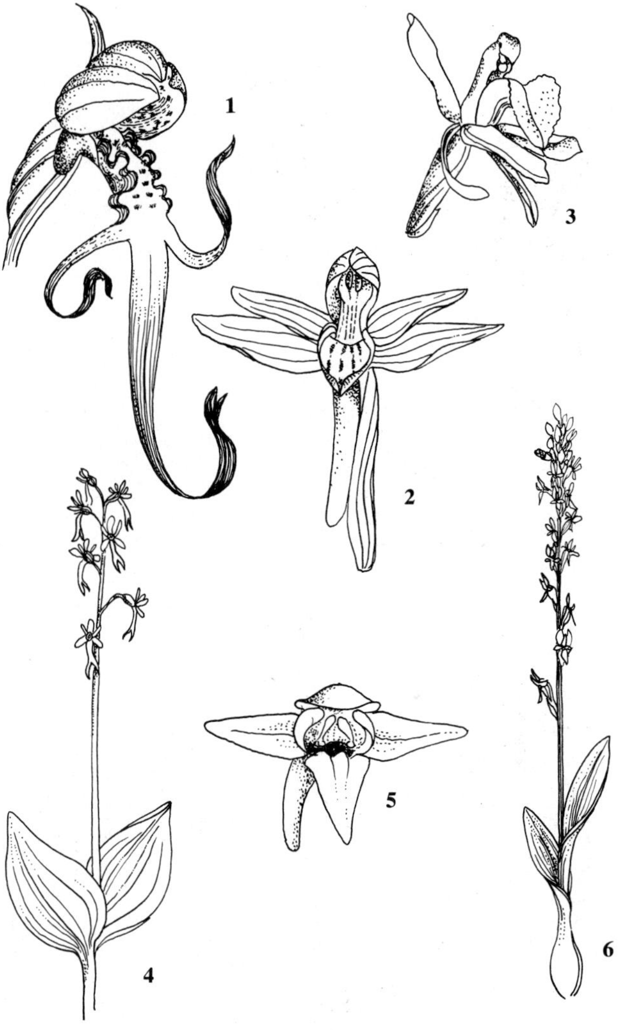

1 *Himantoglossum* S. 148 **2** *Limodorum* S. 160 **3** *Liparis* S. 164
4 *Listera* S. 166 **5** *Lysiella* S. 170 **6** *Malaxis* S. 172

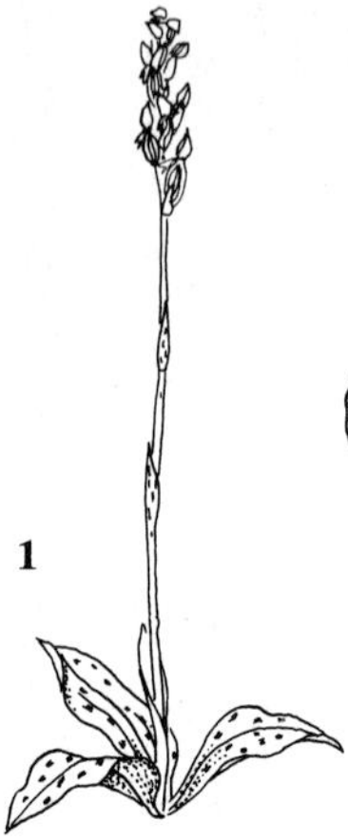

1

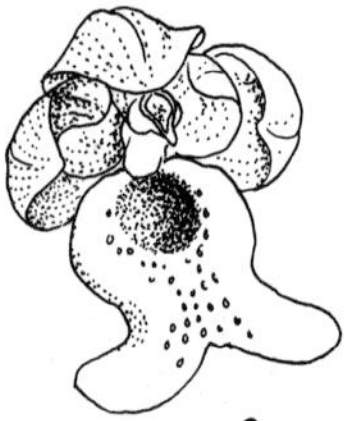

2

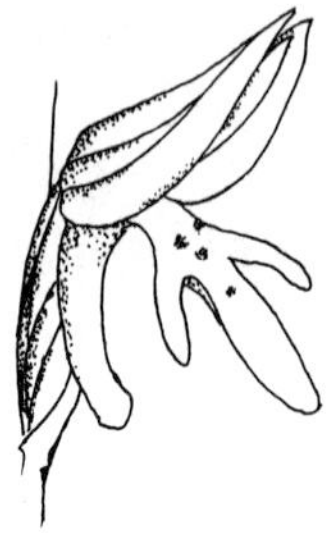

3

4

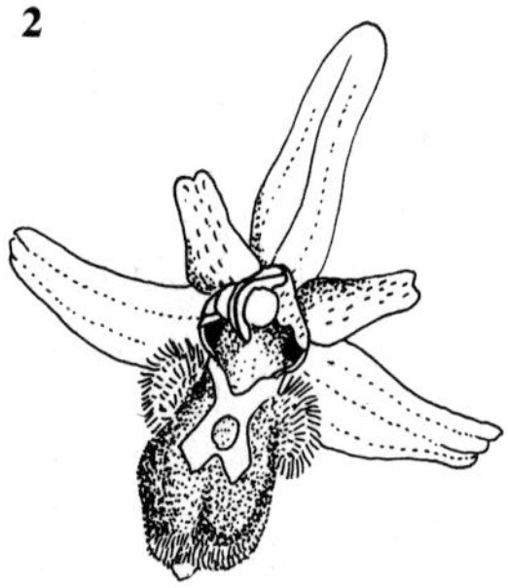

5

6

1 *Neotinea* S. 174
4 *Nigritella* S. 180

2 *Neottia* S. 176
5 *Ophrys* S. 184

3 *Neottianthe* S. 178
6 *Orchis* S. 286

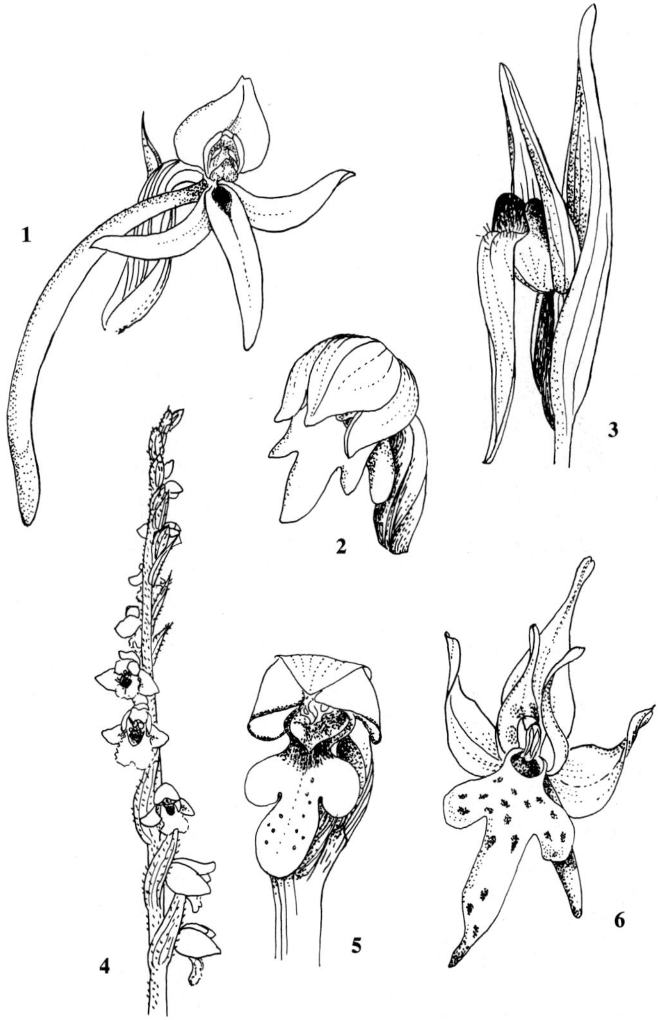

1 *Platanthera* S. 360 | **2** *Pseudorchis* S. 370 | **3** *Serapias* S. 374
4 *Spiranthes* S. 392 | **5** *Steveniella* S. 398 | **6** *Traunsteinera* S. 400

Bau von Orchideenblüten

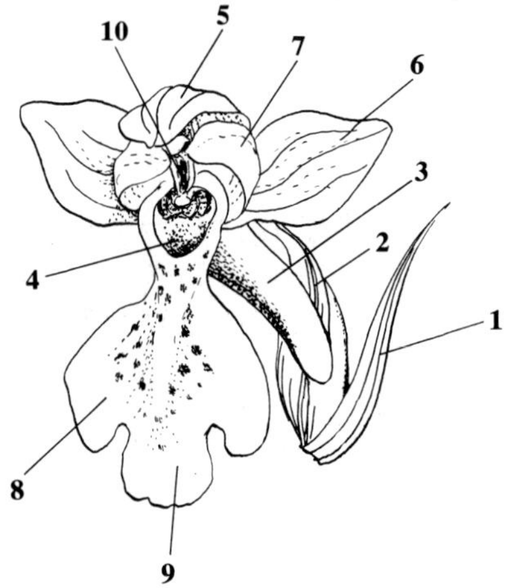

Aufbau der Orchis-Blüte

1 Tragblatt
2 Fruchtknoten
3 Sporn
4 Sporneingang
5 mittleres Sepalblatt
6 seitliche Sepalen, äußere Blütenblätter
7 Petalen, innere Blütenblätter
8 Seitenlappen der Lippe
9 Mittellappen der Lippe
10 Säule

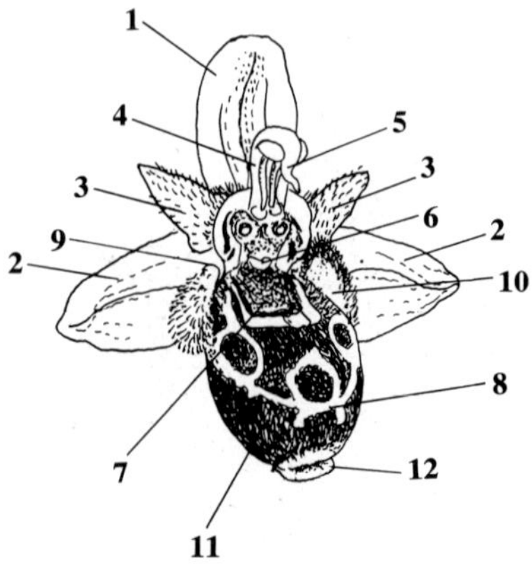

Aufbau der Ophrys-Blüte

1 mittleres Sepalblatt
2 seitliche Sepalen, äußere Blütenblätter
3 Petalen, innere Blütenblätter
4 Säule
5 Konnektivfortsatz
6 Narbe
7 Basalfeld
8 Mal-Zeichnung
9 Höcker
10 Seitenlappen der Lippe
11 Mittellappen der Lippe
12 Anhängsel

Aufbau
der Epipactis-Blüte

1 mittleres Sepalblatt
2 seitliche Sepalen, äußere Blütenblätter
3 Petalen, innere Blütenblätter
4 Anthere, Staubblatt
5 Rostellum, Klebdrüse
6 Narbe
7 Hinterlippe
8 Vorderlippe

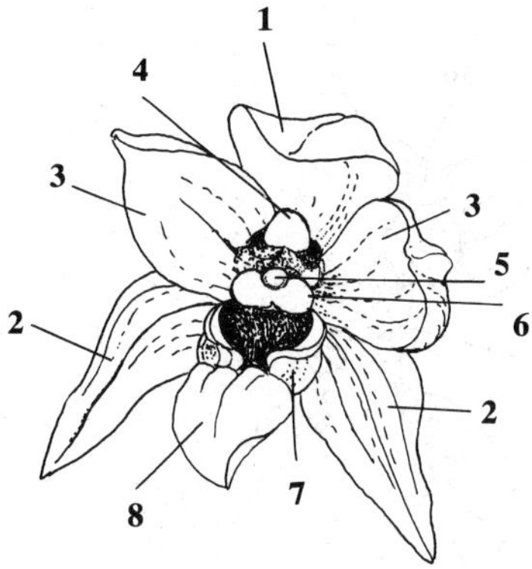

Aufbau
der Serapias-Blüte

1 Perigonhelm, bestehend aus Sepalen und Petalen
2 Hinterlippe
3 Vorderlippe
4 Behaarung auf der Lippe
5 Tragblatt
6 Fruchtknoten

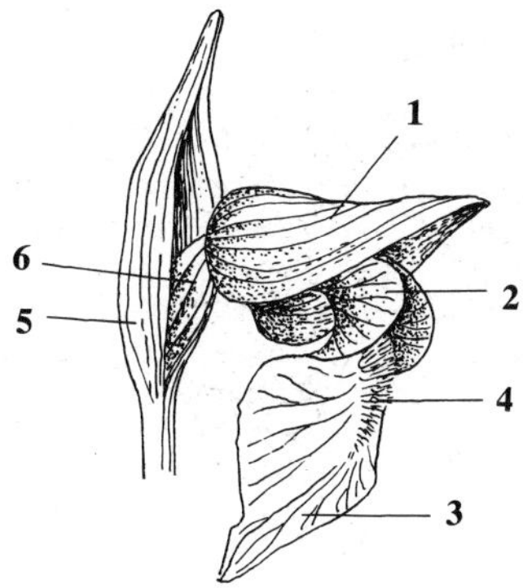

Erläuterungen von Fachausdrücken

Anhängsel	Teil der Ophrys-Blüte: kleine Spitze am vorderen Ende
Anthere	Staubbeutel
Areal	Verbreitungsgebiet
Art	taxonomische Grundrangstufe
ausgerandet	Form der Lippe, am Rande mit kleinen Buchten oder Einschnitten
autogam	selbstbestäubend
Basalfeld	umrandete farbige Fläche am Grunde der Lippe
Bastard	Kreuzung zwischen zwei Elternarten
Biotop	Lebensraum, Standort
Braktee	Tragblatt
einseitswendig	Blüten nach einer Richtung ausgerichtet
endemisch	Verbreitung auf ein bestimmtes Gebiet beschränkt
Epichil	Vorderer Teil der Lippe
fertil	fruchtbar
Gattung	höhere taxonomische Rangstufe
Habitus	Gestalt der Pflanze
Helm	zusammenneigende Perigonblätter
Hybrid	Bastard, Kreuzung
Hypochil	hinterer Teil der Lippe
intermediär	die Mittelstellung einnehmend (bei Bastarden)
interspezifisch	zwischen zwei Arten (Bastard)
Konnektiv	oberer Teil der Säule
Labellum	Lippe, zumeist als großes, buntes Blütenblatt ausgebildet
Mal	Zeichnung auf der Lippe
mediterran	zum Mittelmeergebiet gehörig
Narbe	Teil der Blüte zur Aufnahme der Pollen
Nomenklatur	wissenschaftliche Benennung der Pflanzen
Papillen	Ausstülpungen auf der Oberfläche der Lippe
Perigon	Blütenblätter
Petalen	innere Blütenblätter
Pollinien	Pollenpakete
Population	alle Individuen eines bestimmten Wuchsortes
Rosette	Anhäufung von Blättern am Grunde des Stengels
Rostellum	Klebdrüse am oberen Teil der Narbe
Sepalen	äußere Blütenblätter
Sippe	taxonomische Einheit unabhängig von ihrer Rangstufe (z. B. Art, Unterart)
Sporn	Anhang der Lippe
Standort	Lebensraum der Pflanze
Subspezies	Unterart, taxonomische Rangstufe unterhalb der Art
Staminodium	seitlicher Teil der Säule
Synonym	gleichbedeutender jüngerer Name
Taxonomie	systematische Ordnung der Pflanzen
Varietät	Abart, taxonomische Rangstufe unterhalb der Unterart

Die Arten

Áceras anthropóphorum (L.) W. T. AITON
Ohnsporn

Beschreibung: Pflanze 15–40 cm hoch. Stengel beblättert. Untere Blätter bilden eine aufrechte Rosette. Untere Blätter länglich-oval, größte Breite in der Mitte. Obere Stengelblätter umfassen den Stengel scheidig. Blütenstand bis zu 20 cm lang, locker, vielblütig (bis zu 60 Blüten). *Perigonblätter grün* mit meist rotem Rand, bilden einen *halbkugeligen Helm* (Durchmesser etwa 5 mm). *Lippe gelbgrün* bis rotbraun, etwa 10 mm lang, *ohne Sporn, dreiteilig. Mittelabschnitt* etwa 1 mm breit, vorne *tief gespalten.* Seitenabschnitte etwa 0,5 mm breit, allmählich zugespitzt, etwa 1/2 so lang wie der Mittelabschnitt.
Blütezeit: Von Anfang April (im Süden) bis Mitte Juni.
Höhenverbreitung: Von der Ebene bis etwa 1600 m (im Süden).
Standort: Trockene Magerwiesen, lichte Gebüsche und Kiefernwälder, in Mitteleuropa nur auf Kalk und Löß. Im Süden auf beweidetem Ödland, im Gebüsch, in Kiefern- und Tannenwäldern mit Verbreitungsschwerpunkt in Bergwäldern.
Naturschutz: In Mitteleuropa stark zurückgegangen.
Bastarde: Mit *Orchis italica, O. militaris, O. purpurea* und *O. simia,* die vor allem an dem verkürzten Sporn, der Perigonfärbung und der Form der Lippe zu erkennen sind.
Bildnachweis: 15. 6. 1979, Pforzheim (Baden-Württemberg), H. Baumann.
Das Bild zeigt den langgestreckten Blütenstand mit den kleinen und gelbgrün gefärbten, dem Stengel anliegenden Blüten. Blütenlippe stark dreigeteilt und spornlos.

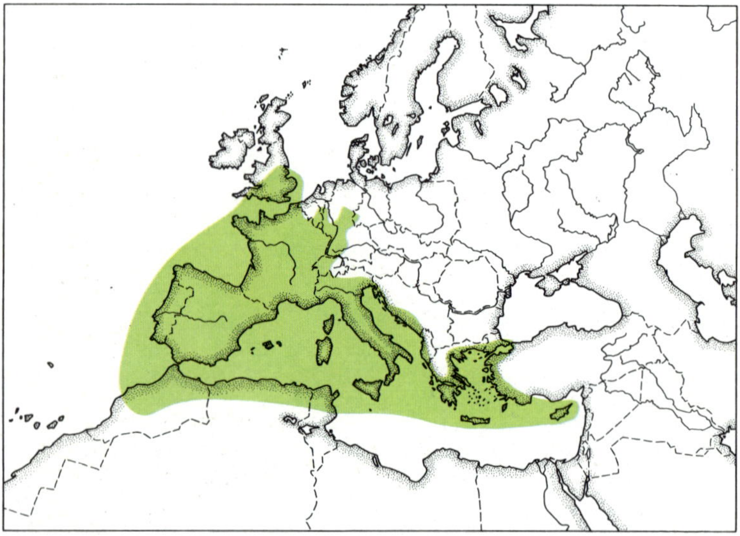

Anacámptis pyramidális (L.) L. C. Rich.
Pyramidenorchis

Beschreibung: Pflanze 20–60 cm hoch. Stengel beblättert. *Blätter* von unten nach oben kleiner werdend, *schmal-lanzettlich* (bis 10 cm lang, 1–2 cm breit), meist rinnig gefaltet. Blütenstand 4–8 cm lang, dichtblütig, anfangs pyramidenförmig, später eiförmig bis zylindrisch. Blütenfarbe dunkelrot, lila, rosa bis weißlich. Sepalen abstehend, lanzettlich, 5–7 mm lang. Petalen zusammenneigend, lanzettlich. *Lippe am Grunde mit zwei aufrecht stehenden Leisten* (unverwechselbares Kennzeichen), etwa so lang wie breit (6–9 mm), dreilappig. Tragblätter lanzettlich, etwa so lang wie der Fruchtknoten, oft rötlich überlaufen. *Sporn dünn, fadenförmig, abwärts gerichtet,* etwa so lang wie der Fruchtknoten.
Blütezeit: Von April (im Süden) bis Juli.
Höhenverbreitung: Von der Küste bis etwa 1800 m (Südalpen).
Standort: Trockene Magerrasen, feuchte Streuwiesen, Gebüsch, lichte Kiefernwälder, im Süden vor allem auf beweidetem Ödland und in Olivenhainen.
Naturschutz: In Mitteleuropa erheblich zurückgegangen.
Bastarde: Selten, mit *O. coriophora, morio, laxiflora, palustris, G. conopsea* und *odoratissima.*
Bildnachweis: 20. 4. 1980, Sorrent (Süditalien), H. Baumann.
Das Bild zeigt den Blütenstand einer mediterranen Pflanze, deren Blüten meist durch eine hellrote Färbung ausgezeichnet sind. Die Blüten sind weit geöffnet, die Lippe ist dreilappig und besitzt am Grunde zwei Leisten. Der Sporn ist lang.

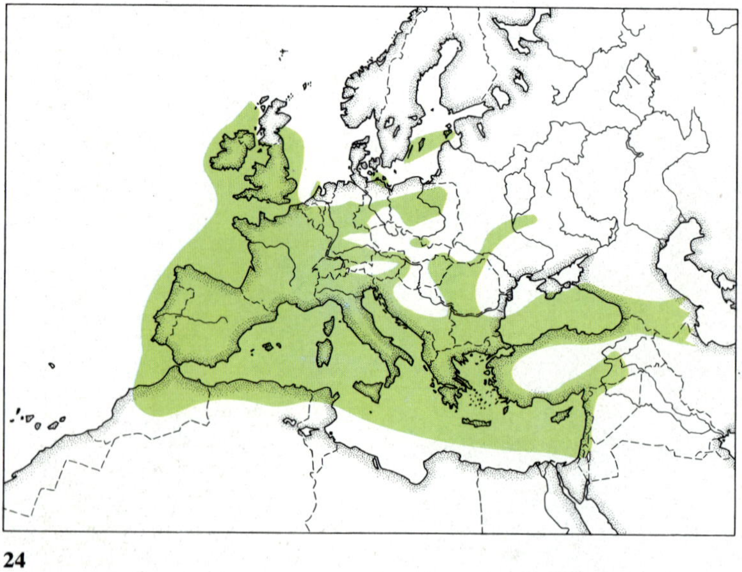

Bárlia robertiána (LOISEL.) W. GREUTER
Roberts Knabenkraut

Beschreibung: *Pflanze sehr kräftig,* 25–80 cm hoch. Laubblätter am Grunde rosettig gehäuft, länglich-eiförmig (8–25 cm lang, 4–10 cm breit), glänzend. Blütenstand bis zu 25 cm lang, dicht- und vielblütig, zylindrisch. Blütenfarbe grünlichweiß, schmutzig grünlich oder braunrot bis purpurn. *Perigonblätter helmförmig* zusammenneigend, grün, *innen rötlich punktiert. Sepalen* elliptisch bis eiförmig *(20–25 mm lang).* Petalen lineal-lanzettlich, deutlich kürzer als die Sepalen. *Lippe* bis zu *20 mm lang, dreilappig.* Mittellappen 1 1/2- bis 2mal so lang wie die Seitenlappen, vorne in zwei rundliche Lappen gespalten. Seitenlappen lineal, am Rande wellig. Tragblätter länger als der Fruchtknoten. *Sporn abwärts* gerichtet, *5–6 mm lang,* konisch.
Blütezeit: Von Februar bis Mai (Algerien).
Höhenverbreitung: Von der Küste bis etwa 1500 m.
Standort: Auf beweidetem Ödland, in Trockenrasen, im Gebüsch, im lichten Kiefernwald und in Zypressenforsten.
Naturschutz: Auffallende und frühblühende Pflanze, die erheblich geschädigt wird.
Bastarde: Sind nicht bekannt.
Bildnachweis: 10. 4. 1970, Blida (Nordalgerien), H. Baumann.
Das Bild zeigt die sehr großen Blüten mit dem geöffneten Perigon und der tief dreigeteilten Lippe, deren Mittellappen nochmals zweigeteilt ist. Deutlich ist der sackförmig kurze Sporn erkennbar.

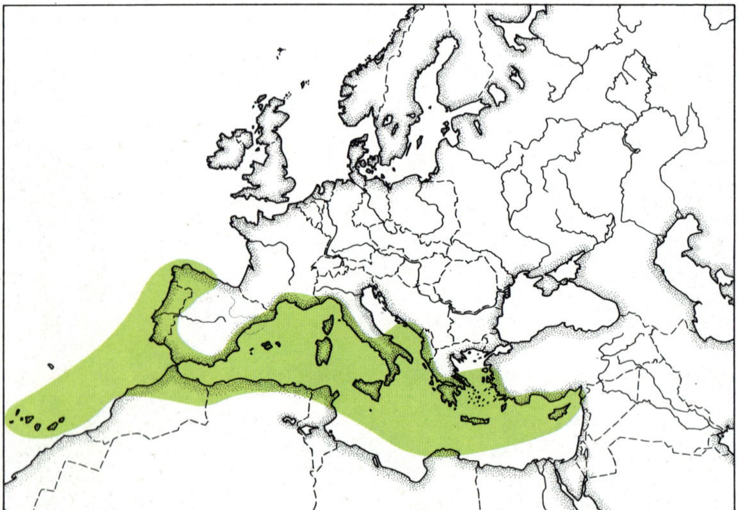

Calýpso bulbósa (L.) OAKES
Knollige Calypso

Beschreibung: *Pflanze zierlich,* 8–20 cm hoch. *Am Grunde ein Stengelblatt,* oval, 2–4 cm lang, am Rande leicht gewellt, oberseits dunkelgrün, unterseits purpurn. Am unteren Stengelteil sind bräunliche Blattscheiden. An der Blütenstandsachse ein aufwärts gerichtetes, lanzettliches, rosa Tragblatt. *Am Stengel eine Blüte, ziemlich groß,* rosa bis violett. Perigonblätter abstehend, lineal-lanzettlich, 1–2 cm lang. *Lippe 1–2 cm, zweiteilig. Vorderlippe weißlich bis rosa* mit gelben Streifen und gelben Haarbüscheln. *Der hintere Teil bildet eine nach oben geöffnete Höhlung* mit braunen Streifen. Sporn sackförmig, gegen die Spitze fadenförmig, vorne gespalten.
Blütezeit: Im Mai und Juni.
Höhenverbreitung: Von der Küste bis etwa 3000 m.
Standort: In subarktischen Nadelwäldern und auf Mooren.
Naturschutz: Eine der schönsten und attraktivsten Orchideen Europas, in der Kultur ausgesprochen kurzlebig.
Bastarde: Sind nicht bekannt. Ihre näheren Verwandten sind fast ausschließlich ostasiatisch.
Bildnachweis: 16. 6. 1976, Vilmyran (Skandinavien), D. Rückbrodt.
Das Bild zeigt die dekorative Blüte mit den violettroten, ausgebreiteten Perigonblättern und der hellen Vorderlippe. Am Eingang zu der schuhförmigen Höhlung, die im Innern braunrote Streifen besitzt, befindet sich ein gelbes Haarbüschel.

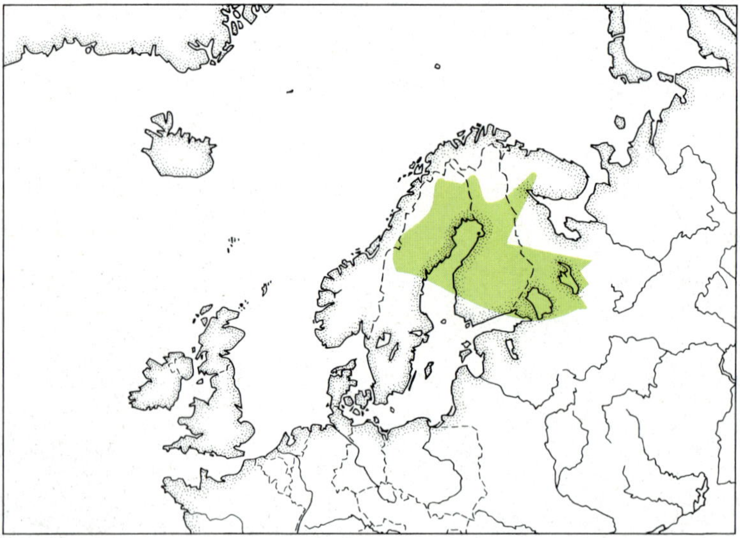

Cephalanthéra cucculláta Boiss. & Heldr. ex Reichenb. fil.
Kapuzenförmiges Waldvögelein

Beschreibung: Pflanze 15–30 cm hoch. Stengel meist hin und her gebogen, oberwärts kantig. *Blätter kurz und stumpf* (2,5–6 cm lang), *kapuzenförmig.* Blütenstand 4–15 cm, ziemlich reichblütig (7–24 Blüten). *Blüten weiß oder rosa, ziemlich geöffnet.* Sepalen länglich-lanzettlich, spitz, 14–20 mm lang und 4–6 mm breit. Petalen eiförmig, 12–16 mm lang und 5–7 mm breit. Lippe kürzer als die Perigonblätter. Hinterlippe mit abgerundeten Seitenlappen. Vorderlippe herzförmig, zugespitzt, mit 3–6 Lamellen. Untere Tragblätter länger oder so lang wie der Fruchtknoten, nach oben werden die Tragblätter kürzer. *Sporn deutlich sichtbar, 1–2 mm lang,* konisch, stumpf.
Blütezeit: Im Mai bis Juni.
Höhenverbreitung: Mittlere Berglagen zwischen 900 und 1500 m.
Standort: Auf Kalk und Dolomitmergel in lichten Zypressen-, Kiefern- und Eichenwäldern und in Steinfluren.
Naturschutz: Die Pflanze kommt nur an wenigen Stellen auf Kreta vor. Der Bestand ist stark rückläufig. Die Art ist akut vom Aussterben bedroht.
Bastarde: Sind nicht bekannt.
Bildnachweis: 27. 6. 1936 am Ida-Gebirge (Kreta), aquarellierte Zeichnung E. Nelson (unveröffentlicht).

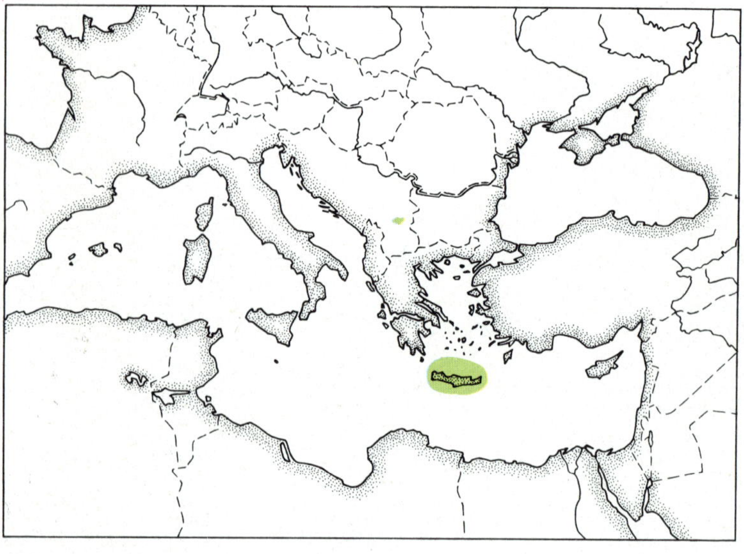

Cephalanthéra damasónium (MILL.) DRUCE
Weißes Waldvögelein

Beschreibung: Pflanze 20–60 cm hoch. Stengel kahl, steif. *Blätter* 2–4, am Stengel verteilt, *oval* bis lanzettlich, 5–10 cm lang, zumeist flach ausgebreitet. Blütenstand bis zu 15 cm lang, locker 4- bis 12blütig. *Blüten* aufwärts gerichtet, weiß bis *gelblich, ziemlich geschlossen.* Sepalen länglich-lanzettlich, 15–20 mm lang und 5–8 mm breit, stumpf. Petalen kürzer, 12–17 mm lang. Lippe kürzer als die Perigonblätter, 12 mm lang. Hinterlippe mit abgerundeten Seitenlappen, die die Säule umhüllen, am Grunde mit einem gelben Flecken. Vorderlippe herzförmig, breiter als lang, mit 3 orangegelben Streifen. Untere *Tragblätter* in Form und Größe wie die Stengelblätter, *obere* schmal-lanzettlich, *wenig länger als der Fruchtknoten. Sporn fehlt.*
Blütezeit: Im Mai und Juni.
Höhenverbreitung: Von der Ebene bis etwa 1700 m.
Standort: In schattigen Laub- und Nadelwäldern und im Gebüsch, selten in offenen Lagen, zumeist auf Kalk.
Bastarde: Mit *C. longifolia, kotschyana, rubra* und *E. atrorubens.*
Bildnachweis: 10. 6. 1981, Stammheim (Baden-Württemberg), H. Baumann.
Das Bild zeigt eine prächtig entwickelte Gruppe auf unterem Muschelkalk. Charakteristisch sind die breiten ovalen Stengelblätter, die langsam in die Tragblätter des Blütenstandes übergehen. Die Blüten sind gelblichweiß und kaum geöffnet.

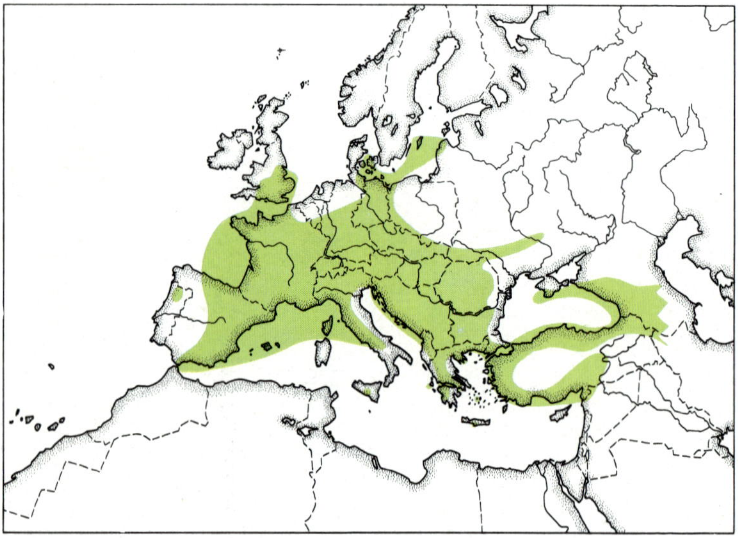

Cephalanthéra epipactoídes Fisch. & C. A. Meyer
Sumpfwurzartiges Waldvögelein

Beschreibung: Pflanze 20–60 cm hoch. Stengel dick, rund, bleichgrün, beblättert, oberwärts fein gerippt. *Blätter* bläulichgrün, am Stengel verteilt, die unteren kurz (bis zu 6 cm lang) und *tütenförmig,* die oberen rinnig und spitz. Blütenstand länger als der beblätterte Stengelteil, 10- bis 25blütig. *Blüten weiß* bis grünlich*gelb,* meist weit *geöffnet.* Sepalen schmal-lanzettlich, allmählich zugespitzt, 25–36 mm lang, 4–7 mm breit. Petalen breit-lanzettlich, lang zugespitzt, 18–25 mm lang, 5–8 mm breit. Hinterlippe mit hochgeschlagenen Seitenlappen. *Vorderlippe* dreieckig-lanzettlich, *mit 7–8 Lamellen.* Tragblätter unten länger als die Blüten, rinnig, oberwärts etwa so lang wie die Blüten. *Sporn* deutlich sichtbar, *3–4 mm lang,* zugespitzt.
Blütezeit: April bis Juni.
Höhenverbreitung: Von der Küste bis etwa 1500 m.
Standort: Im Gebüsch, im lichten Tannenwald, vor allem im Kiefernwald, auf Kalkböden.
Naturschutz: Gehört zu den geschützten europäischen Arten.
Bastarde: Sehr selten mit *C. kurdica* und *C. longifolia.*
Bildnachweis: 15. 5. 1980, Gelibolu (Nordwesttürkei), H. Baumann.
Die Habitusaufnahme zeigt die kurzen, stengelumfassenden Blätter und die gelblichweißen geöffneten Blüten, die deutlich gespornt sind und in den Achseln relativ langer Tragblätter sitzen.

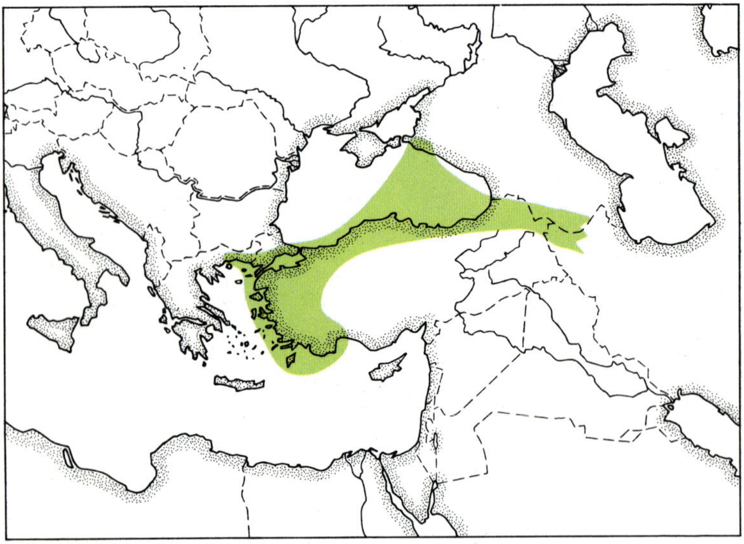

Cephalanthéra kotschyána RENZ & TAUBENHEIM
Kotschys Waldvögelein

Beschreibung: Pflanze mittelgroß bis groß, 30–60 cm hoch. Stengel aufrecht und kahl. Im unteren Bereich befinden sich 2–3 bräunliche Scheidenblätter, im oberen Bereich 3–6 grün gefärbte Laubblätter. *Die oberen Stengelblätter sind* eiförmig bis eiförmig-lanzettlich, zugespitzt, 6–10 cm lang und 2–5 cm breit, seitlich abstehend und an der Spitze *leicht überhängend. Der Blütenstand ist ausladend* und langgestreckt, dicht und vielblütig, 8–20 cm lang und bis zu 7 cm breit. Die Tragblätter sind im unteren Bereich länger als die Blüten, bis zu 7 cm lang, nach oben werden sie rasch kleiner und sind nur noch 1–3 cm lang und deutlich kürzer als die Blüten. *Die Blüten sind groß und rein weiß gefärbt,* ziemlich geöffnet. *Die Sepalen sind* länglich lanzettlich, *20–25 mm lang* und 6–7 mm breit, zugespitzt. Die Petalen sind elliptisch und stumpf, etwa 20 mm lang und 8 mm breit. Die Lippe ist kürzer als die Perigonblätter, 16 mm lang und 15 mm breit, ungespornt. Die Hinterlippe ist weiß, am Grunde gelb, die aufgerichteten Seitenlappen schließen die Säule ein. Die Vorderlippe ist weiß, breit herzförmig, 8–10 mm lang und 14 mm breit, am Rande leicht gewellt, mit 3 Lamellen, in der Mitte goldgelb und behaart.
Blütezeit: Anfang Mai bis Anfang Juli, je nach Höhenlage.
Höhenverbreitung: Von 900 m bis 1600 m.
Standort: Feuchtigkeitsliebende Pflanze verschiedener Laubwälder.
Naturschutz: Endemische und seltene Art der östlichen Türkei, gefährdet.
Bastarde: Nachgewiesen mit *C. damasonium.*
Bildnachweis: 30. 5. 1981, Tunceli (Nordosttürkei), H. Baumann.

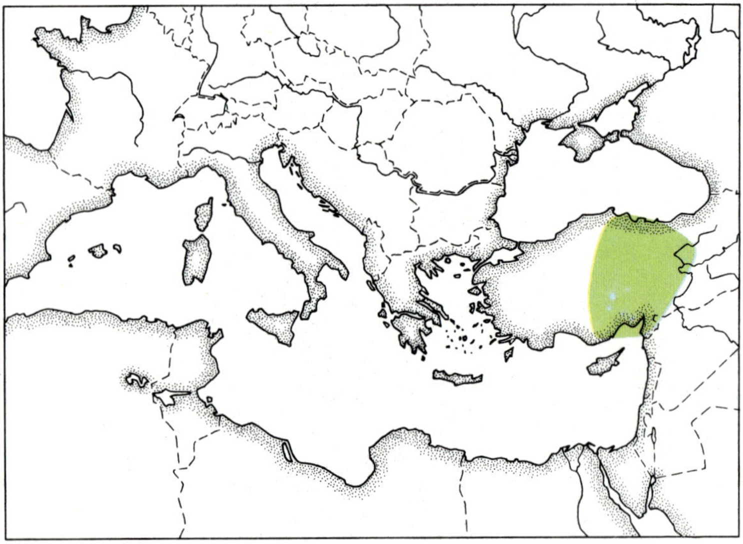

Cephalanthéra kúrdica BORNM.
Kurdisches Waldvögelein

Beschreibung: Pflanze 10–60 cm hoch. Stengel steif, rund, oberwärts gerippt. Blätter am Stengel verteilt, elliptisch bis eiförmig-lanzettlich, zugespitzt, 2,5–5 cm lang, 1–2,5 cm breit, nach oben in die Tragblätter übergehend. Blütenstand verlängert, 6–40 cm lang, beginnt bisweilen kurz über dem Boden, reich- bis vielblütig. *Blüten hellrosa,* mäßig bis stark *geöffnet.* Sepalen länglich-lanzettlich, etwas zugespitzt, 20–32 mm lang, 5–10 mm breit. Petalen eiförmig bis breitlanzettlich, 15–22 mm lang, 6–11 mm breit. Lippe deutlich geteilt in eine *hellrosa Hinterlippe* mit abgerundeten Seitenlappen und in eine *weißlichgelbe Vorderlippe.* Vorderlippe rundlich-eiförmig, 9–10 mm lang, 6–10 mm breit, mit *3–6* braungelben gekräuselten *Lamellen.* Tragblätter lanzettlich, bis zu 5 cm lang, die unteren länger als die Blüten, die oberen etwa so lang wie die Blüten. *Sporn* konisch, stumpf, *4 mm lang,* deutlich nach außen gebogen.
Blütezeit: Von Ende März bis Juni.
Höhenverbreitung: Von 800 m bis etwa 2100 m.
Standort: Im Gebüsch, in Eichen- und Kiefernwäldern.
Bastarde: Sehr selten mit *C. epipactoides.*
Bildnachweis: 25. 5. 1981, Tarsus (Südosttürkei), H. Baumann.
Die Habitusaufnahme zeigt die kurzen, am Stengel verteilten Blätter mit den hellrosa gefärbten, deutlich gespornten Blüten. Unser Bild stammt aus einem Kiefernwald im Bereich der Cilicischen Pforte, die Pflanze kommt jedoch auch in Eichenwäldern auf kalkhaltigen Böden vor.

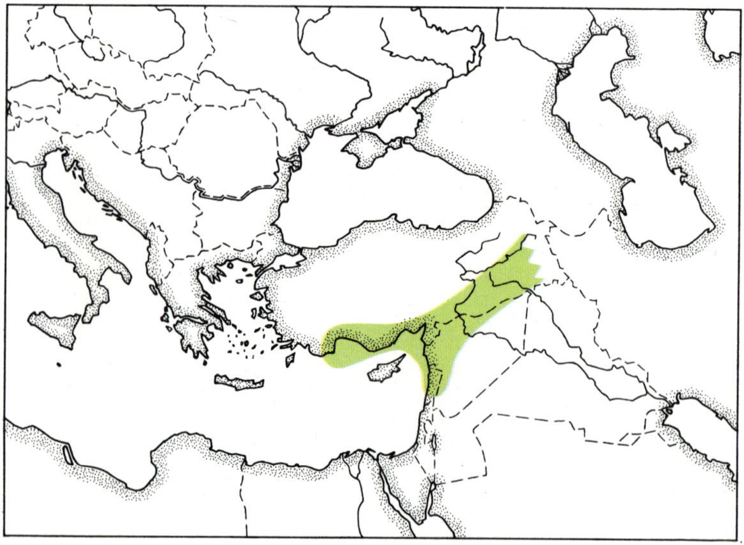

Cephalanthéra longifólia (L.) FRITSCH
Schwertblättriges Waldvögelein

Beschreibung: Pflanze 10–60 cm hoch. Stengel dicht beblättert. *Blätter* 4–12, *abstehend bis überhängend, schmal-lanzettlich,* oft rinnig gefaltet, bis zu 18 cm lang, 1–4 cm breit. Blütenstand bis zu 20 cm lang, locker bis ziemlich dicht, wenig- bis vielblütig. *Blüten rein weiß,* etwas geöffnet. Sepalen lanzettlich, 14–18 mm lang, 4–6 mm breit. Petalen oval, 10–12 mm lang, 5 mm breit. Lippe aufgerichtet. Hinterlippe weiß mit orangegelben Flecken am Grunde und mit aufgerichteten Seitenlappen. Vorderlippe weiß mit 4–6 orangegelben Leisten. *Sporn fehlt.* Untere *Tragblätter* schmal-lanzettlich, 2–10 cm lang, *nach oben sehr klein* (2–5 mm lang) werdend.
Blütezeit: Von März (im Süden) bis Juni.
Höhenverbreitung: Von der Küste bis etwa 2000 m.
Standort: Im Gebüsch und in Kiefern-, Tannen- und Eichenwäldern, seltener in offenen Lagen, auf Kalk und Urgestein.
Naturschutz: In Mitteleuropa vielerorts verschwunden.
Bastarde: Sehr selten mit *C. damasonium, C. epipactoides* und *C. rubra.*
Bildnachweis: 28. 5. 1980, Teruel (Mittelostspanien), H. Baumann.
Das Bild zeigt den reichblütigen Blütenstand einer südeuropäischen Pflanze. In Mitteleuropa sind die Pflanzen durchschnittlich kleiner und wenigblütiger. Die Blüten sind rein weiß und kaum geöffnet, die Tragblätter sehr kurz und die Blüten ungespornt.

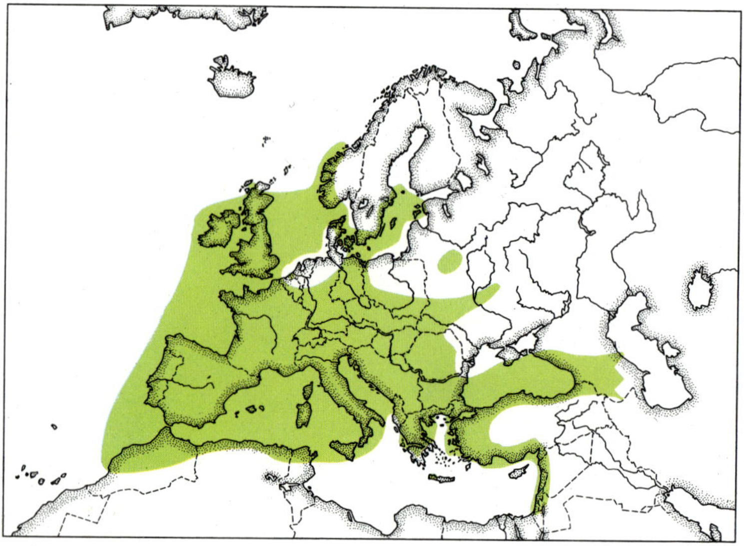

Cephalanthéra rúbra (L.) L. C. RICH.
Rotes Waldvögelein

Beschreibung: Pflanze 10–60 cm hoch. *Stengel im oberen Teil dicht drüsig* behaart. Blätter 3–6, entferntstehend, lanzettlich, 5–10 cm lang, 1–3 cm breit. Blütenstand bis zu 20 cm lang, 4- bis 15blütig, locker. *Blüten rosa,* ziemlich *geöffnet.* Sepalen länglich-lanzettlich, 20–25 mm lang, 6–8 mm breit. Petalen eiförmig-lanzettlich, 18–20 mm lang, 7–9 mm breit. Lippe ziemlich aufgerichtet, geteilt. Hinterlippe weißlich, mit aufgerichteten Seitenlappen. *Vorderlippe* eiförmig-lanzettlich, zugespitzt, bis zu 15 mm lang, *weißlich mit* etwa *10 gelbbraunen Lamellen. Ohne Sporn.* Unteres Tragblatt meist erheblich länger als die Blüte, lanzettlich, nach oben kleiner werdend.
Blütezeit: Von Mai (im Süden) bis Juli.
Höhenverbreitung: Von der Küste bis etwa 2200 m.
Standort: Vor allem im Kalk-Buchenwald, auch im Eichen-, Kiefern- und Tannenwald, lichtbedürftig.
Naturschutz: Pflückgefährdet, weil sehr attraktiv.
Bastarde: Sehr selten mit *C. damasonium* und *C. longifolia.*
Bildnachweis: 25. 6. 1980, Göppingen (Baden-Württemberg), W. Hiller.
Das Bild zeigt den lockeren, wenigblütigen Blütenstand mit den hellrot gefärbten und weit geöffneten, ungespornten Blüten. Der Stengel ist in diesem Bereich genauso wie die Fruchtknoten und die Außenseite der Perigonblätter stark drüsig behaart.

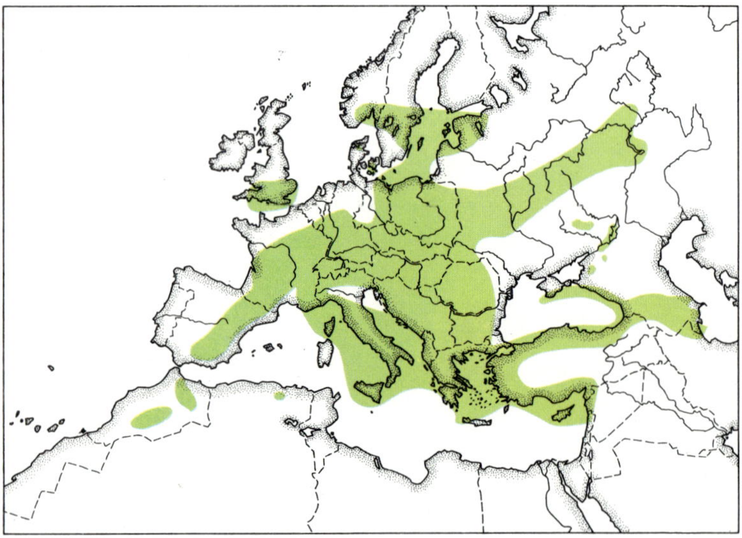

Chamórchis alpína (L.) L. C. RICH.
Zwergorchis

Beschreibung: *Pflanze 5–15 cm hoch. Blätter grundständig, grasartig,* schmal, rinnig gefaltet, oft so lang wie der Blütenstand. Tragblätter so lang wie der Fruchtknoten, die unteren länger als die Blüten. Blütenstand bis 4 cm lang, 5- bis 12blütig, ziemlich dicht. *Blüten klein, gelbgrün* bis rotbraun. Perigonblätter helmförmig zusammenneigend. Sepalen oval, bis 4 mm lang und 2 mm breit. Petalen schmal-lanzettlich. *Lippe* meist gelb, *zungenförmig, 3–4 mm lang,* herabhängend, ungeteilt bis leicht dreilappig. *Ohne Sporn.* Die zierliche Pflanze wird leicht übersehen.
Blütezeit: Von Juni bis August.
Höhenverbreitung: Von etwa 1500 m bis 2700 m.
Standort: In kurzrasigen Alpenmatten, an Hängen und Graten, äußerst widerstandsfähig gegen Kälte und Wind, zumeist auf Kalk und Dolomit, auch auf Schiefer.
Naturschutz: In den Alpen noch relativ ungefährdet, nicht häufig.
Bastarde: Keine sicheren Nachweise bekannt.
Bildnachweis: 17. 7. 1966, Galtür (Vorarlberg), H. Baumann.
Das Bild zeigt die kleinen Pflanzen mit den langen, grasartigen Blättern. Der Blütenstand ist kurz und trägt nur wenige gelbgrün gefärbte Blüten, deren Lippen zungenförmig und fast ungeteilt sind. Die Blüten besitzen keinen Sporn, die Perigonblätter neigen helmförmig zusammen.

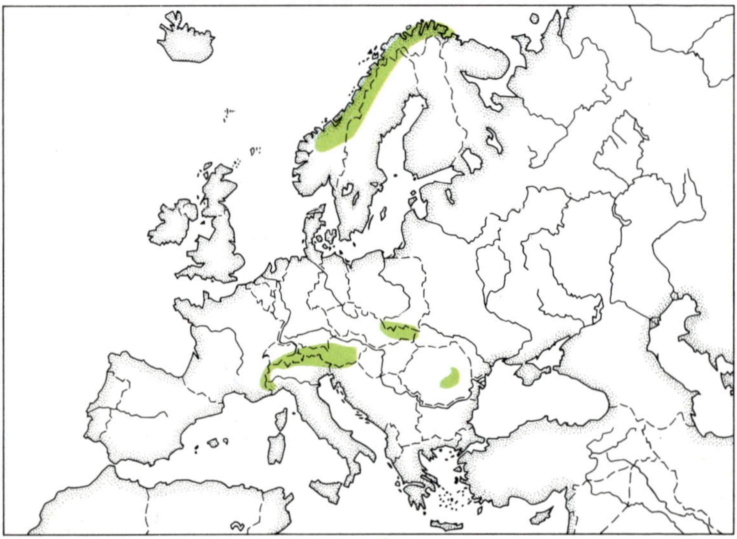

Coeloglóssum víride (L.) HARTM.

Grüne Hohlzunge

Beschreibung: Pflanze 5–35 cm hoch. Stengel kantig, Blätter 3–6, am Stengel verteilt. Untere Blätter oval, 2–9 cm lang, größte Breite etwa in der Mitte (1–3 cm). Obere Blätter tragblattähnlich, lanzettlich. Blütenstand 2–15 cm lang, dicht- und vielblütig. *Tragblätter* aufgerichtet bis abstehend, lanzettlich, untere zumeist *länger als die Blüten. Blüten klein, grün* bis gelblich, bisweilen braun oder rot überlaufen. Perigonblätter zu einem halbkugeligen Helm zusammenneigend. Sepalen oval, stumpf, 4–6 mm lang. Petalen schmal-lanzettlich, spitz, 4 mm lang, 1 mm breit. Lippe abwärts gerichtet, 5–10 mm lang, am Grunde 2–3 mm breit, nach vorn wenig verbreitert, vorn dreilappig, die *Seitenlappen länger als der Mittellappen. Sporn kurz,* etwa 2 mm lang, sackförmig, stumpf.

Blütezeit: Von Mai bis Juli.

Höhenverbreitung: Von der Küste bis etwa 3000 m.

Standort: In feuchten und trockenen Wiesen der Flußtäler, in den Mittelgebirgen im Magerrasen, im Hochgebirge auf Bergmatten, in Zwergstrauchgesellschaften und in lichten Wäldern.

Naturschutz: In den niederen und mittleren Lagen von Mitteleuropa bereits vom Aussterben bedroht; auch in den Alpen starke Rückgänge.

Bastarde: Mit *D. incarnata, majalis, maculata, sambucina, umbrosa* und *G. conopsea.*

Bildnachweis: 25. 5. 1980, Teruel (Mittelostspanien), H. Baumann.

Das Bild zeigt den Blütenstand mit den langen, krautigen Tragblättern, in deren Achseln die gelbgrünen Blüten sitzen. Die Lippe ist lang, der Sporn kurz.

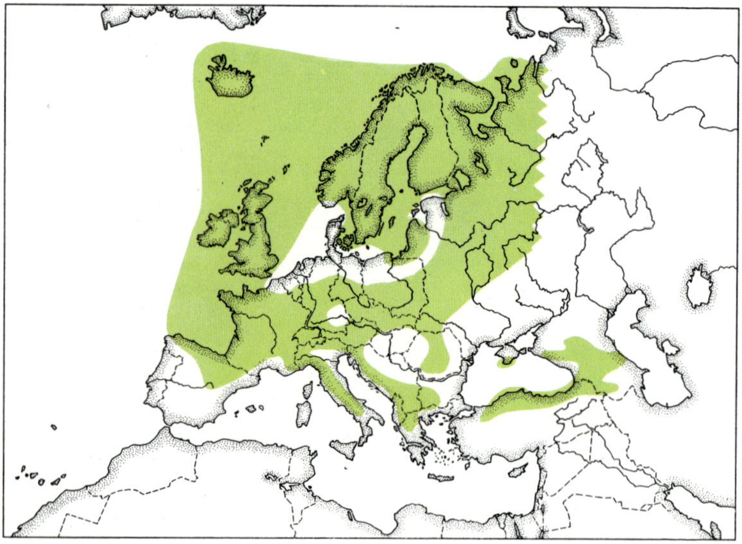

Compéria comperiána (STEVEN) ASCHERS. & GRAEBNER
Fadenförmiges Knabenkraut

Beschreibung: Pflanze kräftig, 25–70 cm hoch. Stengel oberwärts hin und her gebogen. Blätter 3–6, untere rosettig gedrängt, obere aufgerichtet und den Stengel umhüllend, länglich-elliptisch, bis zu 15 cm lang und 4 cm breit. *Blütenstand* bis zu *25 cm lang,* ziemlich locker, 5–20 blütig. Tragblätter lineal bis lanzettlich, zugespitzt, die unteren fast doppelt so lang wie der Fruchtknoten, die oberen etwa so lang wie der Fruchtknoten. *Blüten groß,* rötlich bis bräunlich. Sepalen bis auf die Spitzen zu einem Helm zusammengeschlossen, olivgrün, meist braunrot oder rosa überlaufen, stark genervt, länglich-eiförmig, zugespitzt, 16–20 mm lang, 6–7 mm breit. Petalen im Helm, bis zu 16 mm lang, die Spitzen zu fadenförmigen Fortsätzen ausgezogen. *Lippe* rosa bis weißlich mit roten Flecken. Obere Lippenplatte dreieckig mit *4* gekrümmten, *fadenförmigen, bis zu 10 cm langen grünen Fortsätzen. Sporn* zylindrisch, leicht gekrümmt, *abwärts gerichtet,* etwas kürzer als der Fruchtknoten, 12–15 mm lang, weißlich.
Blütezeit: Von Mai bis Juli, je nach Höhenlage.
Höhenverbreitung: Von 500 m bis etwa 2000 m.
Standort: Im Gebüsch, in lichten Eichen-, Kiefern- und Zedernwäldern.
Bastarde: Nicht nachgewiesen.
Bildnachweis: 28. 5. 1980, Denizli (Südwesttürkei), H. Baumann.
Das Bild zeigt den reichblütigen Blütenstand mit den großen Blüten. Die Lippe ist tief dreilappig, alle 4 Lippenzipfel sind zu langen Fäden verlängert. Der Sporn ist relativ lang und nach unten gebogen.

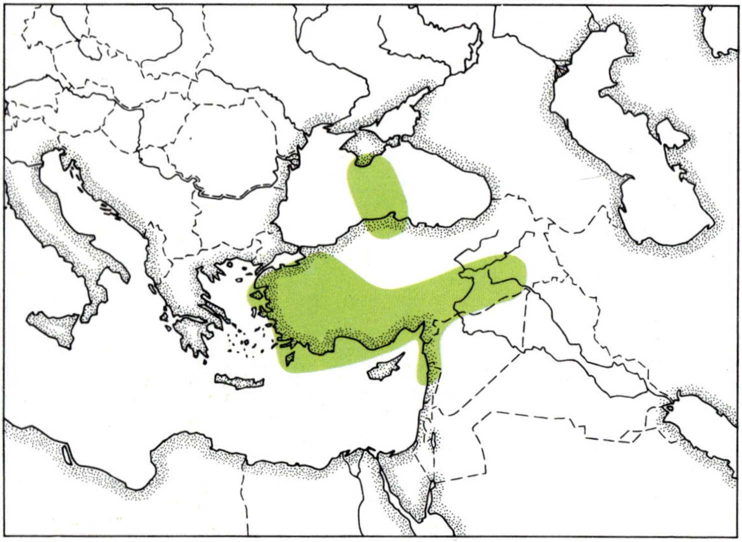

Corallorrhíza trífida CHATELAIN
Dreispaltige Korallenwurz

Beschreibung: *Pflanze ohne Blattgrün,* 8–30 cm hoch. Stengel gelblichgrün bis braun, ohne Laubblätter, *mit* wenigen, *schuppenförmigen,* den Stengel scheidenartig umschließenden *Blättern,* Blütenstand armblütig, mit 4–9 Blüten. Tragblätter klein, schuppenförmig, etwa 1/2 so lang wie der Stiel des Fruchtknotens. Blüten klein, gelblich. Perigonblätter schmal-lanzettlich, 4–5 mm lang, die seitlichen Sepalen abstehend. *Lippe* kürzer als die Sepalen, *weiß,* am Rande kraus, zungenförmig, ganzrandig, selten dreiteilig, *mit* erhabenen *roten Punkten* oder Strichen. *Sporn klein,* etwa 1/4 so lang wie der Fruchtknoten. Fruchtknoten nach dem Grunde allmählich verschmälert.
Blütezeit: Von Ende Mai bis Juli.
Höhenverbreitung: Von der Küste bis etwa 3200 m.
Standort: Schattige Fichten-, Kiefern- und Buchenwälder, auch auf Torfmooren. Bevorzugt schwach saure Böden mit Rohhumusauflage.
Naturschutz: Unscheinbare Pflanze, aber auf weiten Strecken selten und durch Standortveränderung zurückgedrängt. Als Folge der Fichtenaufforstungen teilweise auch in Ausbreitung, jedoch nur vorübergehende Erscheinung.
Bastarde: Sind nicht bekannt.
Bildnachweis: 2. 6. 1968, Hüfingen (Baden-Württemberg), H. Baumann.
Das Bild zeigt den kurzen und nicht sehr reichblütigen Blütenstand mit den grüngefärbten Blüten, deren Lippe weiß ist und rote Punkte am Grunde besitzt.

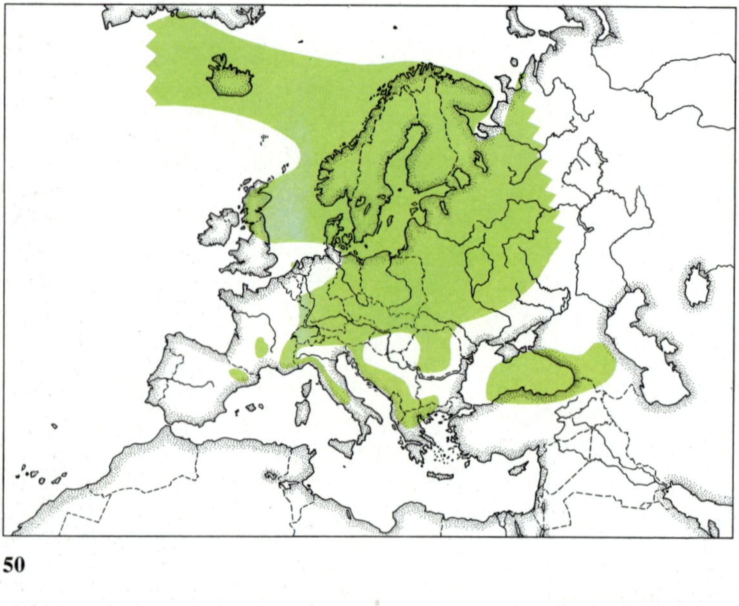

Cypripédium calcéolus L.
Frauenschuh

Beschreibung: *Pflanze kräftig,* 15–60 cm hoch. Stengel rund, oben fein behaart. *Blätter* 2–4, groß, oval bis lanzettlich, zugespitzt, *6–17 cm lang,* 3–7 cm breit, größte Breite in der Mitte, stengelumfassend, hellgrün, am Rande und auf den starken Nerven fein behaart. Blütenstand meist 1-, selten 2- bis 3blütig. Tragblätter groß, laubblattartig. *Blüten groß. Perigonblätter* breit-lanzettlich oder vom Grunde an verschmälert, 6–9 cm lang, erheblich länger als die Lippe, *rotbraun,* abstehend. Die beiden seitlichen Sepalen fast vollständig verwachsen und abwärts gerichtet. Petalen schraubenförmig gedreht. *Lippe gelb,* 3–4 cm lang, 2,5–3 cm breit, *einem* nach oben offenen *Schuh ähnlich.* Staubblätter 2, dazwischen die dreiteilige Narbe, überdeckt von einem großen, in die Öffnung der Lippe hineinragenden schildförmigen, hellgelben, rot gepunkteten, sterilen Staubblatt.
Blütezeit: Von Ende Mai bis Anfang Juli.
Höhenverbreitung: Von der Küste bis etwa 2000 m.
Standort: Lichte Laubmisch- und Nadelwälder, Gebüsch. Bevorzugt Kalkböden.
Naturschutz: Attraktive Pflanze, durch Nachstellung stark zurückgegangen. In Naturschutzgebieten teilweise beträchtliche Bestandserholung.
Bastarde: Mit *C. macranthos,* nicht sicher nachgewiesen.
Bildnachweis: 1. 6. 1981, Zwiefalten (Baden-Württemberg), V. Hoffmann.
Das Bild zeigt das kräftig entwickelte Laubwerk mit den prächtigen Blüten, bei denen der violette Helm mit dem dunkelgelben Pantoffel stark kontrastiert.

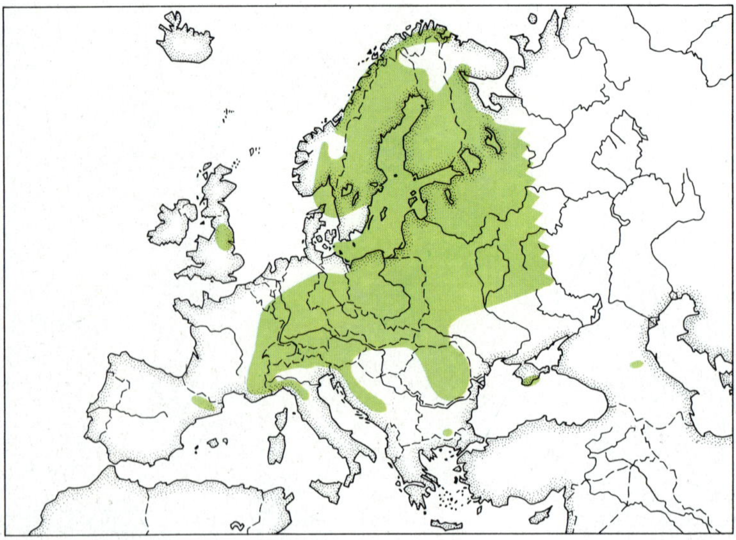

Cypripédium macránthos Sw.
Großblütiger Frauenschuh

Beschreibung: Pflanze 25–50 cm hoch. Laubblätter 2–4, am Stengel verteilt, breit elliptisch bis eiförmig, zugespitzt, 8–16 cm lang, 4–7 cm breit, am Rande und auf den starken Nerven fein behaart. Blütenstand meist 1-, selten 2blütig. Tragblatt groß, elliptisch, 7–10 cm lang, 3–6 cm breit. Blüten groß. *Perigonblätter* etwa so lang wie die Lippe, *lila oder violettrosa* mit dunkleren Nerven, im unteren Teil heller und gesprenkelt. Mittleres Sepalblatt breit-oval, 4–6 cm lang, 2,5–3,5 cm breit. Seitliche Sepalen zu einem vorne gespaltenen Blatt verwachsen und abwärts gerichtet. Petalen eiförmig-lanzettlich bis lanzettlich, 4–6 cm lang, 1,5–2 cm breit. *Lippe rosa bis rot* mit weiß umrandeter Öffnung, 4–7 cm lang, *einem nach oben offenen Schuh ähnlich.* In die Öffnung der Lippe ragt ein etwa 1,5 cm langes, eiförmiges, weißliches, violett punktiertes steriles Staubblatt hinein.
Blütezeit: Von Ende Mai bis Juli.
Höhenverbreitung: Nicht bekannt.
Standort: In lichten Wäldern, vor allem in Birkenwäldern.
Naturschutz: Die attraktive Pflanze besiedelt in Europa nur ein kleines inselartiges Areal.
Bastarde: Mit *C. calceolus,* nicht sicher nachgewiesen.
Bildnachweis: Tafel 146 aus Reichenbach fil. (1851).

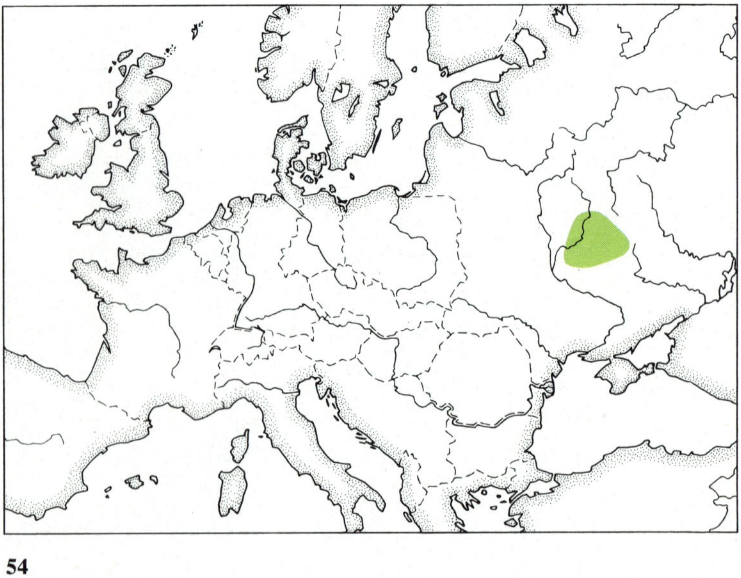

Cypripedium macranthon Sw.

G. Reichenbach del. 48. C. Schnorr sc.

Dactylorhíza báltica (KLINGE) ORLOVA
Baltisches Knabenkraut

Beschreibung: *Pflanze kräftig, 25–60 cm hoch.* Stengel hohl, am Grunde 8–10 mm dick. *Laubblätter* 4–6, am Stengel verteilt, *lineal bis schmal-lanzettlich,* zugespitzt, am Grunde deutlich verschmälert, aufrecht bis aufrecht-abstehend, ziemlich *klein gefleckt.* Untere Blätter 9–20 cm lang und 2–3,5 cm breit. Obere Blätter schmal und klein, zugespitzt, erreichen den Grund des Blütenstandes. Blütenstand kurz-zylindrisch bis eiförmig, meist 5–6 cm lang, ausgesprochen dicht- und vielblütig. Tragblätter schmal-lanzettlich bis lanzettlich, die unteren länger als die Blüten (2–3,5 cm lang), die oberen etwa so lang wie die Blüten. Blüten violett-purpurn, die Lippe mit dunkelvioletter Zeichnung. Sepalen eiförmig-lanzettlich. Mittleres Sepal 7–9 mm lang, helmartig mit den Petalen zusammenneigend. Petalen 5–7 mm lang, 3–4 mm breit, gewöhnlich dunkel punktiert. *Lippe* queroval, erheblich *breiter als lang,* meist 6–7 mm lang und 10–11 mm breit, deutlich dreilappig. *Mittellappen* eiförmig-dreieckig, stumpf, etwas *länger als* die rundlichen *Seitenlappen. Sporn* zylindrisch-konisch, abgestumpft, abwärts gerichtet, deutlich *kürzer als der Fruchtknoten,* 6–9 mm lang, 2–3 mm breit.
Blütezeit: Von Ende Mai bis Anfang Juli, später als bei *D. majalis.*
Höhenverbreitung: Küste und niedere Lagen. Höhengrenze nicht bekannt.
Standort: Strand- und Salzwiesen, feuchte Wiesen.
Bastarde: Keine sicheren Nachweise bekannt.
Bildnachweis: Zeichnung E. Nelson nach einer Pflanze aus dem Baltikum.

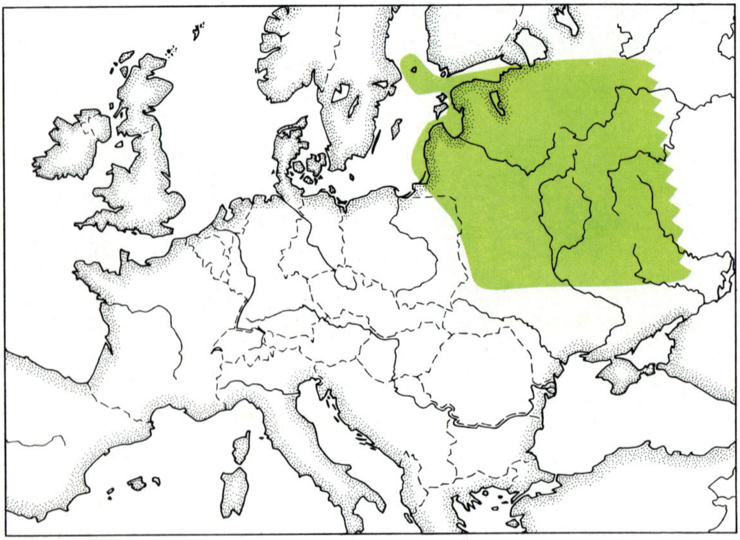

Dactylorhíza cordígera (FRIES) SOÓ
Herzförmiges Knabenkraut

Beschreibung: Pflanze 10–40 cm hoch, selten etwas höher. Stengel hohl, oberwärts kantig. *Laubblätter* meist 4–5, am Stengel verteilt, leicht gefaltet, schräg seitlich abstehend, dunkelgrün, oberseits ziemlich groß und dicht schwarzviolett gefleckt, kurz bis länger *eiförmig,* das unterste gewöhnlich kurz und relativ breit, abgerundet, die mittleren 6–7 cm lang, 3–5 cm breit, das oberste tragblattartig, spitz auslaufend, den Grund des Blütenstandes erreichend. *Blütenstand kurz und breit,* eiförmig bis fast kugelig. Blüten dunkelrotviolett. Tragblätter lang, die untersten länger als die Blüten, purpurn überlaufen. Sepalen eiförmig-lanzettlich, die seitlichen schräg aufwärts gerichtet, das mittlere stark nach vorne übergekrümmt. Petalen breit-eiförmig, kürzer und breiter als die Sepalen. *Lippe* groß und breit, 8–10 mm lang, 11–17 mm breit, queroval bis *herzförmig, höchstens schwach dreilappig,* am Rande gekerbt und gewellt, *Mittelteil* der Lippe sehr *hell mit dunklen Linien. Sporn* charakteristisch, *kurz* (5–7 mm lang), am Grunde 4–5 mm breit, gegen die Spitze sich rasch verjüngend, schräg *abwärts gerichtet.*
Blütezeit: Von Ende Mai bis Juli, je nach Höhenlage.
Höhenverbreitung: Von 900–2200 m.
Standort: An Bachufern, in Quellmooren und in feuchten Bergwiesen, im allgemeinen auf kalkarmem Untergrund.
Bastarde: Mit *Dactylorhiza maculata* und *saccifera, Pseudorchis frivaldii.*
Bildnachweis: 15. 8. 1980, Mte. Retezatului (Südwestrumänien), H. Baumann.

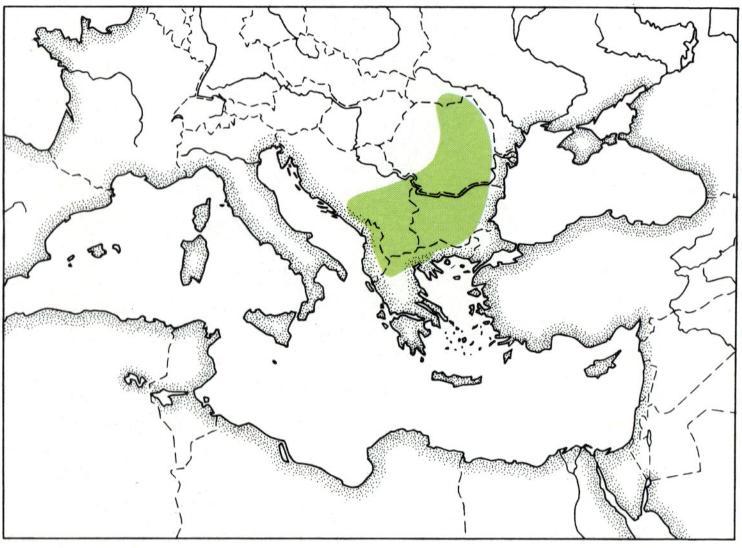

Dactylorhíza cruénta (O. F. MUELLER) SOÓ
Blutrotes Knabenkraut

Beschreibung: Pflanze meist 15–30 cm hoch. Stengel hohl, ziemlich dick, schwach rinnig. *Laubblätter* 3–4, am Stengel verteilt und 1 tragblattähnliches, *beiderseits* sehr stark blutrot *gefleckt* bis überlaufen, selten ungefleckt, aufgerichtet, langscheidig, den Stengel umfassend, an der Spitze meist kappenförmig und nach innen gebogen. Das unterste Blatt stumpf-spitzig, die folgenden bedeutend länger, 6–10 cm lang, 2–3 cm breit, breit- bis schmal-lanzettlich, flach bis wenig gefaltet. Blütenstand 4–6 cm, schmalzylindrisch, gedrängt. *Blüten sehr klein* hell bis dunkelrot, *Zeichnung dunkelrote Punkte und Linien.* Nur die unteren Tragblätter etwas länger als die Blüten, beiderseits gefleckt oder purpurn überlaufen. Sepalen lanzettlich bis eiförmig, purpurn gefleckt, die seitlichen aufwärts gerichtet, das mittlere mit den Petalen helmartig zusammenneigend. Petalen kürzer als die Sepalen. *Lippe* rhombisch bis rundlich, am Rande zurückgeschlagen, 4–6 mm lang, *5–6 mm breit,* nur schwach dreilappig. *Sporn etwa 2/3 so lang wie der Fruchtknoten,* 6–7 mm lang, konisch, gegen die Spitze deutlich verjüngt, leicht gekrümmt.
Blütezeit: Von Juni bis Juli.
Höhenverbreitung: In Nordeuropa von der Küste bis in die mittleren Berglagen, in den Alpen von 1500–2400 m.
Standort: Bevorzugt ausgesprochen nasse Stellen, in Hang- und Flachmooren, auf feuchten Wiesen, im Norden gerne auf Strandwiesen, kalkliebend.
Bastarde: Mit *D. maculata, majalis, traunsteineri* und *G. conopsea.*
Bildnachweis: 20. 7. 1974, Dolomiten (Norditalien), H. Baumann.

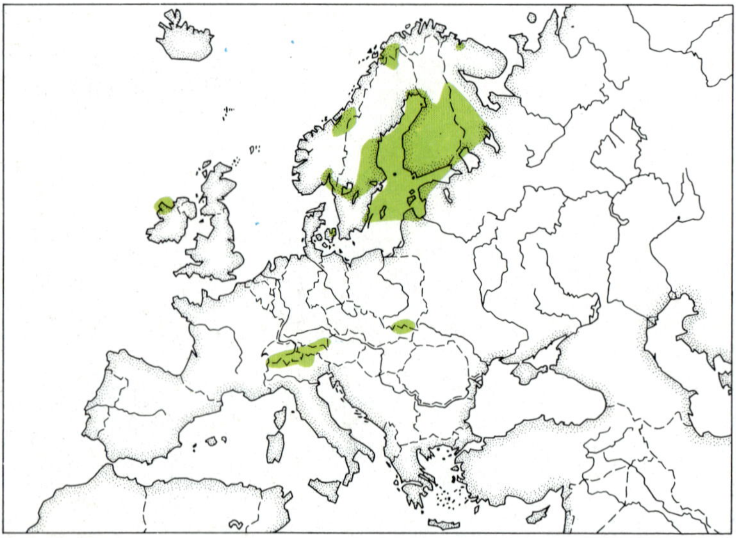

Dactylorhíza eláta (POIR.) SOÓ
Hohes Knabenkraut

Beschreibung: *Pflanze sehr kräftig,* 30–110 cm hoch. *Laubblätter* 6–13, *ungefleckt,* nur sehr selten gefleckt, breit lanzettlich, größte Breite an der Basis, *15–28 cm lang* und 3–6 cm breit, steil aufgerichtet, nach oben kleiner werdend, an der Basis weit stengelumfassend. *Blütenstand sehr lang und reichblütig,* 10–30 cm lang mit 30–110 relativ großen Blüten. Blüten hellrosa bis purpurviolett gefärbt. Tragblätter länger als die Blüten, von unten nach oben an Größe abnehmend. Sepalen eiförmig-lanzettlich, die seitlichen steil aufwärts gerichtet, das mittlere aufgerichtet bis nach vorne geneigt. Petalen zusammenneigend, eiförmig-lanzettlich, kürzer als die Sepalen. *Lippe queroval,* 10–12 mm lang und 12–14 mm breit, *meist leicht dreilappig,* nur selten fast ganzrandig. *Sporn dick und lang,* 12–15 mm lang und 2–4 mm breit, zylindrisch, schräg *abwärts gekrümmt.*
Blütezeit: Von Anfang April (Algerien) bis Anfang Juli (Pyrenäen).
Höhenverbreitung: Von der Küste bis etwa 2200 m (Hoher Atlas in Marokko).
Standort: An feuchten bis nassen Wiesen, an Bachrändern, auf Sumpfwiesen, an Hangquellmooren und in Küstensümpfen.
Bastarde: Nachgewiesen mit *D. incarnata, maculata, majalis, praetermissa,* selten mit *Gymnadenia conopsea.*
Bildnachweis: 17. 5. 1975, Azrou (Mittlerer Atlas, Marokko), H. Baumann.
Das Bild zeigt den reichblütigen Blütenstand mit den purpurvioletten Blüten. Die Seitenlappen der Lippe sind stark nach rückwärts geschlagen, der Sporn ist lang und knieförmig abwärts gekrümmt.

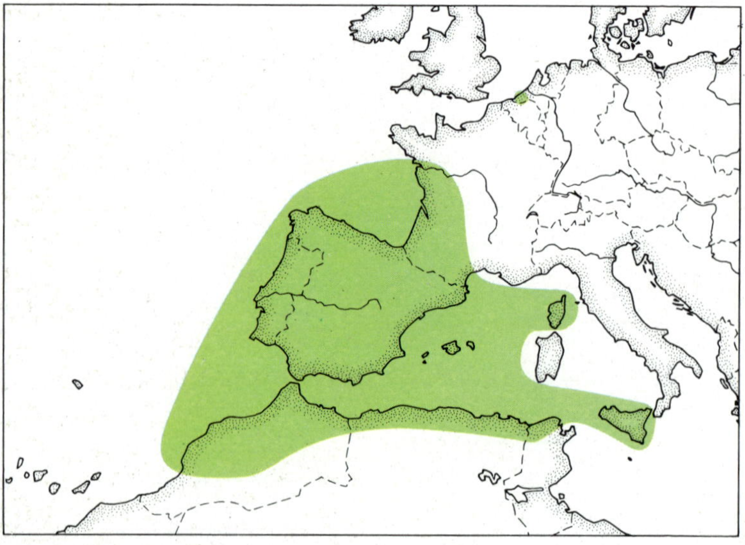

Dactylorhíza euxína (NEVSKI) H. BAUMANN & KUENKELE
Schwarzmeer-Knabenkraut

Beschreibung: Pflanze 10–35 cm hoch. Laubblätter 4–5, gefleckt bis ungefleckt. Untere Blätter elliptisch-lanzettlich, stumpf, gegen die Basis deutlich schmäler, aufgerichtet, 3–7 cm lang, 1–2,5 cm breit. Obere Blätter schmäler. *Blütenstand kurz und dicht,* 2,5–5 cm lang. *Blüten dunkelviolett.* Tragblätter lanzettlich bis schmallanzettlich, kurz zugespitzt, die unteren länger, die oberen kürzer als die Blüten, grün, bisweilen violett überlaufen. Sepalen schmal eiförmig-lanzettlich, 8–10 mm lang, 3–4 mm breit. Petalen lanzettlich, etwas kürzer als die Sepalen. *Lippe ganzrandig,* etwas gezähnelt, *breit rundlich-eiförmig,* breiteste Stelle am Grunde der Lippe, 7–10 mm lang, 10–14 mm breit. Zeichnung etwas dunkler, aus rundlich-länglichen verwaschenen Linien. *Sporn sackförmig*-zylindrisch, *kurz und dick,* 6–8 mm lang, 3–4 mm breit.
Blütezeit: Von Juni bis Juli.
Höhenverbreitung: Von 1500–2500 m.
Standort: Auf Bergmatten, an Quellfluren und feuchten Stellen.
Bastarde: Keine sicheren Nachweise bekannt.
Bildnachweis: 10. 7. 1975, Ovit Gecidi (Pontus-Gebirge, Nordosttürkei), G. Taubenheim.
Das Bild zeigt den dichten und kurzen Blütenstand. Die Blüten sind dunkel rotviolett gefärbt, die Blütenlippe ist rundlich und am Rande gezähnelt, mit vorgezogener Spitze. Die Lippe ist mit dunkleren Strichen und Punkten reich gezeichnet, der dicke und kurze Sporn ist horizontal.

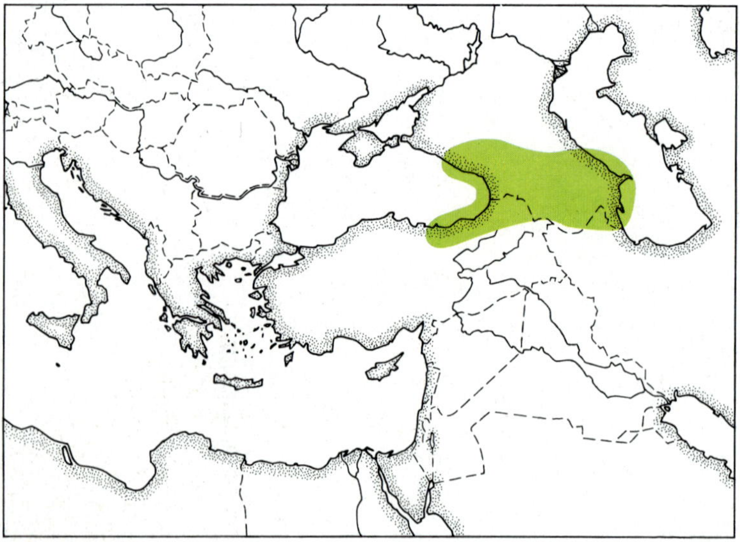

Dactylorhíza flavéscens (K. Koch) H. Baumann & Kuenkele
Gelbliches Knabenkraut

Beschreibung: Pflanze 10–35 cm hoch. *Laubblätter* 5–10, *am Grunde rosettig* gehäuft, *lineal-lanzettlich,* spitz bis zugespitzt, 8–18 cm lang, 0,5–1,5 cm breit. Blütenstand kurz-zylindrisch bis eiförmig, 3–8 cm lang, dicht- und vielblütig. *Blüten hellgelb oder* violett bis *rot,* selten weißlich, ziemlich *klein.* Tragblätter schmal lanzettlich, die unteren länger als die Blüten, die oberen so lang wie die Blüten, hellgrün. Sepalen elliptisch, stumpf, die seitlichen zurückgeschlagen, 7–9 mm lang, 4–5 mm breit, das mittlere eiförmig, 5–7 mm lang, 4 mm breit. Lippe breit rundlich bis oval, 5–7 mm lang, 7–10 mm breit, kurz dreilappig. Seitenlappen abgerundet, gezähnelt, Mittellappen zungenförmig. *Sporn nur wenig länger als die Lippe* (8–10 mm), dünn, *waagerecht* oder leicht aufsteigend.
Blütezeit: Von April bis Anfang Juni.
Höhenverbreitung: Von 900 m bis 2200 m.
Standort: Im Gebüsch, in Eichen-, Tannen- und Kiefernwäldern.
Bastarde: Keine sicheren Nachweise bekannt.
Bildnachweis: 1. 6. 1981 Pontus-Gebirge bei Trabzon (Nordosttürkei), H. Baumann.
Das Bild zeigt die gelbe Farbvariante, die wesentlich häufiger als die rote ist. Die relativ kleinen und schwefelgelb gefärbten Blüten sitzen in den Achseln langer und grün gefärbter Tragblätter. Deutlich zu erkennen ist der kurze und aufwärts gebogene Sporn. Die Blüten besitzen keine Flecken oder Striche auf der Lippe.

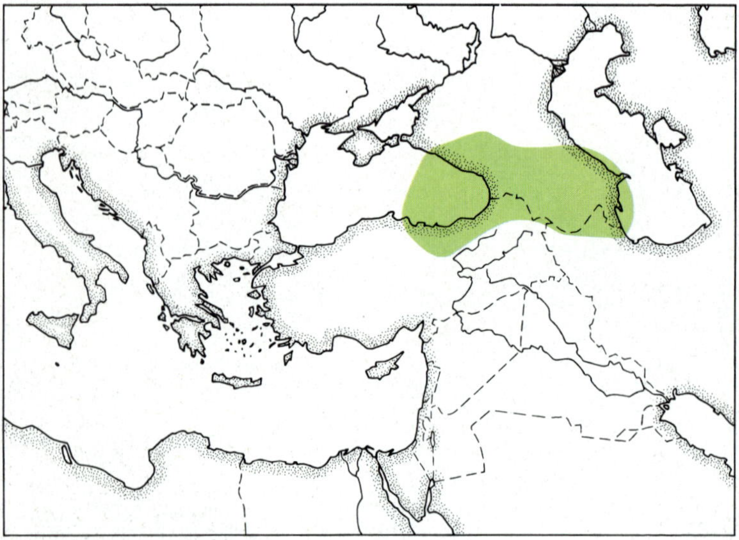

Dactylorhíza gervasiána (TOD.) H. BAUMANN & KUENKELE
Gervasis Knabenkraut

Beschreibung: Pflanze kräftig, 30–70 cm hoch. Stengel oberwärts hohl und rinnig. Laubblätter 5–12, am Stengel verteilt, ziemlich flach, breit-lanzettlich, zugespitzt, den Stengel scheidig umfassend, gefleckt, selten ungefleckt. Das unterste Blatt meist elliptisch, kurz. Die folgenden sind die längsten, abstehend bis überhängend, mit der größten Breite zwischen Basis und Blattmitte. Nach oben folgen 2–4 lang zugespitzte tragblattartige Stengelblätter. Blütenstand zylindrisch, dicht- und vielblütig. Blüten ziemlich groß, hellrosa bis dunkelpurpurn. Tragblätter lanzettlich, länger als die Blüten, die unteren bisweilen erheblich die Blüten überragend. Sepalen schmal-lanzettlich, die seitlichen abstehend bis zurückgeschlagen, das mittlere mit den Petalen zusammenneigend. *Lippe* aus keilförmigem Grunde tief *dreilappig,* erheblich *breiter als lang,* flach, der Mittellappen bisweilen erheblich vorgezogen, Seitenlappen rundlich-viereckig, an den Seiten ausgerandet bis gezähnelt. Malzeichnung aus dunklen kräftigen Streifen und Punkten bestehend. *Sporn* zylindrisch-kegelförmig, *so lang wie oder länger als der Fruchtknoten,* schwach *abwärts gerichtet.*
Blütezeit: Von Mai bis Juli.
Höhenverbreitung: Von 400 m bis 1500 m.
Standort: Waldpflanze in Kastanien- und Kiefernwäldern, feuchtigkeitsliebend.
Bastarde: Keine Nachweise bekannt.
Bildnachweis: 25. 5. 1980, Monti Nebrodi (Sizilien), H. Baumann.
Das Bild zeigt den reichblütigen Blütenstand mit den stark dreigelappten Blütenlippen und den relativ langen, nach unten weisenden Spornen.

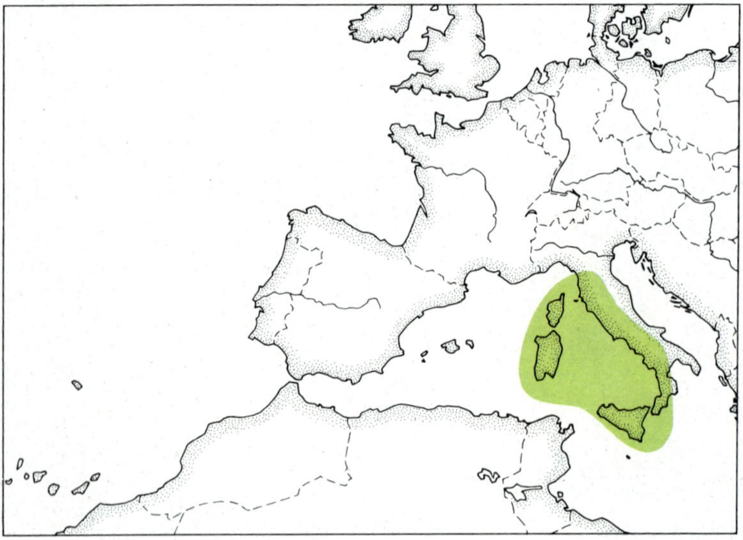

Dactylorhíza ibérica (M.-BIEB. ex WILLD.) SOÓ
Krim-Knabenkraut

Beschreibung: Pflanze schlank, 20–60 cm hoch. Stengel dünn, oberwärts schwach rinnig, *Laubblätter* 4–5, am Stengel verteilt, steil aufgerichtet, *ungefleckt.* Die unteren 2–3 Laubblätter *schmal lineal-lanzettlich,* bis zu 20 cm lang, 1–2 cm breit, ziemlich stark gefaltet, die oberen 1–2 tragblattartig, lineal, zugespitzt. Blütenstand zylindrisch, 8–20 cm lang, locker oder dicht vielblütig. *Blüten klein, weißlich bis rosa.* Tragblätter lanzettlich, die unteren länger als der Fruchtknoten, die oberen etwa so lang wie der Fruchtknoten. *Perigonblätter helmbildend.* Sepalen breitlanzettlich, 1–2 nervig, 6 mm lang, 1 mm breit. Lippe rosa mit purpurnen Punkten und Linien, eiförmig bis rundlich, ziemlich flach, vorne dreilappig, 8–11 mm lang, 7–8 mm breit. *Sporn* zylindrisch, deutlich *kürzer als der Fruchtknoten,* 5–7 mm lang, etwa 1 mm breit, steil *abwärts gerichtet,* leicht bogig.
Blütezeit: Von Ende Mai bis Juli.
Höhenverbreitung: Von etwa 800 m bis 2200 m.
Standort: Auf Sumpfwiesen, an Wasserläufen und in feuchten Waldschluchten, kalkliebend.
Bastarde: Nachgewiesen mit *D. nieschalkiorum, saccifera* und *urvilleana.*
Bildnachweis: 30. 6. 1978, Denizli (Südwesttürkei), H. Baumann.
Das Bild zeigt den reichblütigen Blütenstand mit den kleinen, hellgefärbten Blüten. Die Lippen sind ungeteilt und mit dunkleren Strichen gezeichnet, der Sporn ist kurz und nach unten gekrümmt.

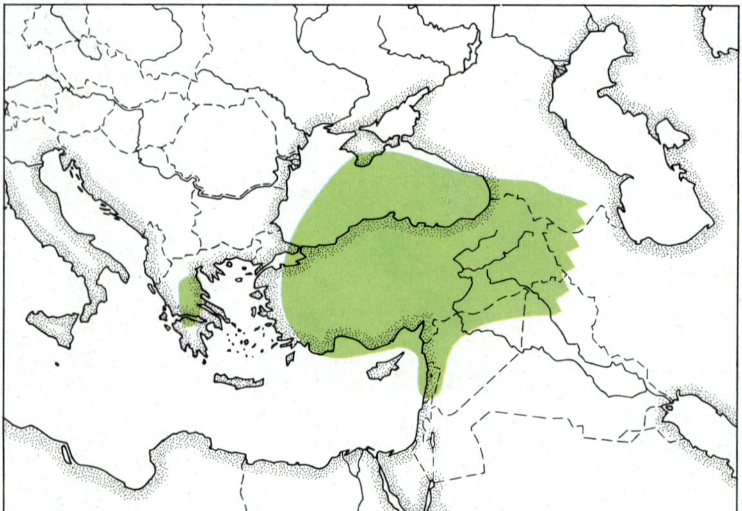

Dactylorhíza incarnáta (L.) Soó
Fleischfarbenes Knabenkraut

Beschreibung: Pflanze kräftig, 20–60 cm hoch. Stengel steif aufrecht, oft ziemlich dick, leicht kantig, stark hohl. *Laubblätter* 5–7, lanzettlich, bis 20 cm lang, 1,5–4 cm breit, *mit der größten Breite am Grunde,* gegen die Spitze sich gleichmäßig verjüngend, *mit kapuzenförmiger Spitze,* meist stark gefaltet, steil aufwärts gerichtet, den Grund des Blütenstands erreichend oder überragend, *ungefleckt,* gelbgrün. Nach oben noch 1–2 kleine Blätter, die zu den Tragblättern überleiten. Blütenstand 4–15 cm, zylindrisch, dichtblütig. Blüten ziemlich klein, fleischfarbig, rosa, dunkelviolett, weiß, gelb. Tragblätter lanzettlich, ziemlich lang, die Blüten überragend, grün, oft purpurn überlaufen. Sepalen lanzettlich, purpurn gefleckt, die seitlichen abstehend bis aufwärts gerichtet, das mittlere mit den Petalen helmartig zusammenneigend. *Lippe* rhombisch, *6–7 mm lang und breit,* vorne kurz spitzlich oder *schwach dreilappig,* Seiten anfangs flach, beim Abblühen herabgeschlagen. *Lippenzeichnung fein und scharf.* Sporn konisch, leicht bogig abwärts gekrümmt, 1/2 bis 2/3 so lang wie der Fruchtknoten, 5–8 mm lang.
Blütezeit: Von Ende Mai bis Anfang Juli, später als *D. majalis.*
Höhenverbreitung: Von der Küste bis 2100 m.
Standort: Nasse oder feuchte Wiesen, Dünentälchen, Flachmoore.
Bastarde: Mit *D. elata, maculata, majalis, nieschalkiorum, praetermissa, russowii, traunsteineri, C. viride* und *G. conopsea.*
Bildnachweis: 17. 6. 1981, Ravensburg (Baden-Württemberg), H. Baumann. Das Bild zeigt die kleinen Blüten, die eine Schleifenzeichnung besitzen.

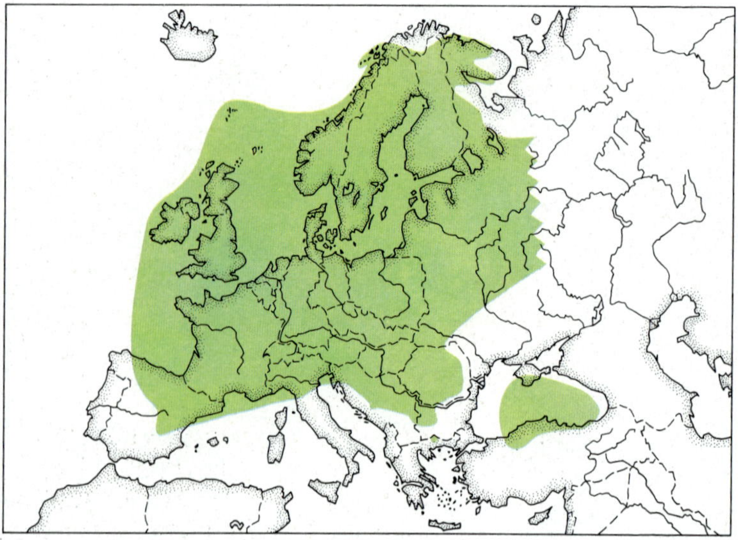

Dactylorhíza insuláris (SOMMIER) LANDWEHR
Insel-Knabenkraut

Beschreibung: Pflanze 20–50 cm hoch. Stengel oberwärts rinnig. *Laubblätter* 6–8, *am Grunde gehäuft,* schräg bis steil aufwärts gerichtet, *ungefleckt,* schmal- bis breitlanzettlich, größte Breite oberhalb der Mitte, schwach gefaltet, nach oben in die Tragblätter übergehend. *Blütenstand* schmal-zylindrisch bis oval, etwas *lockerblütig,* oft einseitswendig. *Blüten* klein, *zitronengelb mit roten Punkten* oder Flecken an der Lippenbasis. Tragblätter lanzettlich, länger als die Blüten. Sepalen eiförmig, abgestumpft, die seitlichen schräg aufwärtsgerichtet, das mittlere mit den Petalen zusammenneigend. Petalen kürzer als die Sepalen. Lippe dreiteilig, flach ausgebreitet, 6–7 mm lang, 6–8 mm breit, Mittellappen klein, vorgezogen. *Sporn* zylindrisch, *8–9 mm lang,* 1,5–2 mm breit, *waagerecht* bis leicht aufsteigend.
Blütezeit: Von April bis Juni.
Höhenverbreitung: Von der Küste bis etwa 1500 m.
Standort: An grasigen Stellen, auf feuchten Wiesen, im Gebüsch und im lichten Kastanien- und Kiefernwald.
Bastarde: Keine Nachweise bekannt.
Bildnachweis: 20. 5. 1980, Teruel (Mittelostspanien), H. Baumann.
Das Bild zeigt den lockeren Blütenstand, der öfter einseitswendig ausgerichtet ist. Die Blüten sind mittelgroß und hellgelb und sitzen in den Achseln kräftiger dunkelgrüner Tragblätter. Die Blütenlippe ist am Grunde rot gepunktet, gelegentlich sind diese Punkte auch zu größeren Flecken verschmolzen. Der Sporn ist relativ kurz.

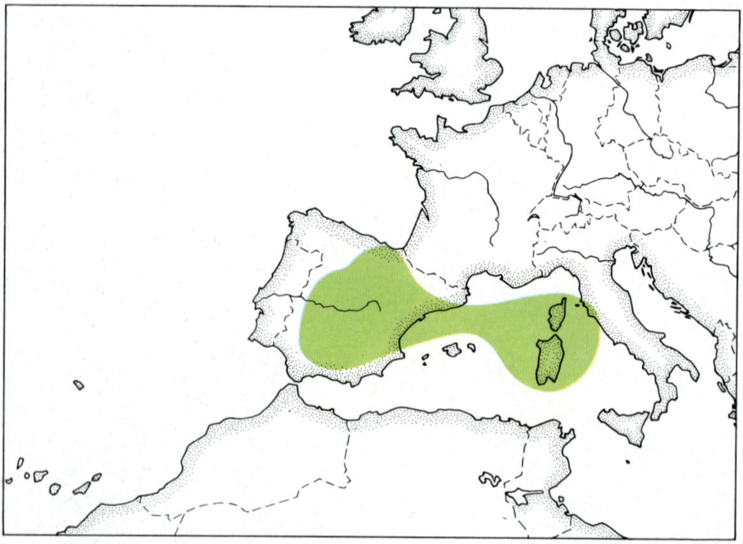

Dactylorhíza maculáta (L.) Soó
Geflecktes Knabenkraut

Beschreibung: Pflanze 15–100 cm hoch. Stengel nicht hohl, oberwärts etwas kantig. Laubblätter 5–10, aufrecht abstehend, am Stengel verteilt, oberseits dunkelgrün, dunkelbraun bis schwärzlich gefleckt, seltener ungefleckt, unterseits bläulichgrün. *Untere Blätter lanzettlich,* stumpf oder spitz, 5–10 cm lang, 2–4 cm breit, *größte Breite in der Mitte,* nach oben kürzer werdend, tragblattartig. Blütenstand zylindrisch, 5–20 cm lang, dichtblütig. *Blüten lila, rosa bis weiß.* Tragblätter lanzettlich, zugespitzt, die Blüten meist nicht überragend, grün, oft purpurn überlaufen. Sepalen verlängert-lanzettlich, dunkler punktiert, die seitlichen abstehend bis zurückgeschlagen, das mittlere mit den Petalen helmbildend. Petalen eiförmig-lanzettlich, stumpf, kürzer als die Sepalen. *Lippe* 5–10 mm lang und breit, rundlich, sattelförmig, *dreilappig.* Mittellappen kürzer oder länger als die rhombischen Seitenlappen. *Malzeichnung symmetrisch* angeordnet, *purpurviolette* Flecken oder *Linien. Sporn* meist etwas *kürzer als der Fruchtknoten,* schief abwärts gerichtet.
Blütezeit: Im Juni und Juli.
Höhenverbreitung: Von der Küste bis etwa 2200 m.
Standort: Auf feuchten und trockenen Wiesen, an Böschungen, an Straßen- und Waldrändern, in Flach- und Quellmooren, im Gebüsch, in Nadel- und Laubwäldern, auf allen Bodenarten.
Bastarde: Mit *D. cordigera, elata, incarnata, majalis, praetermissa, purpurella, russowii, G. conopsea, odoratissima, N. nigra, rubra.*
Bildnachweis: 5. 7. 1981, Oberstdorf (Allgäu), H. Baumann.

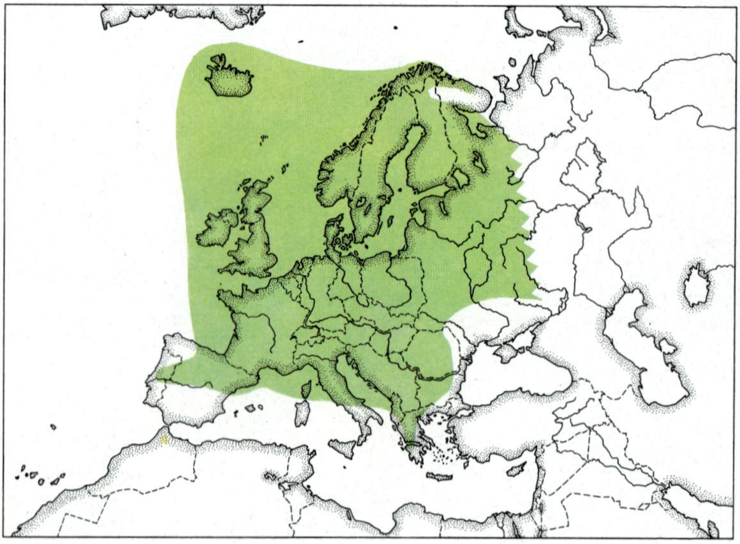

Dactylorhíza majális (REICHENB.) P. F. HUNT & SUMMERH.
Breitblättriges Knabenkraut

Beschreibung: Pflanze 15–70 cm hoch. Stengel hohl, hellgrün, oberwärts kantig und bisweilen purpurn überlaufen. *Laubblätter* 4–7, *länglich-eiförmig,* in der Mitte am breitesten, seitlich abstehend, kurzscheidig, ziemlich flach, trübgrün, oberseits mit braunen bis schwärzlichen Flecken. Blütenstand 5–10 cm, zuerst pyramidenförmig, später walzlich, dicht- bis lockerblütig. *Blüten lila-purpurn,* mit dunkelroten Flecken und Linien. Sepalen eiförmig-lanzettlich, die seitlichen aufwärts gerichtet, das mittlere mit den Petalen helmbildend, *Lippe breiter als lang,* 8–12 mm lang, 10–14 mm breit, sattelförmig, *dreilappig,* Mittellappen vorn stumpf, oft sehr kurz. Seitenlappen breit rundlich. *Sporn* kegelförmig-zylindrisch, *schief abwärts gerichtet,* meist etwas *kürzer als der Fruchtknoten.*
Blütezeit: Von Mai bis Juli, je nach Höhenlage.
Höhenverbreitung: Von der Küste bis etwa 2600 m.
Standort: Auf feuchten Wiesen, in Quell- und Flachmooren.
Naturschutz: Durch Entwässerung vielerorts verschwunden.
Bastarde: Mit *D. cruenta, maculata, praetermissa, purpurella, russowii, sambucina, C. viride* und *G. conopsea.*
Bildnachweis: 21. 5. 1970, Backnang (Baden-Württemberg), H. Baumann.
Das Bild zeigt den reichblütigen und gedrängten Blütenstand mit den dunkelrot gefärbten Blüten. Die Blütenlippe ist breit und besitzt eine helle Basis, die mit roten Punkten gezeichnet ist. Der Sporn ist mittellang und leicht abwärts gerichtet.

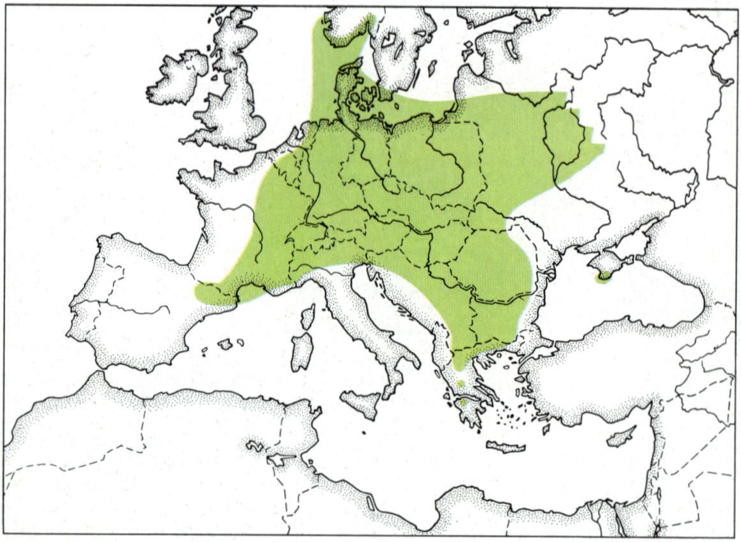

Dactylorhíza markusii (TINÉO) H. BAUMANN & KUENKELE
Schwefelgelbes Knabenkraut

Beschreibung: Pflanze mittelgroß, 15–35 cm hoch. Stengel fast auf der ganzen Länge rinnig. *Laubblätter* 6–10, *am Grunde rosettig gehäuft.* Die 4–6 *Grundblätter* sind *lineal-lanzettlich,* 7–18 cm lang und *0,7–1,3 cm breit,* in oder oberhalb der Mitte am breitesten, schwach gefaltet und *ungefleckt.* Die 2–6 locker am Stengel verteilten Blätter nehmen nach oben an Größe ab. Der Blütenstand ist kurz zylindrisch, 4–7 cm lang und trägt 10–35 relativ kleine Blüten in dichter Folge. *Blüten schwefelgelb* gefärbt, *ohne jede Zeichnung.* Die unteren Tragblätter sind länger, die oberen etwa so lang wie die Blüten, krautig und grün gefärbt. Sepalen eiförmig, dreinervig, steil aufwärts gerichtet. Petalen etwa so lang wie die Sepalen, zusammenneigend. *Lippe queroval, leicht dreilappig* mit vorgezogenem Mittellappen und abgerundeten Seitenlappen, 7–10 mm lang und 9–13 mm breit. *Sporn mittellang* und relativ *dünn,* 9–13 mm lang und 2 mm breit, leicht *bogig aufwärts gerichtet, so lang wie der Fruchtknoten.*
Blütezeit: Anfang April bis Mitte Juni.
Höhenverbreitung: Von 700 m–2000 m.
Standort: Schattenliebende Pflanze, vorzugsweise in Eichen-, Kastanien-, Kiefern- und Zedernwäldern.
Bastarde: Nachgewiesen mit *D. romana* und *sambucina.*
Bildnachweis: 15. 4. 1979, Duoro-Tal (Nordportugal), H. Baumann.
Das Bild zeigt den Habitus mit der grundständigen Rosette, die Blätter sind schmal und ungefleckt. Die Blüten sind schwefelgelb und ohne jede Zeichnung, der Sporn relativ kurz und nach aufwärts gekrümmt.

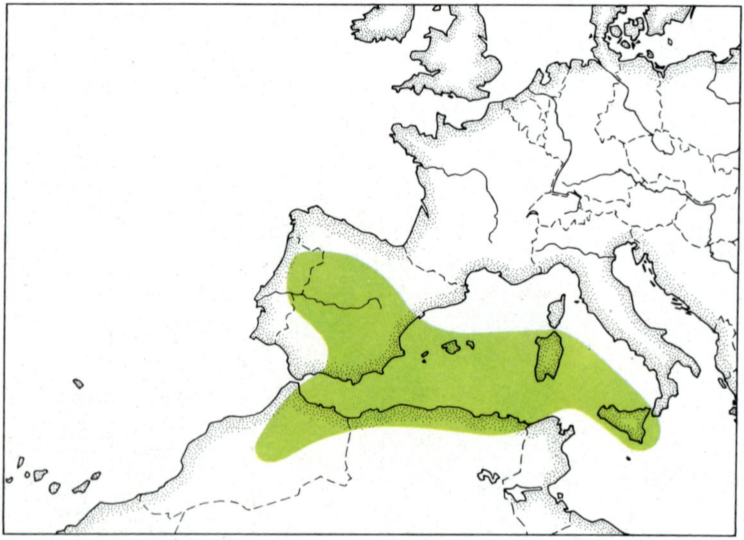

Dactylorhíza nieschalkiórum H. BAUMANN & KUENKELE
Nieschalks Knabenkraut

Beschreibung: Pflanze kräftig, 40–70 cm hoch. Stengel dick und hohl. *Laubblätter* 4–7 (und mehr), regelmäßig *am Stengel verteilt,* das unterste Blatt sehr klein, es folgen die Blätter mit der größten Länge und Breite, nach oben Übergang in die Tragblätter, meist ungefleckt. Grundblätter an der Basis stengelumfassend, breit eiförmig-lanzettlich, größte Breite in der Mitte, bis zu 18 cm lang, 2–6 cm breit. Obere Stengelblätter tragblattartig. *Blütenstand* 8–20 cm, *dicht und vielblütig (20–90 Blüten). Blüten sehr groß, rot.* Tragblätter schmal-lanzettlich, grün, die untersten überragen die Blüten. *Seitliche Sepalen* aufgerichtet bis abstehend, lang zugespitzt, etwa *17 mm lang,* 4 mm breit, das mittlere mit den Petalen zusammenneigend. Petalen etwas kürzer. *Lippe breitoval bis rundlich, 17–23 mm breit,* 10–20 mm lang, dreilappig mit vorgezogenem Mittellappen, Seitenlappen am Rande unregelmäßig gezähnelt. Malzeichnung dunkelrote Striche, zu Linien vereint. *Sporn sackförmig* aufgeblasen, *4–5 mm breit,* etwa 3/4 so lang wie der Fruchtknoten, schräg abwärts gerichtet.
Blütezeit: Von Juni bis Juli.
Höhenverbreitung: Von 1300 m bis etwa 1700 m.
Standort: Feuchte und nasse Wiesen.
Bastarde: Nachgewiesen mit *D. incarnata* und *iberica.*
Naturschutz: Endemit der Türkei, nur wenige Vorkommen bekannt, an Feuchtgebiete gebunden, daher stark gefährdet.
Bildnachweis: 15. 7. 1978, Bolu (Nordwesttürkei), H. Baumann.

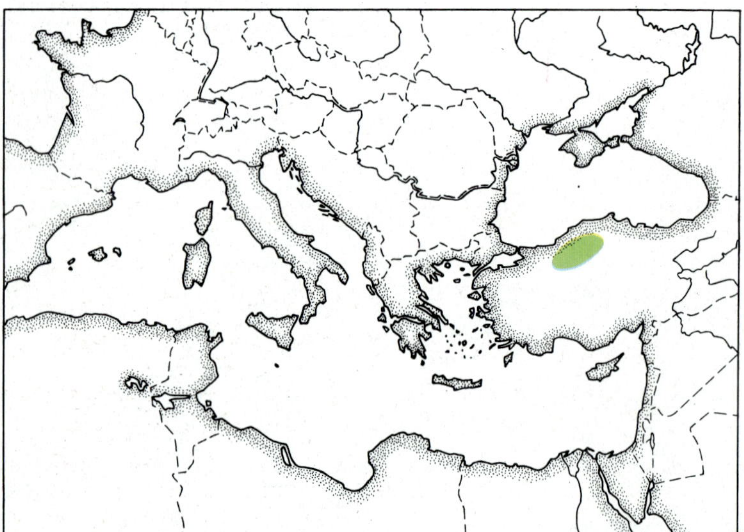

Dactylorhíza osmánica (KLINGE) SOÓ
Osmanisches Knabenkraut

Beschreibung: Pflanze kräftig, 20–75 cm hoch. Stengel hohl, dick, oberwärts rinnig, reich beblättert. *Laubblätter* 5–7, kurzscheidig, schmal- bis breit-lanzettlich, lang zugespitzt, *größte Breite an der Basis* oder im unteren Blattdrittel, 2–4 cm breit, zumeist das zweite und dritte Blatt von unten am längsten, 9–14 cm lang, *ungefleckt,* schräg bis steil aufgerichtet, nach oben 1–2 schmal-lanzettliche, tragblattartige Stengelblätter. Blütenstand 6–10 cm, dicht- und zumeist vielblütig, schmal-zylindrisch. Blüten mittelgroß, blaß- bis dunkelviolett. Tragblätter lanzettlich, nur die unteren die Blüten etwas überragend. Sepalen schmal- bis breit-lanzettlich dreinervig, die seitlichen schräg bis steil aufwärts gerichtet, das mittlere aufrecht. Petalen lineal-lanzettlich, kürzer und schmaler, zweinervig, zusammenneigend bis aufgerichtet. *Lippe* von engkeilförmigem Grunde breit-rundlich bis *kreisförmig, flach ausgebreitet,* nur schwach dreilappig, 8–12 mm lang, 9–14 mm breit. Malzeichnung zusammenhängende und unterbrochene unregelmäßige Linien, dunkelviolett. *Sporn kurz* und breit, *6–9 mm lang,* 3–4 mm breit, zylindrisch bis kegelförmig, stumpf, waagrecht bis schräg abwärts gerichtet.
Blütezeit: Von Ende Mai bis Anfang Juli.
Höhenverbreitung: Von 500 m bis etwa 2400 m.
Standort: Feuchte und nasse Stellen, Quellsümpfe, Bachränder, Sumpfwiesen.
Bastarde: Nachgewiesen mit *D. umbrosa.*
Bildnachweis: 30. 5. 1981, Tarsus (Südosttürkei), H. Baumann.

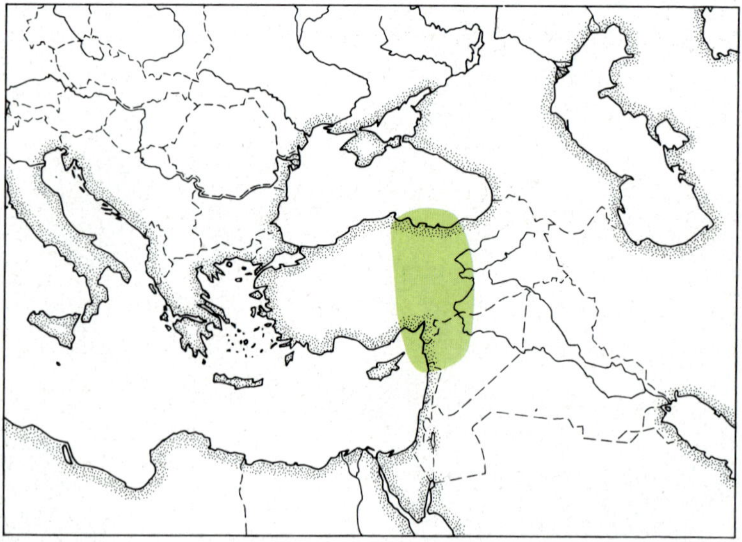

Dactylorhíza praetermíssa (DRUCE) SOÓ
Übersehenes Knabenkraut

Beschreibung: *Pflanzen* kräftig, *hochwüchsig, 30–80 cm hoch.* Stengel hohl, oberwärts rinnig, bisweilen purpurn überlaufen. *Laubblätter* 6–8, davon 2 tragblattartig, *schmal- bis breitlanzettlich, größte Breite (15–20 mm)* etwa in der Mitte, steil aufgerichtet, ungefleckt oder kreisförmig gefleckt, Blütenstand 5–10 cm, zylindrisch, reich- und dichtblütig. *Blüten klein bis mittelgroß, rosa bis dunkelviolett.* Tragblätter unten länger, oben kürzer als die Blüten. Sepalen eiförmig-lanzettlich, dreinervig, die seitlichen abstehend bis aufwärts gerichtet, das mittlere leicht nach vorne gekrümmt. Petalen kürzer. Lippe breiter als lang, 8–10 mm lang, 10–13 mm breit; ziemlich flach ausgebreitet, schmal dreilappig mit vorgezogenem Mittellappen, *Malzeichnung aus feinen Strichen* und Punkten. Sporn kegelförmig, 1/2 bis 2/3 so lang wie der Fruchtknoten, schräg abwärts gerichtet.
Blütezeit: Von Anfang Juni bis Mitte Juli.
Höhenverbreitung: Küste und Niederung.
Standort: Feuchte und nasse Riedwiesen, Flachmoore, vernäßte Dünentälchen.
Bastarde: Nachgewiesen mit *D. elata, incarnata, majalis* und *maculata,* sehr selten mit *Gymnadenia conopsea.*
Bildnachweis: 17. 6. 1974, Emmerich (Niederlande), M. Bayer.
Das Bild zeigt den dichten Blütenstand mit den hellvioletten Blüten. Die Lippe ist ungeteilt und rot punktiert, der Mittellappen vorgezogen, der Sporn horizontal bis abwärts gerichtet.

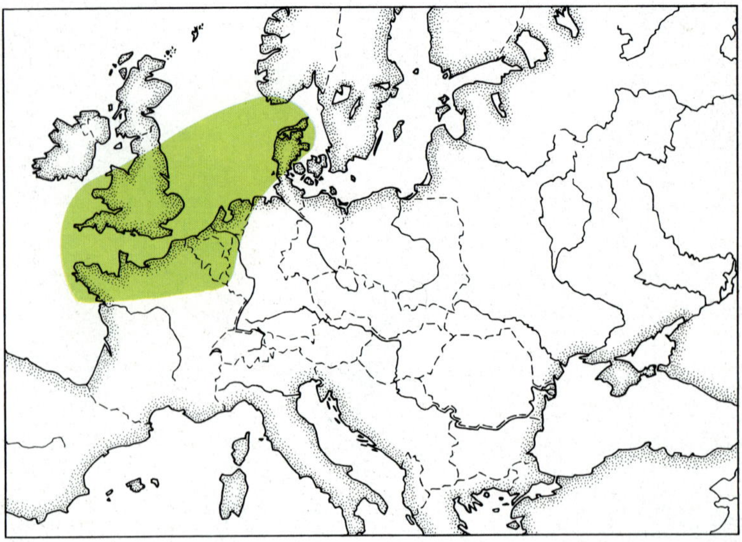

Dactylorhíza purpurélla (T. & T. A. STEPHENSON) SOÓ
Rötliches Knabenkraut

Beschreibung: *Pflanze gedrungen,* 10–45 cm hoch. Stengel unterseits hohl, oberwärts rinnig. *Laubblätter* 4–5, schräg bis steil aufgerichtet, breit-lanzettlich, lang zugespitzt, an der Spitze zumeist kapuzenförmig, die *größte Breite gegen die Mitte,* ziemlich langscheidig, leicht rinnig gefaltet, ungefleckt, bisweilen gegen die Blattspitze spärlich punktiert, oberwärts zumeist ein tragblattartiges Stengelblatt. *Blütenstand* kurz-zylindrisch bis eiförmig, *dichtblütig. Blüten klein, dunkelrot.* Tragblätter schmal-lanzettlich, nur die unteren die Blüten etwas überragend. Sepalen schmal-lanzettlich, die seitlichen stark zurückgeschlagen, das mittlere mit den Petalen zusammenneigend. *Lippe rautenförmig,* bisweilen schwach dreilappig, *6–9 mm lang und breit,* flach mit aufgebogenen Seitenrändern, Malzeichnung aus dunklen Punkten und Schleifen bestehend. *Sporn* kegelförmig, ziemlich *dick,* etwa *2/3 so lang wie der Fruchtknoten.*
Blütezeit: spät: Von Juni bis Juli.
Höhenverbreitung: Auf die Küstenregion beschränkt.
Standort: Nasse und feuchte Weiden hinter den Binnendünen, feuchte Dünentälchen, küstennahe Sümpfe.
Bastarde: Nachgewiesen mit *D. maculata, majalis* und sehr selten mit *Gymnadenia conopsea.*
Bildnachweis: Aquarellierte Zeichnung E. Nelson nach einer Pflanze aus Wales (Shell Islands).

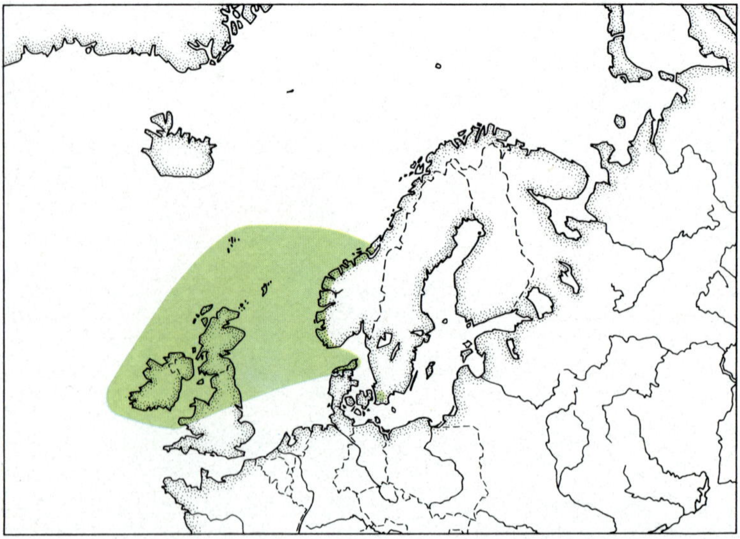

Dactylorhíza romána (SEBAST.) SOÓ
Römisches Knabenkraut

Beschreibung: Pflanze 15–35 cm hoch. Stengel ziemlich steif, oberwärts rinnig. *Laubblätter* 6–13, die meisten *am Grunde rosettig* gehäuft, *lineal bis lineal-lanzettlich,* bis zu 12 cm lang und 0,5–1,5 cm breit, die größte Breite weit über der Mitte, schwach gefaltet, ungefleckt, nach oben einige tragblattartige Stengelblätter. Blütenstand 4–10 cm, zylindrisch, locker bis dichtblütig. *Blüten klein, hellgelb* oder *hell- bis dunkel purpurviolett.* Tragblätter lanzettlich, krautig, grün, die unteren etwas länger, die oberen etwa so lang wie die Blüten. Sepalen länglich-eiförmig bis lanzettlich, zumeist abgestumpft, die seitlichen steil aufwärts gerichtet, das mittlere mit den Petalen zusammenneigend, bis zu 13 mm lang, 4–5 mm breit. Petalen breit-eiförmig, bis zu 10 mm lang, 3,5–7 mm breit. Lippe nach vorne gestreckt, flach bis sattelförmig, breit-eiförmig bis rundlich, 8–10 mm lang, 8–15 mm breit, vorne schwach bis deutlich dreilappig, Mittellappen zumeist vorgezogen, Seitenlappen abgerundet, *Lippe ohne Malzeichnung. Sporn* waagrecht bis steil aufgerichtet, oft *nach oben gebogen,* zylindrisch, 13–20 mm lang, zumeist *doppelt so lang wie die Lippe.*
Blütezeit: Von März bis Juni.
Höhenverbreitung: Von der Küste bis 1800 m.
Standort: Schattenliebende Pflanze der Felsflur, im Gebüsch, im Kastanien-, Kiefern-, Tannen- und Eichenwald, zumeist auf schwach sauren Böden.
Bastarde: Nachgewiesen mit *D. markusii* und *sambucina.*
Bildnachweis: 20. 4. 1980, Grosseto (Norditalien), H. Baumann.

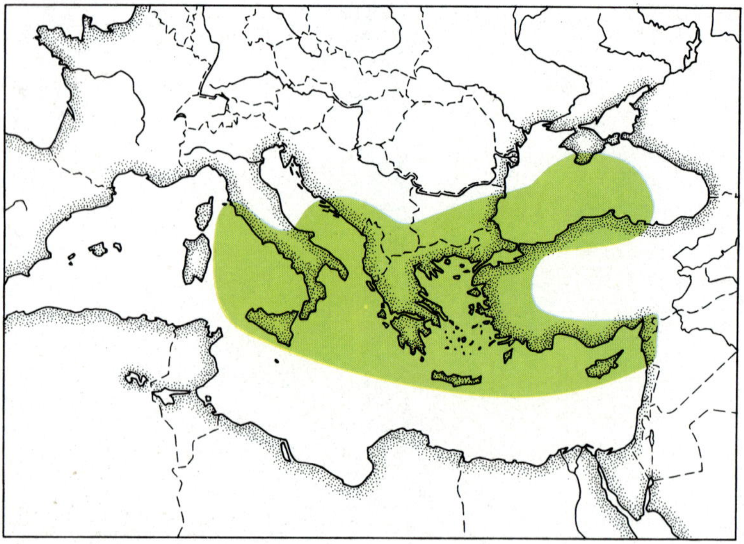

Dactylorhíza russówii (KLINGE) J. HOLUB
Russows Knabenkraut

Beschreibung: *Pflanze niedrig,* 15–30 cm hoch. Stengel hoch, oberwärts bräunlich überlaufen, bisweilen schwach rinnig. *Laubblätter* 3–4, locker *am Stengel verteilt,* in einer kurzen Scheide den Stengel umfassend, schmal-lanzettlich, aufgerichtet bis schräg abstehend, gefaltet, bläulichgrün, zumeist *leicht gefleckt.* Das zweite Blatt von unten am längsten, 8–15 cm lang, 0,5–1,5 cm breit. Die weiteren Blätter werden nach oben kürzer, zumeist ist ein tragblattartiges Stengelblatt vorhanden. *Blütenstand kurz* (3–5 cm lang), *eiförmig,* ziemlich dichtblütig, mit 6–20 Blüten. *Blüten* mittelgroß, *rosenrot.* Tragblätter die Blüten nur wenig überragend. Sepalen breit lanzettlich, dreinervig, die seitlichen aufwärts gerichtet, gefleckt, das mittlere mit den Petalen zusammenneigend. Petalen schmal-eiförmig, zweinervig. *Lippe breit keilförmig,* ziemlich *flach,* meist *dreilappig* mit vorgezogenem Mittellappen, 7–8 mm lang, 9–11 mm breit, *Malzeichnung aus dunkelroten regelmäßigen Linien und Punkten.* Sporn konisch-zylindrisch, etwas kürzer als der Fruchtknoten, bisweilen bogig gekrümmt, herabhängend.
Blütezeit: Von Ende Juni bis Ende Juli.
Höhenverbreitung: Nur in den niederen Lagen der Küstenregion.
Standort: In Flachmooren und Quellwiesen, kalkliebend.
Bastarde: Mit *D. incarnata, maculata* und *majalis,* selten mit *G. conopsea.*
Bildnachweis: 28. 6. 1975, Gützkow (Deutsche Demokratische Republik), E. Willing.

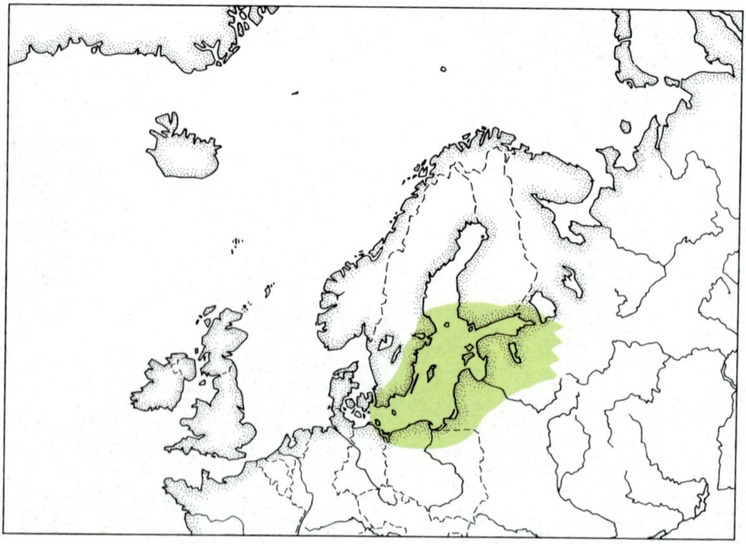

Dactylorhíza saccífera (BRONGN.) SOÓ
Sackförmiges Knabenkraut

Beschreibung: Pflanze kräftig, 35–70 cm hoch. Stengel voll, dick, oberwärts stark rinnig. *Laubblätter* 8–12, *im oberen Teil des Stengels gedrängt* und in die Tragblätter übergehend, seitlich abstehend bis schräg aufwärts gerichtet, teilweise überhängend, den Stengel kurzscheidig umfassend, rinnig gefaltet, verwaschen bis deutlich gefleckt. *Das unterste Blatt eiförmig, kurz,* die folgenden bedeutend länger, breit-lanzettlich mit der größten Breite nahe der Basis, spitz zulaufend, die oberen lanzettlich. Blütenstand locker bis dichtblütig, anfangs pyramidenförmig, später breit-zylindrisch. Blüten mittelgroß, weißlich, hell-lila bis violett. Tragblätter die unteren Blüten weit überragend, oben etwa so lang wie die Blüten. Sepalen eiförmig-lanzettlich, die seitlichen gefleckt, abstehend, das mittlere aufgerichtet. Petalen kürzer, zusammenneigend. *Lippe tief dreilappig,* flach, 8–10 mm lang, 10–15 mm breit, *kürzer als der Sporn,* alle Lappen ziemlich schmal, der Mittellappen zugespitzt und vorgezogen, Malzeichnung unregelmäßige Striche, über die Lippe verteilt. *Sporn sackartig*-zylindrisch, *ziemlich lang* (11–13 mm) *und dick* (3–4 mm), schräg abwärts gerichtet.
Blütezeit: Von Mitte Mai bis Ende Juli.
Höhenverbreitung: Von 400 m bis etwa 2000 m.
Standort: Im Buchen-, Tannen- und Kastanienwald an nassen Stellen, an Quellen, Bachläufen und in feuchten Schluchten, nur selten in offenen Lagen.
Bastarde: Nachgewiesen mit *D. cordigera* und *iberica.*
Bildnachweis: 30. 6. 1977, Ioannina (Nordgriechenland), H. Baumann.

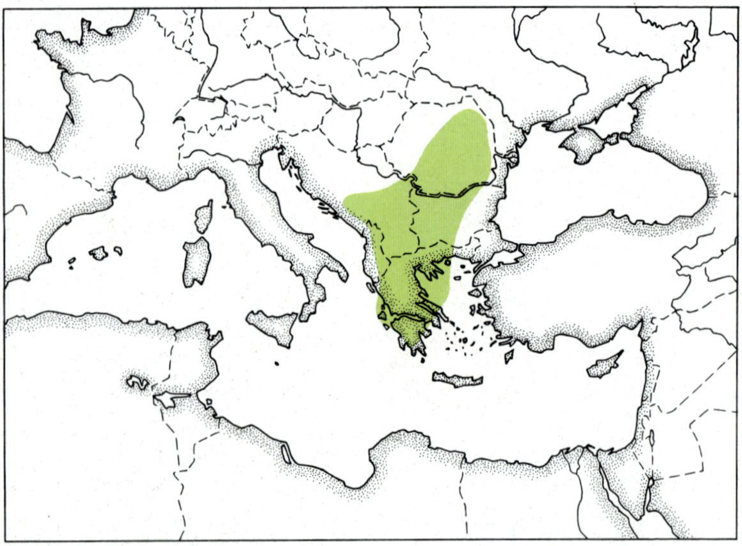

Dactylorhíza sambucína (L.) Soó
Holunder-Knabenkraut

Beschreibung: *Pflanze gedrungen,* 10–30 cm hoch. Stengel hohl, blaßgrün, oberwärts rinnig. *Laubblätter* 4–6, am Grunde gedrängt, lebhaft grün, *ungefleckt,* aus schmälerem Grunde länglich bis lanzettlich, zugespitzt. Blütenstand eiförmig bis zylindrisch, dicht- und reichblütig. *Blüten hellgelb* oder hell- *bis dunkelrot* mit gelblichem Schlund, schwach *nach Holunder duftend.* Tragblätter lanzettlich, länger bis so lang wie die Blüten. Sepalen eiförmig-lanzettlich, stumpf, die seitlichen abstehend bis zurückgeschlagen, das mittlere mit den Petalen zusammenneigend. Petalen länglich-eiförmig, kürzer. Lippe queroval bis rundlich, 8–10 mm lang, 11–16 mm breit, flach, bisweilen vorne dreilappig, Malzeichnung aus kleinen Punkten bestehend. *Sporn walzlich-*zylindrisch, *sehr lang* (12–15 mm) *und dick* (3 mm), meist steil *abwärts gerichtet.*
Blütezeit: Von April bis Juni, je nach Höhenlage.
Höhenverbreitung: Von der Ebene bis etwa 2100 m, vorwiegend in den Berglagen.
Standort: Trockene und frische Wiesen, lichte Nadelwälder, bevorzugt kalkarme Böden.
Naturschutz: In der BRD vom Aussterben bedroht.
Bastarde: Mit *D. majalis* und *romana, C. viride, G. conopsea.*
Bildnachweis: 20. 5. 1981, Orihuela (Mittelostspanien), H. Baumann.
Das Bild zeigt die gelbe Farbvariante. Die Blütenlippe ist fast ganzrandig, der Sporn sackartig und nach unten weisend.

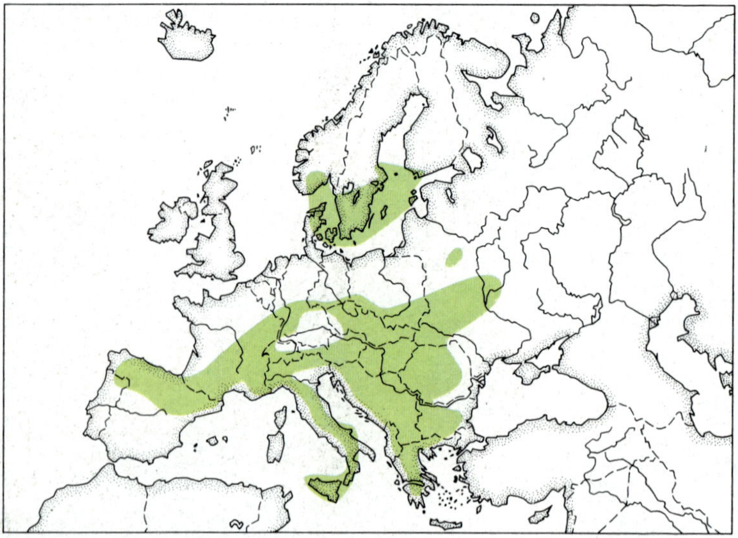

Dactylorhíza traunsteíneri (SAUTER ex REICHENB.) SOÓ
Traunsteiners Knabenkraut

Beschreibung: *Pflanze schlank,* 20–50 cm hoch. Stengel dünn, zuweilen etwas gebogen, oberwärts kantig und rötlich überlaufen, nicht oder nur wenig hohl. Laubblätter meist 3–4, am Stengel verteilt, schräg bis steil aufgerichtet, lineal-lanzettlich, lang zugespitzt, gegen die Basis am breitesten, die mittleren gefaltet, das zweite von unten am längsten, das oberste tragblattartig, bläulichgrün, gefleckt oder ungefleckt. *Blütenstand* eiförmig, 3–10 cm lang, *locker- und wenigblütig* (zumeist 8–12 Blüten). *Blüten* ziemlich *groß, purpurrot.* Tragblätter lineal-lanzettlich, zugespitzt, bräunlich-purpurn, die unteren länger als die Blüten. Sepalen linealisch-lanzettlich, die seitlichen zumeist gefleckt, abstehend bis steil aufgerichtet, das mittlere mit den Petalen zusammenneigend. Lippe queroval mit vorgezogener Spitze, bisweilen etwas dreilappig, zumeist sattelförmig, nach dem Grunde zu heller gefärbt, mit dunkelroten Linien und Flecken, *Sporn* kegelförmig-walzlich, *stumpf, 1/2 bis 2/3 so lang wie der Fruchtknoten,* zumeist leicht *abwärts gerichtet.*
Blütezeit: Von Juni bis Juli.
Höhenverbreitung: Von 600 m bis 1900 m.
Standort: In Flachmooren, in feuchten bis nassen Wiesen.
Naturschutz: Seltene Pflanze der Feuchtgebiete, stark zurückgegangen.
Bastarde: Mit *D. cruenta, incarnata, maculata* und *majalis, G. conopsea, odoratissima.*
Bildnachweis: 20. 6. 1976, Damüls (Bregenzer Wald), H. Baumann.

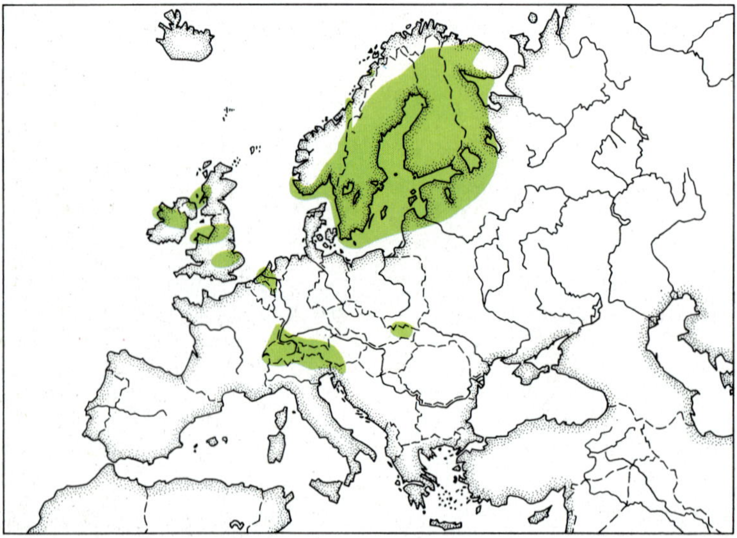

Dactylorhíza umbrósa (KAREL. & KIR.) NEVSKI
Schattenliebendes Knabenkraut

Beschreibung: Pflanze 15–60 cm hoch. Stengel hohl, dicht mit 4–12 Laubblättern beblättert, meist im unteren Teil gehäuft oder rosettig angeordnet. *Laubblätter* aufrecht-abstehend, stets *ungefleckt,* länglich-lanzettlich, zugespitzt, am breitesten in der Mitte, gegen die Basis deutlich verschmälert, untere Blätter 10–30 cm lang und 2–6 cm breit, die oberen schmäler, meist bis an die Basis des Blütenstandes reichend. Blütenstand 5–25 cm lang, zylindrisch, dicht- und vielblütig. Blüten hellpurpurn bis fleischrot. Tragblätter lanzettlich, zugespitzt, die unteren 2,5–4 cm lang und 3–5 mm breit, die oberen 12–18 mm lang. Sepalen eiförmig-lanzettlich, stumpf, 8–13 mm lang, 3–4 mm breit, das mittlere und die Petalen 7–11 mm lang, 2,5–3,5 mm breit, die seitlichen abstehend bis zurückgeschlagen, das mittlere mit den Petalen zusammenneigend. *Lippe rundlich*-rhomboid, ziemlich *flach,* ganzrandig bis selten schwach dreilappig mit vorgezogenem Mittellappen, zumeist länger als breit, 10–13 mm lang, 8–12 mm breit, Malzeichnung aus dunkelpurpurnen Punkten oder unregelmäßig unterbrochenen Linien. *Sporn* zylindrisch, *nach außen gebogen,* etwas kürzer oder *so lang wie der Fruchtknoten* (12–18 mm lang) und 1,5–2,5 mm dick.
Blütezeit: Von Ende Mai bis Juli.
Höhenverbreitung: Von 1000 m bis über 3800 m.
Standort: Auf feuchten Wiesen, an Sümpfen, Quellen und an Wasserläufen.
Bastarde: Mit *C. viride* und *D. osmanica.*
Bildnachweis: 10. 7. 1978, Sivas (Nordosttürkei), H. Baumann.

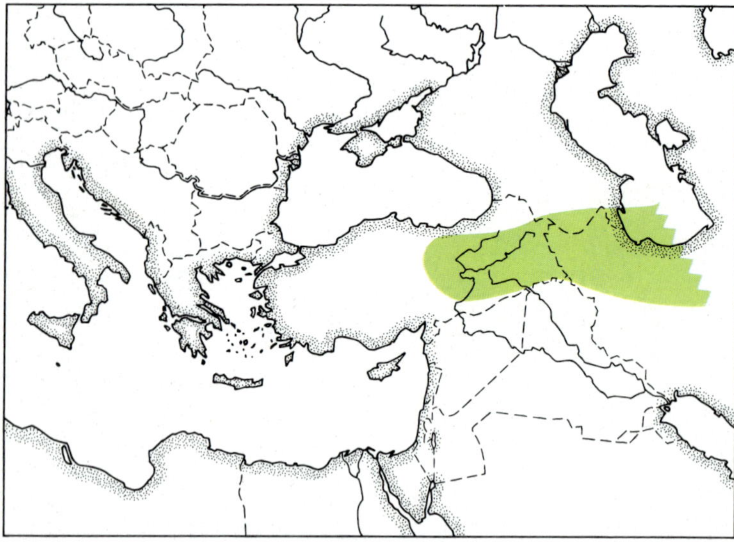

Dactylorhíza urvilleána (STEUDEL) H. BAUMANN & KUENKELE
D' Urvilles Knabenkraut

Beschreibung: Pflanze meist kräftig, 25–90 cm hoch. Laubblätter 3–8, am Stengel verteilt, abstehend, flach, fast immer gefleckt. Das unterste Blatt breit-lanzettlich, zugespitzt, die folgenden Blätter größer, 5–15 cm, bisweilen bis 25 cm lang, 1,5–6 cm breit, nach oben in tragblattartige Blätter übergehend. Blütenstand zylindrisch, 5–25 cm lang, dicht- und vielblütig. Blüten mittelgroß, purpurviolett oder rosa. Tragblätter lanzettlich, die unteren länger, bisweilen mehrfach länger (bis zu 10 cm lang) als die Blüten, die oberen etwa so lang wie die Blüten. Sepalen eiförmig-lanzettlich, zugespitzt, fünfnervig, die seitlichen 9–17 mm lang, abstehend bis zurückgeschlagen, das mittlere 8–15 mm lang, mit den Petalen zusammenneigend. Petalen breitlanzettlich, etwa 8 mm lang. *Lippe* breit rundlich-herzförmig, fast flach, *breiter als lang,* 8–13 mm lang, 9–15 mm breit, zumeist *dreilappig* mit vorgezogenem Mittellappen und abgerundeten, fast rhomboiden Seitenlappen. Malzeichnung aus unregelmäßigen dunklen Linien und Punkten. *Sporn* breit-zylindrisch, bisweilen *aufgeblasen dick, waagrecht, 8–14 mm lang,* 2,5–5 mm breit.
Blütezeit: Von Anfang Juni bis August.
Höhenverbreitung: Von der Küste bis etwa 2700 m.
Standort: Auf feuchten Wiesen, an Quellen, im Gebüsch und in Laub- und Nadelwäldern.
Bastarde: Mit *D. iberica.*
Bildnachweis: 2. 6. 1981, Giresun (Nordosttürkei), H. Baumann.

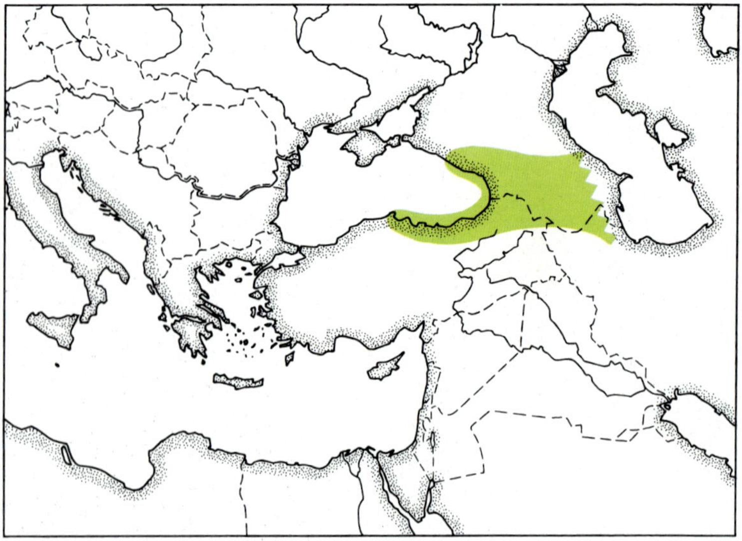

Epipáctis atrorúbens (HOFFM. ex BERNH.) BESSER
Braunrote Stendelwurz

Beschreibung: Pflanze 20–80 cm hoch. *Stengel oberwärts dicht flaumig behaart,* oft rötlich überlaufen. *Laubblätter* 5–9, ziemlich gleichmäßig am Stengel verteilt, oft *zweizeilig,* dunkel gräulichgrün, unten öfters rot-violett überlaufen, länglich-eiförmig, 4–8 cm lang, 1,5–4 cm breit, ziemlich steif, abstehend, oft *sichelartig gekrümmt,* vielnervig. Blütenstand 7–20 cm lang, etwas locker, zumeist vielblütig. *Blüten* ziemlich *klein,* purpurviolett bis *rotbraun,* angenehm *nach Vanille duftend.* Tragblätter lanzettlich bis eiförmig, zugespitzt, die unteren etwas länger als die Blüten. Perigonblätter ausgebreitet, braunrot oder rotviolett. Sepalen eiförmig, zugespitzt, 6–8 mm lang, 3 mm breit. Petalen etwas kürzer, elliptisch. Lippe zweigliedrig, 5,5–6,5 mm lang. Hinterlippe topfförmig mit weiter, spitzwinkliger Mündung, dunkelviolett. *Vorderlippe* herzförmig, 3 mm lang, 4–5 mm breit, am Rande meist gekerbt, violett, *am Grunde mit zwei runzeligen Höckern. Fruchtknoten* kurz gestielt, *dichtflaumig behaart.* Entwickelt vielfach auch nichtblühende Sprosse.
Blütezeit: Von Juni bis August.
Höhenverbreitung: Von der Küste bis etwa 2200 m.
Standort: In Laub- und Nadelwäldern, besonders in lichten Kiefernwäldern, im Gebüsch, an steinigen trockenen Abhängen, in Sanddünen. Besonders auf Kalk und Dolomit.
Bastarde: Sehr selten mit *E. helleborine, E. microphylla* und *E. palustris, C. damasonium.*
Bildnachweis: 15. 8. 1980, Pasu Prislo (Rumänien) H. Baumann.

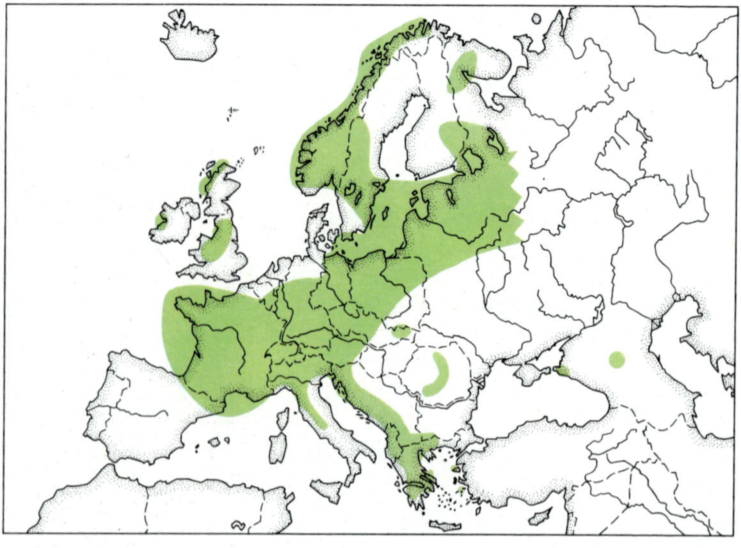

Epipáctis condensáta Boiss. ex D. P. Young
Gedrängte Stendelwurz

Beschreibung: Pflanze meist kräftig, 15–75 cm hoch. *Stengel* dick, *oberwärts* dicht braungelb oder *graufilzig behaart. Laubblätter* am Stengel verteilt, zahlreich, bräunlich-gelbgrün, nur gelegentlich purpurn überlaufen, *die unteren* rundlich-*scheidenförmig, die mittleren* eiförmig bis eiförmig-lanzettlich, zugespitzt, *tütenförmig* bis rinnig gefaltet, ziemlich klein, 3,5–9 cm lang, 2–4,5 cm breit, die oberen in die Tragblätter übergehend. Blütenstand dicht- und vielblütig. Blüten abstehend bis leicht herabhängend. Tragblätter lanzettlich, bis zu 4 cm lang und 0,8 cm breit. Perigonblätter glockenförmig zusammenneigend, eiförmig, zugespitzt. Sepalen hellgrün, 11 mm lang, 7 mm breit. Petalen zartrosa, in der Mitte weißlich, an der Spitze gelb, 9–10 mm lang, 5–6 mm breit. Lippe zweigliedrig. Hinterlippe schüsselförmig, innen tiefbraun bis purpurschwarz. *Vorderlippe* breit-dreieckig bis herzförmig, stumpf, an der Spitze etwas gekrümmt, weißlich, 4 mm lang, 6 mm breit, *mit zwei großen violetten, runzligen Höckern.* Rostellum vorhanden, wirksam.
Blütezeit: Von Mitte Juni bis August.
Höhenverbreitung: Von 800 m bis 1600 m.
Standort: Auf offenen, besonnten Plätzen, in lichten Kiefernwäldern, im Gebüsch, auf kalkreichen Böden, häufig büschelweise.
Bastarde: Nicht nachgewiesen.
Bildnachweis: 30. 6. 1978, Denizli (Südwesttürkei), H. Baumann.

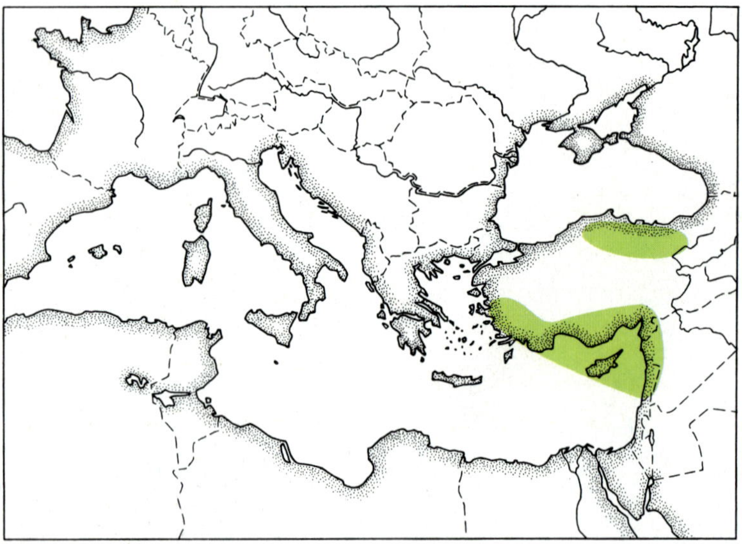

Epipáctis greúteri H. Baumann & Kuenkele
Greuters Stendelwurz

Beschreibung: Pflanze steif aufrecht, 20–60 cm hoch. *Stengel* beblättert, *im unteren Teil mit 2–4 manschettenartigen Scheidenblättern, darüber folgen 4–6 dunkelgrüne, stark rinnige Stengelblätter, die kürzer oder nur wenig länger als die Stengelglieder sind.* Die größten Blätter sind 2–3 cm breit und 5–8 cm lang. *Der Blütenstand nimmt 1/3 bis fast die Hälfte des gesamten Stengels ein, er ist* braungrün gefärbt und *dicht grau behaart,* 4–18 cm lang *und trägt 5–25 locker angeordnete Blüten. Die Tragblätter* sind im unteren Bereich länger als die Blüten, nach oben nehmen sie rasch an Größe ab, meist *hängen* sie *abwärts. Die Blüten sind lang gestielt,* die Stielchen 5–10 mm lang, zusammen mit dem stark gerippten und flaumig behaarten Fruchtknoten bis zu 20 mm lang. *Die Blüten hängen abwärts und sind nicht sehr weit geöffnet.* Die hellgrünen Sepalen sind eiförmig zugespitzt, 9–12 mm lang und 4–5 mm breit, die Petalen hellrosa gefärbt und 8–9 mm lang und 4–6 mm breit. Die Hinterlippe ist napfförmig aufgewölbt, Nektar enthaltend, das Innere grüngelb bis rotbraun gefärbt. Die Vorderlippe ist dreieckig, hellgrün, hellrosa bis rein weiß gefärbt, an der Spitze leicht zurückgebogen. Die gesamte Lippe ist 7–9 mm lang und 5 mm breit. *Das Rostellum ist nur in der frisch geöffneten Blüte vorhanden,* funktionsuntüchtig.
Blütezeit: Von Ende Juni bis Anfang August.
Höhenverbreitung: Von 1200 m bis 1500 m.
Standort: In kalkreichen Buchen- und Tannenwäldern der höheren Gebirgsstöcke.
Bastarde: Keine Nachweise bekannt.
Bildnachweis: 23. 7. 1981, Trikala (Griechisches Festland), H. Baumann.

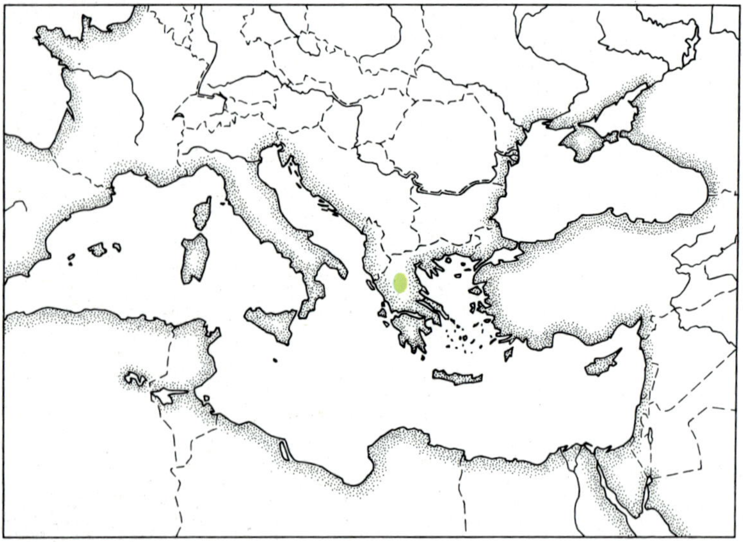

Epipáctis helleboríne (L.) CRANTZ
Breitblättrige Stendelwurz

Beschreibung: Pflanze schlank oder robust, 20–70 cm hoch. Stengel unten kahl, oberwärts bisweilen leicht flaumig behaart. *Laubblätter* 5–9, gewöhnlich *groß, abstehend,* 6–15 cm breit, *eiförmig* bis eiförmig-lanzettlich, die unteren kürzer und breiter, nach oben kleiner und schmäler werdend, die obersten tragblattartig. Blütenstand vor dem Aufblühen seitlich übergebogen, bis zu 35 cm lang, locker oder dicht, meistens vielblütig. *Blüten mittelgroß,* grünlich bis rötlich. Tragblätter lanzettlich, zugespitzt, abstehend oder nach abwärts gerichtet. *Perigonblätter* anfangs glockig, zuletzt aber *weit abstehend,* eiförmig bis lanzettlich, 8–12 mm lang, Sepalen grün oder olivgrün, bisweilen braun überlaufen. Petalen deutlich kürzer, hellgrün, rosa getönt. Lippe nach vorne gerichtet. Hinterlippe topfförmig, vorne mit enger Mündung, außen grün, innen dunkelbraun, glänzend, 4–6 mm lang. *Vorderlippe* herz- bis *eiförmig mit zurückgeschlagener Spitze,* bis zu 5 mm lang, *am Grunde* meist *mit zwei glatten Höckern.* Klebdrüse am oberen Narbenrand, weißlich, rund. Entwickelt vielfach nichtblühende Sprosse.
Blütezeit: Von Juni (im Süden) bis August.
Höhenverbreitung: Von der Küste bis über 2500 m.
Standort: In Nadel- und Laubwäldern, im Gebüsch, auf Waldwiesen, selten in offenen Lagen.
Bastarde: Sehr selten mit *E. atrorubens, E. leptochila, E. microphylla* und *E. purpurata.*
Bildnachweis: 10. 7. 1977, Trikala (Griechisches Festland), H. Baumann.

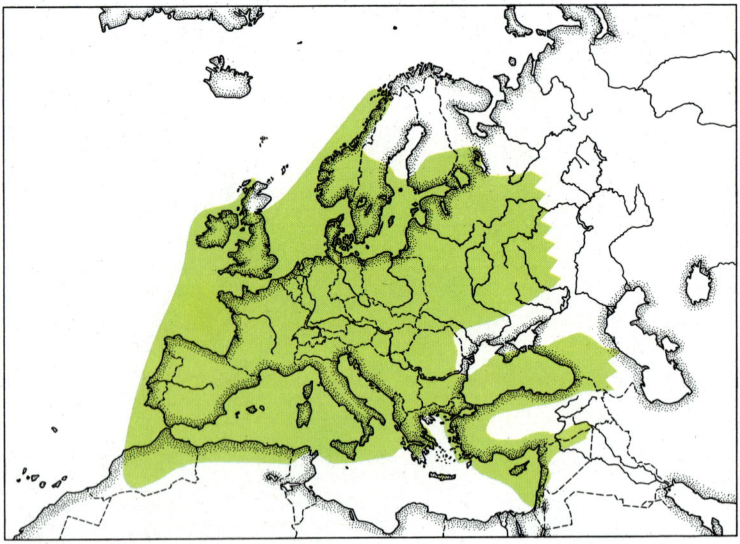

Epipáctis leptochíla (GODF.) GODF.
Schmallippige Stendelwurz

Beschreibung: Pflanze 20–70 cm hoch. *Stengel oberwärts leicht behaart.* Laubblätter 4–10, am Stengel verteilt, eiförmig-lanzettlich, spitz, 5–10 cm lang, 2–5 cm breit, gelbgrün bis dunkelgrün, nach oben tragblattartig, meist etwas hängend. Blütenstand 7–25 cm, locker. *Blüten* abstehend bis hängend, *ziemlich groß.* Tragblätter lineal-lanzettlich, die unteren länger als die Blüten. *Perigonblätter glockenförmig zusammenneigend,* lanzettlich, zugespitzt, 7–15 mm lang, *innen hellgrün, außen gelblich.* Lippe zweigliedrig, 4–9 mm lang. Hinterlippe schüsselförmig mit spitzer Öffnung, innen rötlich, glänzend. *Vorderlippe* herzförmig, *zugespitzt, mit flacher Spitze,* gelbgrün bis rosa mit weißem Rand. Rostellum fehlend oder soweit vorhanden, funktionsuntüchtig. *Anthere deutlich gestielt.* Autogam.
Blütezeit: Von Juli bis August.
Höhenverbreitung: Von der Ebene bis etwa 800 m.
Standort: Tief im schattigen Wald, bevorzugt im Kalk-Buchenwald an Hängen und Bergrücken, meistens sehr zerstreut. Meidet den Waldrand.
Bastarde: Sehr selten mit *E. helleborine.*
Bildnachweis: 3. 8. 1978, Reutlingen (Baden-Württemberg), M. Bayer.
Das Bild zeigt die grün gezeichneten Blüten mit der deutlich zugespitzten Blütenlippe.

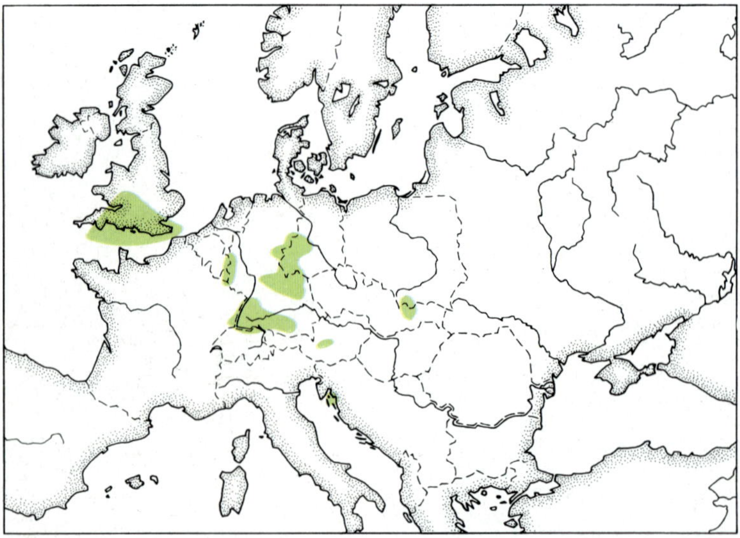

Epipáctis microphýlla (EHRH.) SW.
Kleinblättrige Stendelwurz

Beschreibung: Pflanze schlank, 15–45 cm hoch. *Stengel* und Fruchtknoten *dicht graufilzig* behaart, bisweilen oberwärts nur dünn behaart bis fast kahl. *Laubblätter sehr klein,* 2–6, *graugrün,* bisweilen austreibend stark violett überlaufen, schmallanzettlich bis eiförmig, in Südeuropa auch tütenförmig, am Grunde mit kurzer Scheide, die mittleren am größten, 2–5 cm lang, 0,3–3 cm breit, die oberen linealisch. *Blütenstand locker,* wenig- bis reichblütig, zumeist einseitswendig. *Blüten klein,* grünlich, außen oft rötlichviolett überlaufen. Perigonblätter glockenförmig zusammenneigend. Sepalen länglich-eiförmig, zugespitzt, 6–8 mm lang, 3 mm breit. Petalen schmaler, dreieckig-eiförmig, weißlichgrün. *Lippe 6 mm lang.* Hinterlippe innen rosa, außen grünlichbraun. *Vorderlippe* rundlich-herzförmig, 3–4 mm lang, *an den Rändern gekerbt* bis gekräuselt, *am Grunde mit 2* deutlichen, gelappten *krausfaltigen Höckern* mit dreieckigen krausen Ausläufern, grünlichweiß, zuweilen rötlich überlaufen. Entwickelt keine nichtblühenden Sprosse.
Blütezeit: Von Ende Mai (im Süden) bis Juli.
Höhenverbreitung: Von der Küste bis etwa 1700 m.
Standort: In schattigen Wäldern, vor allem in Buchen-, Eichen-, Tannen- und Kiefernwäldern, im Gebüsch, nur selten aus dem Waldschatten heraustretend.
Bastarde: Sehr selten mit *E. atrorubens* und *helleborine.*
Bildnachweis: 1. 6. 1981, Mardin (Südosttürkei), H. Baumann.

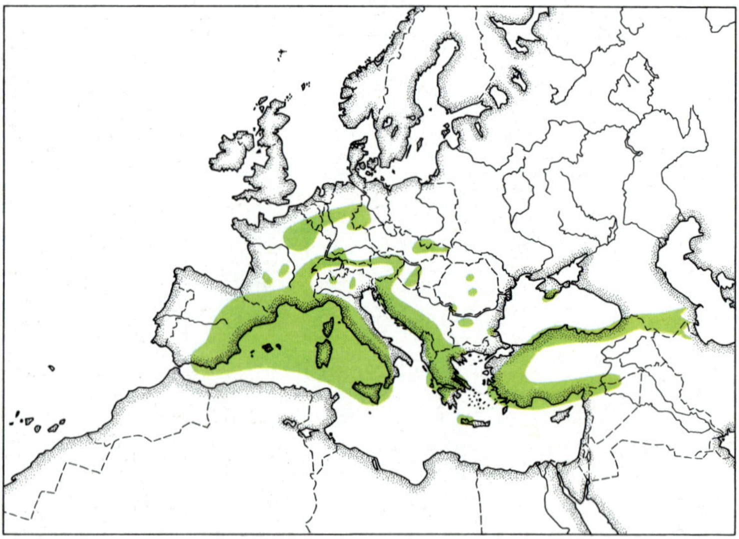

Epipáctis muélleri GODF.
Müllers Stendelwurz

Beschreibung: Pflanze schlank, 20–80 cm hoch. Stengel gelblichgrün, oberwärts filzig behaart. *Laubblätter* 5–10, lanzettlich, rinnig gefaltet, *sichelförmig gebogen, am Rande wellig,* 4–10 cm breit, *gelblichgrün,* nach oben tragblattartig. Blütenstand 5–20 cm lang, 10- bis 40blütig. *Blüten* ziemlich klein, *hängend.* Tragblätter lineal-lanzettlich, die unteren länger als die Blüten. *Perigonblätter glockig zusammenneigend, gelblichgrün.* Sepalen eiförmig-lanzettlich, 7–11 mm lang. Lippe zweigliedrig, 7–10 mm lang. Hinterlippe schüsselförmig, innen tiefrot. Vorderlippe herzförmig bis dreieckig, ziemlich stumpf, Spitze zurückgeschlagen, hellrosa bis grünlichweiß. *Rostellum fehlt.* Anthere sitzend. *Pollinien ragen etwa zur Hälfte über die Narbe heraus.* Autogam. Entwickelt keine nichtblühenden Sprosse.
Blütezeit: Von Ende Juni bis Anfang August.
Höhenverbreitung: Von der Ebene bis etwa 1000 m.
Standort: In lichten Kiefern- und Laubmischwäldern, am Waldrand, im Gebüsch, auch im Magerrasen auf trocken-warmen Kalk- und Dolomitböden.
Bastarde: Nicht nachgewiesen.
Bildnachweis: 2. 7. 1979, Nagold (Baden-Württemberg), H. Baumann.
Das Bild zeigt einen Ausschnitt aus dem Blütenstand mit den gelbgrün gefärbten, glockigen Blüten.

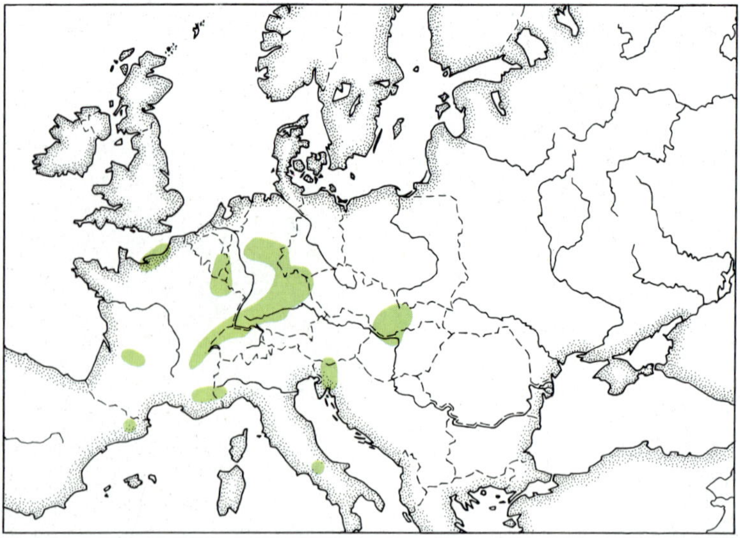

Epipáctis palústris (L.) CRANTZ
Echte Sumpfwurz

Beschreibung: Pflanze 10–70 cm hoch. Stengel unten kahl, oberwärts dicht flaumig behaart. *Laubblätter* am Stengel verteilt, aufrecht bis abstehend, graugrün, etwas rinnig, *unterseits mit kielartig vorspringenden Nerven,* die unteren länglich-eiförmig bis länglich-lanzettlich, spitz, am Grunde kurzscheidig, 8–15 cm lang, 2,5–4 cm breit, die oberen lanzettlich, lang zugespitzt. Blütenstand 6–20 cm lang, locker. *Blüten* ziemlich groß, *nach unten hängend.* Tragblätter lanzettlich, zugespitzt, kürzer als die Blüten. Perigonblätter anfangs glockig zusammenneigend, ziemlich abstehend. Sepalen eiförmig-lanzettlich, zugespitzt, außen schmutzig rötlich oder grünlich, innen bräunlich bis gelblichgrün. Petalen kürzer, stumpf, weiß, am Grunde rosa. *Lippe zweigliedrig,* 10–12 mm lang. *Hinterlippe weiß, rot geadert,* am Grunde orange gestreift. *Vorderlippe beweglich,* rundlich, am Rande wellig-gekerbt, *weiß, am Grunde mit zwei weißgelben Längsleisten.* Fruchtknoten gestielt, dicht flaumig behaart. Entwickelt vielfach auch nichtblühende Sprosse.
Blütezeit: Von Juni bis August.
Höhenverbreitung: Von der Küste bis etwa 2000 m.
Standort: Flach- und Quellmoore, Sumpfwiesen, Dünentäler, auch im Magerrasen auf kalkig-mergeligen trockenen Böden und im lichten Kiefernwald.
Bastarde: Sehr selten mit *E. atrorubens.*
Bildnachweis: 12. 7. 1981, Serajewo (Jugoslawien), H. Baumann.

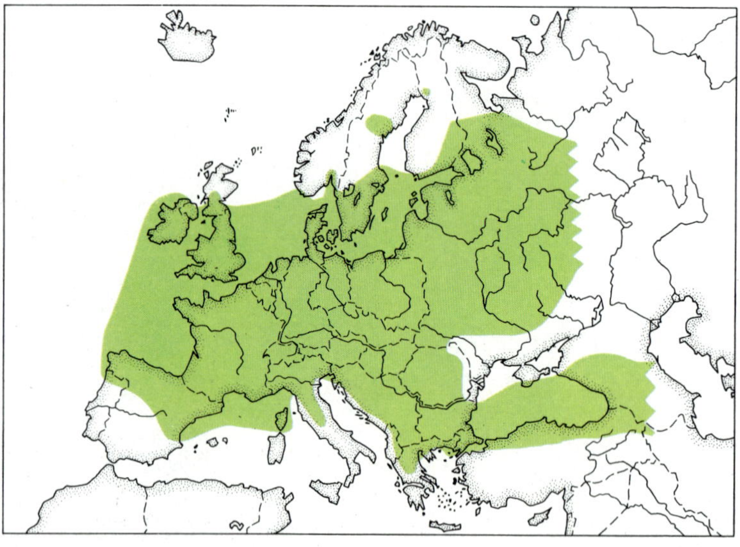

Epipáctis parviflóra (A. & Ch. Nieschalk) E. Klein
Kleinblütige Stendelwurz

Beschreibung: Pflanze relativ klein, 15–50 cm hoch. *Stengel* dick, graugrün bis violettgrün, *dicht graufilzig* behaart. *Laubblätter* am Stengel verteilt, *zweizeilig,* silbrig-graugrün, bisweilen schwach blauviolett gefärbt, die mittleren rundlich-eiförmig bis eiförmig-lanzettlich, die oberen lanzettlich, tragblattartig. *Blütenstand* gestreckt, ziemlich *locker. Blüten auffällig klein,* hellfarbig, abstehend. Tragblätter lineal-lanzettlich, die unteren länger als die Blüten, nach oben kürzer werdend. Perigonblätter ziemlich geöffnet. Sepalen eiförmig, kurz zugespitzt, 5–6 mm lang, 3 mm breit, außen graugrün, stark drüsig behaart, innen gelblich bis hellgrünlich. Petalen bis 5 mm lang, 3 mm breit, graugrün bis gelblich, in der Mitte violett getönt. Lippe zweigliedrig. Hinterlippe schüsselförmig, innen dunkelbraun. *Vorderlippe sehr klein,* breit herzförmig, Spitze winzig, zurückgeschlagen, 3,5–4 mm breit, 2–2,5 mm lang, *weißlich bis rosa,* in der Mitte dunkler, am Rande ausgerandet bis gezähnelt, *am Grunde schwachrunzlig gehöckert. Pflanzen* in der Regel *einzeln,* ohne blütenlose Sprosse.
Blütezeit: Von Juni bis Juli.
Höhenverbreitung: Von 1200 m bis 1500 m.
Standort: An offenen leicht beschatteten Stellen lichter Kiefern-Eichenwälder auf Kalkböden.
Bastarde: Nicht nachgewiesen.
Bildnachweis: 28. 5. 1980, Orcera (Südspanien), H. Baumann.
Das Bild zeigt die kleinen grundständigen Stengelblätter.

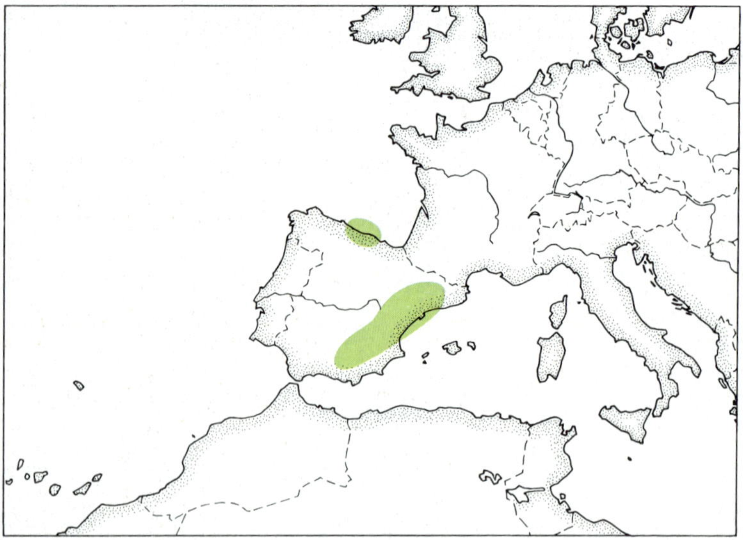

Epipáctis pérsica (Soó) Nannf.
Persische Stendelwurz

Beschreibung: Pflanze schlank, 10–60 cm hoch. Stengel meist dünn, *mit 3–4 Laubblättern, oberwärts schwach flaumig behaart bis kahl. Laubblätter im Mittelteil des Stengels* angeordnet, das unterste 10–20 cm über dem Boden, elliptisch oder eiförmig-lanzettlich, spitz oder kurz zugespitzt, 3–8 cm lang, 1,5–4,5 cm breit, grün. Blütenstand 5–30 cm lang, locker, wenig- bis vielblütig. Blüten ziemlich klein, grün. *Tragblätter lanzettlich, die unteren bis zu 5 cm lang,* die oberen so lang wie die Blüten. Perigonblätter glockenförmig zusammenneigend. Sepalen eiförmig-lanzettlich, bis zu 10 mm lang. Petalen deutlich kürzer, eiförmig, hellgrün. Hinterlippe topfförmig, außen olivgrün, innen braungrün, glänzend. *Vorderlippe* dreieckig-rundlich, 3,5 mm lang, am Rande gezähnelt, *am Grunde mit zwei kahlen Höckern,* hellgrün, am Grunde oft rosaviolett überlaufen. Rostellum weißlich, in der frischen Blüte sichtbar, rasch vertrocknend und funktionsuntüchtig.
Blütezeit: Von Juli bis Mitte August.
Höhenverbreitung: Von 250 m bis etwa 2600 m.
Standort: In Laub- und Nadelwäldern, vor allem im Buchenwald, im Gebüsch.
Bastarde: Nicht nachgewiesen.
Bildnachweis: 18. 7. 1981, Naousa (Nordgriechenland), H. Baumann.
Das Bild zeigt den kahlen Blütenstand mit den nickenden, hellgrünen und nur wenig geöffneten Blüten.

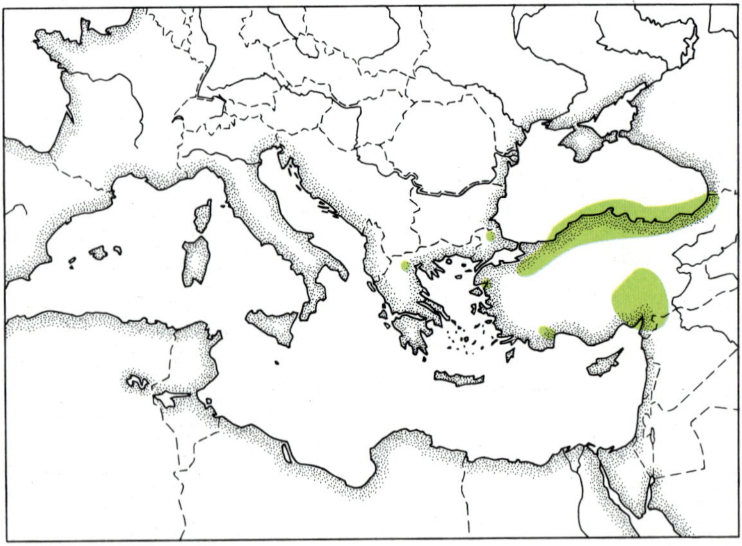

Epipáctis phyllánthes G. E. Smith
Grünblütige Stendelwurz

Beschreibung: Pflanze kräftig, 20–45 cm hoch. *Stengel kahl. Laubblätter* 3–7, am Stengel verteilt, eiförmig bis lanzettlich, häufig ausgeprägt zugespitzt, *ziemlich klein,* 3–7 cm lang, 2–3,5 cm breit, frisch hellgrün. Blütenstand bis zu 15 cm lang, etwas locker, 15- bis 35blütig. *Blüten* grün, anfangs abstehend, *später stark hängend, Perigonblätter bis zur Samenreife ausdauernd.* Tragblätter lineal-lanzettlich, zugespitzt, die unteren etwas länger als die Blüten. Perigonblätter zumeist nur schwach geöffnet (die Pflanze befruchtet sich in einem sehr frühen Stadium selbst). Sepalen lanzettlich bis eiförmig-lanzettlich, zugespitzt, 8–10 mm lang, hell gelblichgrün, Petalen bisweilen violett getönt. Lippe 6–8 mm lang, zweigliedrig mit allen Übergängen zur sepalförmigen Umgestaltung. Hinterlippe schüsselförmig. Vorderlippe, soweit vorhanden, eiförmig-lanzettlich bis herzförmig, spitz oder zugespitzt, grünlichweiß. Rostellum fehlend (vielfach kleistogam).
Blütezeit: Von Juli bis August.
Höhenverbreitung: Im Küstenbereich und in niederen Lagen.
Standort: In Küstendünen, in Hecken, im Gebüsch und am Waldrand. Gern auf Kalk.
Bastarde: Nicht nachgewiesen.
Bildnachweis: Tafel 231, 1–4, aus Landwehr, Wilde Orchideeën van Europa (1977).

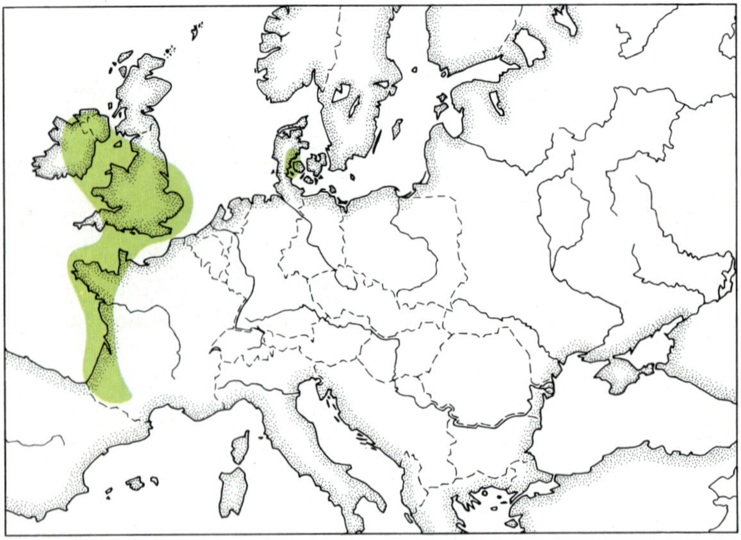

Epipáctis póntica TAUBENHEIM
Pontische Stendelwurz

Beschreibung: *Pflanze schlank,* 15–40 cm hoch. *Stengel* dünn, *oberwärts dicht kurzhaarig. Laubblätter* 4–6, *im Mittelteil des Stengels angeordnet,* das unterste Blatt oval, tütig, stumpf, 1,2–4,2 cm lang, 0,7–1,8 cm breit, die folgenden länglich-lanzettlich, spitz, 3–8,5 cm lang, 1–2 cm breit, abstehend bis schräg aufrecht, flach bis rinnig, an den Rändern wellig, die beiden oberen schmal-lanzettlich, bogig, rinnig. *Blütenstand* kurz, 3–6,5 cm lang, *7- bis 14blütig, locker. Blüten klein,* abstehend bis *hängend, grünlich.* Tragblätter lanzettlich, die untersten 1,2–4 cm lang, nach oben kürzer werdend. Perigonblätter glockig bis ausgebreitet. Sepalen länglich-oval, kurz zugespitzt, 6–8 mm lang, 2–4 mm breit, grünlich. Petalen etwas kleiner, außen und innen gelblich. Lippe klein, zweigliedrig. Hinterlippe schüsselförmig, mit breiter Öffnung, außen grünlichweiß, innen olivgrün bis bräunlich, *Vorderlippe* queroval bis rundlich, stumpf, an der Spitze nicht zurückgebogen, *weißlich* bis grünlich, am Grunde mit bräunlichen, grünlichen oder rosa Aufwölbungen. Rostellum am oberen Narbenrand, funktionsuntüchtig. Autogam. Entwickelt keine nichtblühenden Sprosse. Ohne Büschelbildung.
Blütezeit: Von Juli bis August.
Höhenverbreitung: Von 400 m bis 1500 m.
Standort: Feuchte und schattige Lagen im Buchenwald.
Bastarde: Nicht nachgewiesen.
Bildnachweis: 3. 8.1975, Ikizdere (Nordosttürkei), G. Taubenheim.

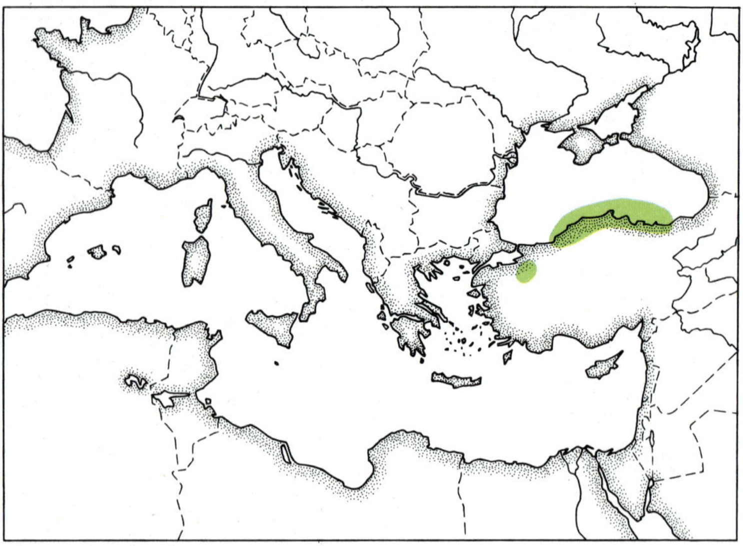

Epipáctis purpuráta Sm.
Violette Stendelwurz

Beschreibung: Pflanze 20–80 cm hoch. *Stengel* steif, relativ dick, meist bis zur Spitze *violett überlaufen. Laubblätter* am Stengel verteilt, 4–10, *klein,* beim Austrieb stark violett überlaufen, später graugrün, *die untersten* stark *scheidenartig,* die mittleren eiförmig-lanzettlich bis schmal-lanzettlich, 5–10 cm lang, 2–5 cm breit, aufgerichtet bis abstehend. *Blütenstand* 5–30 cm lang, zumeist *dicht und vielblütig.* Tragblätter bis auf die obersten länger als die Blüten, abstehend bis herabhängend. *Blüten* ziemlich groß, grünlichweiß, *violett angelaufen. Perigonblätter* glockig-abstehend, außen grünlich, *innen grünlichweiß oder gelblichgrün.* Sepalen eiförmig-lanzettlich, zugespitzt, 10–12 mm lang. Petalen kürzer. Lippe 8–10 mm lang, zweigliedrig. Hinterlippe schüsselförmig, außen grünlichweiß, innen hellviolett, am Grunde dunkelbraun, glänzend. Vorderlippe herzförmig, 4 mm lang, 5 mm breit, am Rande wellig, an der Spitze zurückgeschlagen, weißlich. Rostellum vorhanden. *Entwickelt keine nichtblühenden Sprosse.*
Blütezeit: Von Mitte Juli bis September.
Höhenverbreitung: Von der Küste bis etwa 1000 m.
Standort: In schattigen Laub- und Nadelwäldern, vorzugsweise am Rande von Waldwegen, gerne auf Kalk-, Mergel, Löß- und Lehmböden, vielfach büschelweise.
Bastarde: Sehr selten mit *E. helleborine.*
Bildnachweis: 22. 8. 1974, Reutlingen (Baden-Württemberg), M. Kalteisen.
Das Bild zeigt den langgestreckten, reichblütigen Blütenstand mit den großen und weit geöffneten Blüten. Die Blüten sind rötlich gefärbt.

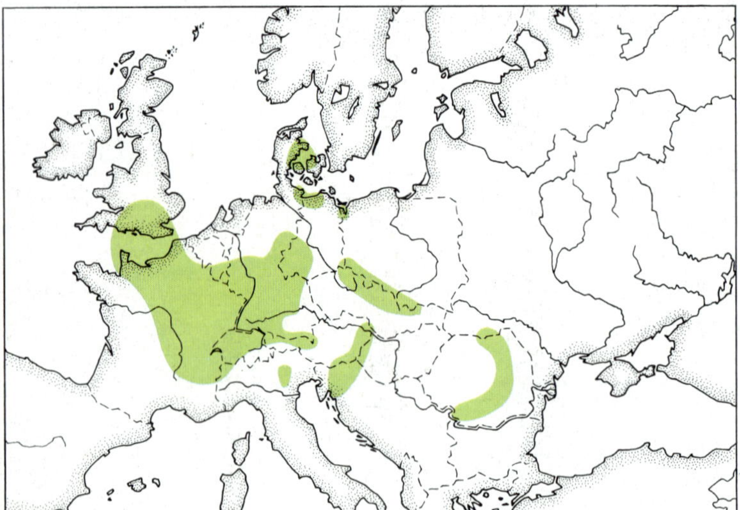

Epipáctis tremólsii PAU
Tremols Stendelwurz

Beschreibung: Pflanze schlank, 40–60 cm hoch. *Stengel* kahl, *oberwärts* leicht flaumig *behaart,* austreibend purpurn überlaufen. *Laubblätter* 6–10, am Stengel verteilt, schräg aufgerichtet, die unteren kurz, scheidenförmig, *die mittleren rundlich* bis breit eiförmig-lanzettlich, kurz zugespitzt, *am Grunde stengelumfassend, an den Rändern gewellt,* dunkel olivgrün, die obersten tragblattartig. Blütenstand langgestreckt, etwas locker, vielblütig (bis zu 50 Blüten). Blüten groß. Tragblätter breitlanzettlich, die unteren die Blüten überragend, nach oben kleiner werdend. Perigonblätter ziemlich geöffnet. Sepalen 9,5–12,5 mm lang, 5–6,5 mm breit, gelblichgrün, rosa getönt. Petalen bis 9,5 mm lang, 6,5 mm breit, grünlich, am Grunde schwach violett. Lippe zweigliedrig. Hinterlippe schüsselförmig, innen schwarz, außen grün. *Vorderlippe breit herzförmig,* 4,5–5,5 mm breit, 3–5 mm lang, Spitze kurz, zurückgeschlagen, am Grunde mit glatten bis etwas runzeligen Höckern, *blaßrosa* bis grünlich. Rostellum vorhanden.
Blütezeit: Von Mai bis Ende Juli, je nach Höhenlage.
Höhenverbreitung: Von der Küste bis etwa 1500 m.
Standort: In lichten Kiefernwäldern, am Rande von Eichenwäldern.
Bastarde: Nicht nachgewiesen.
Bildnachweis: 29. 5. 1980, Monts de Prades (Nordostspanien), H. Baumann.
Das Bild zeigt einen Ausschnitt aus dem Blütenstand mit den weit geöffneten und bunten Blüten. Der Stengel ist behaart.

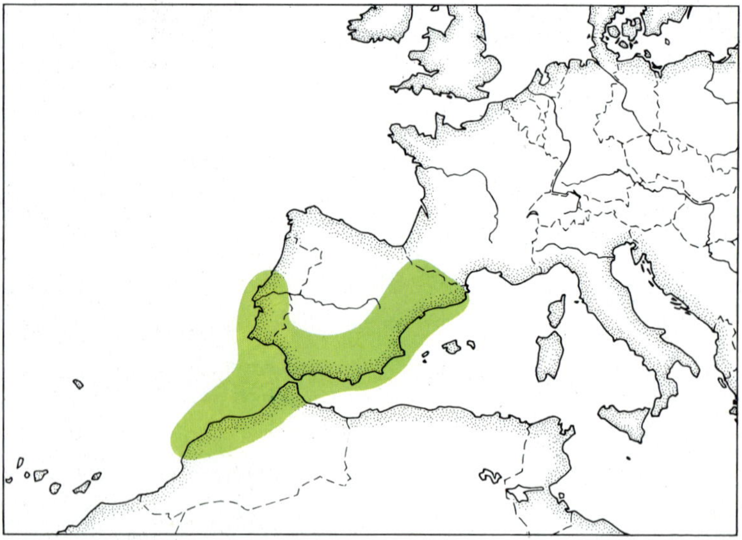

Epipáctis veratrifólia BOISS. & HOHEN.
Germerblättrige Stendelwurz

Beschreibung: Pflanze aufgerichtet oder hängend, 25–150 cm hoch. Stengel unten kahl, oberwärts dicht flaumig. *Laubblätter* 3–10, am Stengel verteilt, eiförmig-lanzettlich bis lanzettlich, spitz bis zugespitzt, die unteren am Grunde mit kurzer Scheide, die mittleren *8–25 cm lang,* 1–5 cm breit, nach oben in die Tragblätter übergehend. Blütenstand aufgerichtet bis leicht bogig, 10–60 cm lang, locker, wenig- bis vielblütig. Tragblätter eiförmig bis lanzettlich, die unteren bisweilen laubblattähnlich, bis zu 25 cm lang, nach oben kleiner werdend, die obersten so lang bis erheblich kürzer als die Blüten. *Blüten groß,* grün, *purpurn gestreift* bis überlaufen. Perigonblätter ziemlich abstehend. Sepalen eiförmig-lanzettlich, 13–21 mm lang, grün, außen teilweise purpurn getönt. Petalen deutlich kürzer, hellgrün, gegen die Ränder bräunlichrot getönt. *Lippe bogig, geteilt. Hinterlippe* schmal *kahnförmig,* 10–12 mm lang, am Grunde mit zwei aufgerichteten Seitenlappen. *Vorderlippe* eiförmig-lanzettlich, Seitenlappen aufgerichtet, 9–11 mm lang, gelbbraun, *Spitze weiß.*
Blütezeit: Von April bis Juli.
Höhenverbreitung: Von 200 m bis 2500 m.
Standort: An ständig überrieselten Hängen, an Quellfluren, an Fluß- und Bachufern. Nur auf Kalk.
Bastarde: Nicht nachgewiesen.
Bildnachweis: 25. 5. 1981, Adiyaman (Südosttürkei), H. Baumann.

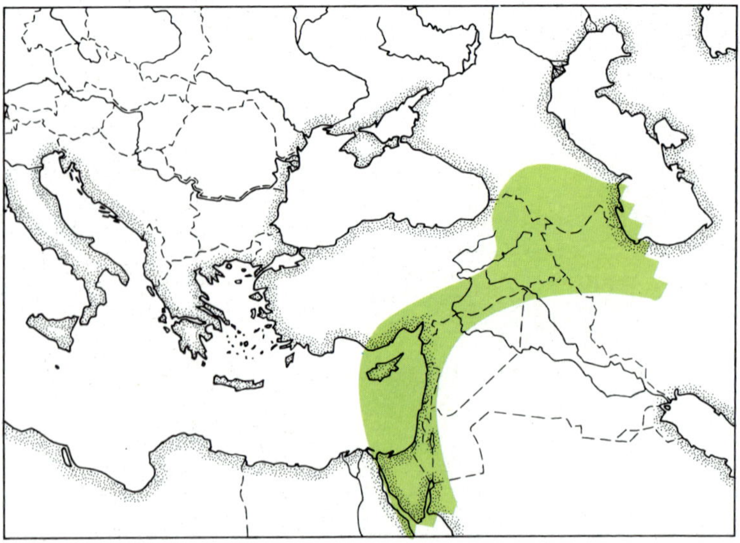

Epipógium aphýllum Sw.
Blattloser Widerbart

Beschreibung: *Pflanze* 10–30 cm hoch, *ohne Blattgrün und ohne Blätter.* Stengel röhrig, kahl, blaßgelb, oberwärts rötlich oder violett überlaufen, mit wenigen, spitzen, stengelumfassenden Schuppen. Blütenstand kurz, bis zu 15 cm lang, locker, 2- bis 8blütig. *Blüten groß, hängend, Lippe* nach *oben* gerichtet, hellgelb bis rötlich. Tragblätter eiförmig bis lineal-lanzettlich, 0,5–1 cm lang, abwärts gerichtet. Perigonblätter abwärts gerichtet, linealisch, fast gleich lang, 10–17 mm lang, frei, blaßgelb. *Lippe* am Grunde *mit* einem großen, *sackförmigen,* aufgeblasenen *Sporn,* 6–8 mm lang, 3–4 mm dick, lila oder rötlich, nach *aufwärts* gerichtet. Lippe dreilappig. Seitenlappen abgerundet, nach abwärts gerichtet, gelblich weiß. *Mittellappen* oval bis dreieckig, ganzrandig oder etwas gekerbt, weißlich, *mit 4–6 Längsleisten, purpurrot,* in der Mitte vertieft. Fruchtknoten oval, gelb, mit einem 3–5 mm langen Stiel.
Blütezeit: Von Juli bis August.
Höhenverbreitung: Von der Küste bis 1600 m.
Standort: In feuchten, schattigen Fichten-, Tannen- und Buchenwäldern, überall selten und oft jahrelang ausbleibend.
Naturschutz: In Mitteleuropa stark rückläufig (Forstwirtschaft).
Bastarde: Nicht nachgewiesen.
Bildnachweis: 8. 8. 1979, Donaueschingen (Baden-Württemberg), W. Hiller.

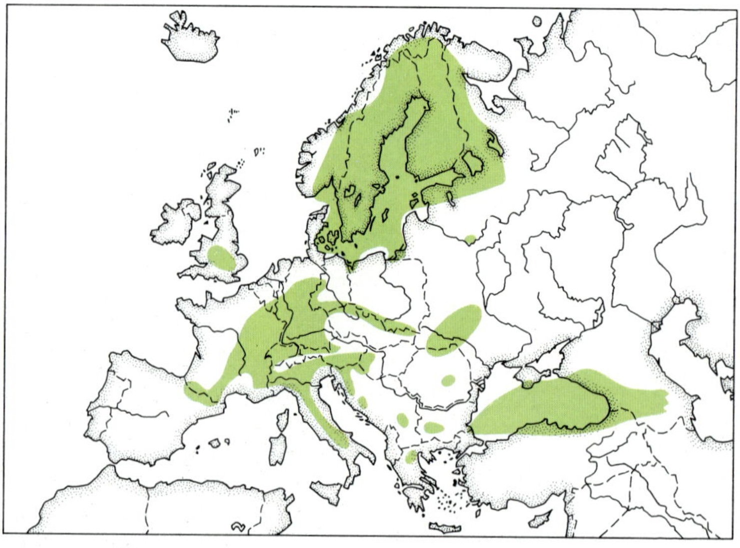

Gennária diphýlla (LINK) PARL.
Zweiblättriger Grünstendel

Beschreibung: Pflanze 10–30 cm hoch. *Stengel zweiblättrig. Laubblätter* am Grunde *herzförmig,* den Stengel scheidig umfassend, plötzlich ausgebreitet, spitz, grün, das untere Blatt 3,5–8 cm lang, 2,5–7 cm breit, das obere viel kleiner. Blütenstand bis zu 10 cm lang, viel- und dichtblütig. *Blüten klein,* aufrecht, *gelblichgrün.* Tragblätter länglich-lanzettlich, spitz, so lang oder länger als die Blüten. *Perigonblätter glockig* zusammenneigend. Sepalen länglich, stumpflich, 3,5–4 mm lang, Petalen nach außen gebogen. *Lippe dreilappig,* grün, Seitenlappen dreieckig-spitz, aufrecht abstehend. Mittellappen etwas größer. *Sporn* sackförmig, *stumpf,* etwa *1/4 so lang wie der* spindelförmig gedrehte *Fruchtknoten.*
Blütezeit: Von Januar bis Mai.
Höhenverbreitung: Von der Küste bis etwa 1000 m.
Standort: In Felsspalten, an grasigen Stellen, in Nadel- und Lorbeerwäldern, im Gebüsch.
Bastarde: Nicht nachgewiesen.
Bildnachweis: 1. 4. 1980, Halbinsel Stintino (Sardinien), O. Kurze.
Das Bild zeigt die beiden herzförmigen sitzenden Blätter, die hellgrün gefärbt und wechselständig angeordnet sind. Der Blütenstand ist einseitswendig, die kleinen Blüten sind grüngelb gefärbt.

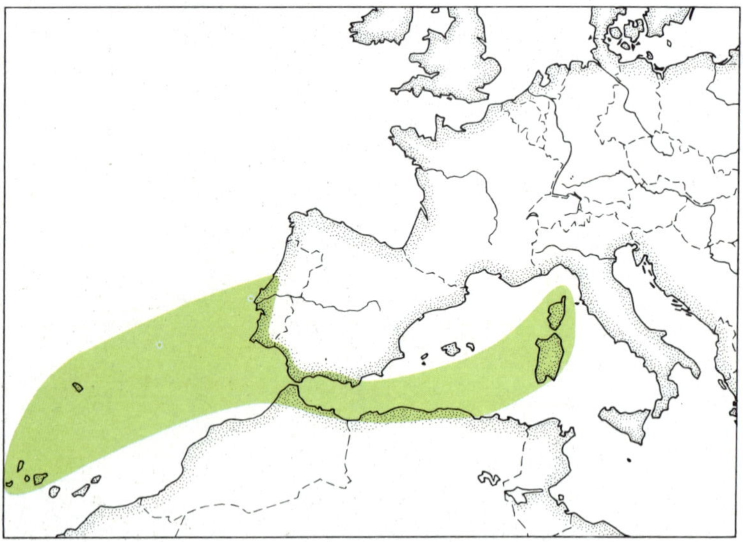

Goodyéra répens (L.) R. Br.
Kriechendes Netzblatt

Beschreibung: Pflanze 10–30 cm hoch. *Stengel* steif, unten kahl, *oberwärts dicht drüsig behaart. Laubblätter* 4–8, am Grunde rosettig angeordnet, *oval* bis eiförmig, spitz bis zugespitzt, an der Basis in einen 1 cm langen Stiel verschmälert, dunkelgrün, oft weißlichgrün *netzartig genervt,* 1,5–3,5 cm lang, 1–2 cm breit. Am Stengel 3–4 lanzettliche tragblattartige Blätter. Blütenstand 3–10 cm lang, dicht- und vielblütig. *Blüten klein, weiß.* Tragblätter lanzettlich, länger bis so lang wie der Fruchtknoten. *Perigonblätter* glockig zusammenneigend, *außen drüsig behaart.* Sepalen eiförmig, 4–5 mm lang, weiß. Petalen lanzettlich, 4 mm lang. *Lippe ungeteilt, weiß,* etwa 4 mm lang, zungenförmig, rinnig, abwärts gebogen.
Blütezeit: Von Juli bis August.
Höhenverbreitung: Von der Ebene bis zu 3400 m (im Himalaya).
Standort: Im Kiefernwald und in subalpinen Nadelwäldern.
Bastarde: Nicht nachgewiesen.
Bildnachweis: 5. 7. 1980, Nagold (Baden-Württemberg), H. Baumann.
Das Bild zeigt den einseitswendigen Blütenstand mit den kleinen weißen und kaum geöffneten Blüten. Der Stengel und die Sepalen sind lang und dicht behaart. Die Lippe ist ungespornt und läuft am freien Ende in eine spitz zulaufende Zunge aus.

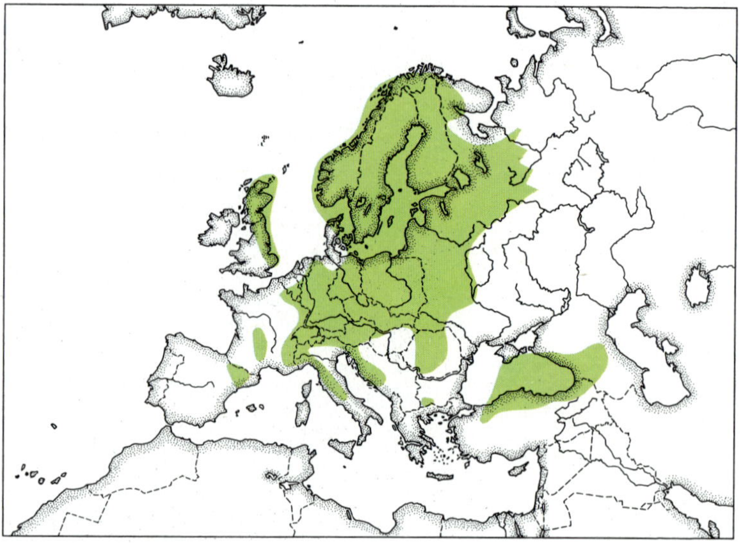

Gymnadénia conopséa (L.) R. Br.
Mücken-Händelwurz

Beschreibung: Pflanze 20–80 cm hoch. Stengel beblättert, gelblichgrün, hohl. *Laubblätter* 3–7, lineal bis *lineal-lanzettlich,* bläulichgrün, die unteren am Grunde dichter gedrängt, 10–25 cm lang, 0,5–3,5 cm breit, aufgerichtet bis schräg abstehend, rinnig gefaltet, nach oben kleiner werdend und in tragblattartige übergehend. *Blütenstand* schmal-zylindrisch, 5–25 cm lang, locker bis dicht, wenig- bis *vielblütig.* Blüten ziemlich klein, rotviolett bis rosa, selten weiß. Tragblätter eiförmig-lanzettlich, lang zugespitzt, grün, bisweilen etwas violett überlaufen, etwa so lang wie der Fruchtknoten. *Seitliche Sepalen* länglich, *abstehend,* 4–7 mm lang, das mittlere mit den Petalen helmbildend. Lippe aus keilförmigem Grunde verbreitert, dreilappig, breiter als lang. Seitenlappen eiförmig, zuweilen fein gekerbt. Mittellappen stumpf, ohne Zeichnung. *Sporn fadenförmig,* 1,2–2,0 cm lang, spitz, abwärts gerichtet, gebogen, meist fast *doppelt so lang wie der Fruchtknoten.* Intensiver Geruch nach Vanille.
Blütezeit: Von Mai bis August, je nach Höhenlage.
Höhenverbreitung: Von der Küste bis etwa 2800 m.
Standort: In Magerrasen auf Kalk und Urgestein, in Sumpfwiesen, in Flach- und Quellmooren, im Gebüsch, in lichten Kiefernwäldern und auf Alpenmatten.
Bastarde: Mit *G.odoratissima,* Gattungsbastarde mit *Anacamptis, Coeloglossum, D. cruenta, incarnata, maculata, majalis, praetermissa, purpurella, russowii, sambucina, traunsteineri, N. nigra* und *rubra, O. mascula, morio* und *palustris, P. bifolia, Pseudorchis albida* und *frivaldii.*
Bildnachweis: 15. 7. 1981, Stammheim (Baden-Württemberg), H. Baumann.

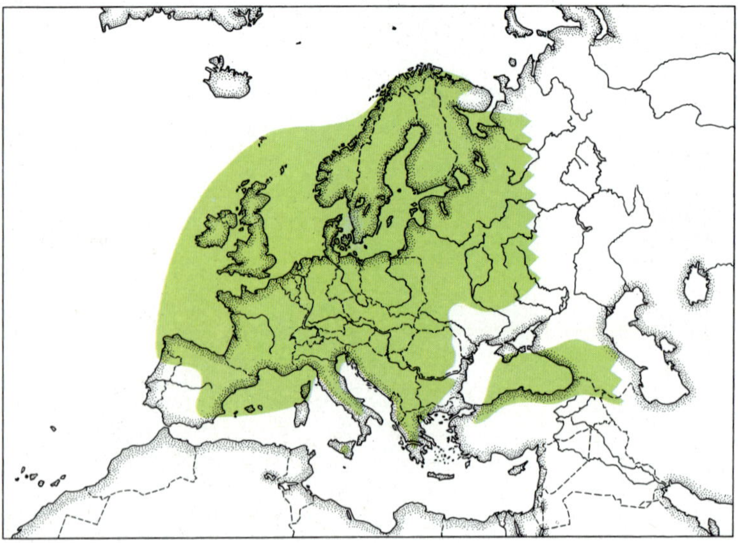

Gymnadénia odoratíssima (L.) L. C. RICH.
Wohlriechende Händelwurz

Beschreibung: *Pflanze zierlich,* 15–50 cm hoch. Stengel schlank, unten rund, oberwärts kantig. *Laubblätter lineal* bis lanzettlich, bis 10 cm lang, 2–6 mm breit, spitz, aufrecht bis schräg abstehend, rinnig gefaltet, die unteren einander genähert, die oberen tragblattartig. Blütenstand 5–20 cm lang, zylindrisch, dicht- und vielblütig. *Blüten klein,* purpurrot, rosa bis weiß, *angenehm duftend,* in allen Blütendimensionen zierlicher als G. conopsea. Seitliche Sepalen länglich, abgerundet, weit abstehend, das mittlere mit den Petalen zusammenneigend. Lippe aus keilförmigem Grunde verbreitert, dreilappig, ohne Zeichnung. Seitenlappen abgerundet. Mittellappen vorgezogen, stumpf. *Sporn fadenförmig,* 4–5 mm lang, *kaum so lang wie der Fruchtknoten,* dem Fruchtknoten anliegend.
Blütezeit: Von Juni bis August, je nach Höhenlage.
Höhenverbreitung: Von der Küste bis 2700 m.
Standort: In Magerrasen, im Gebüsch, auf Flach- und Quellmooren, in lichten Nadelwäldern, stets auf Kalk.
Bastarde: Mit *G. conopsea,* Gattungsbastarde mit *Anacamptis, D. maculata* und *traunsteineri, N. nigra* und *rubra, Pseudorchis albida.*
Bildnachweis: 2. 7. 1981, Stammheim (Baden-Württemberg), H. Baumann.

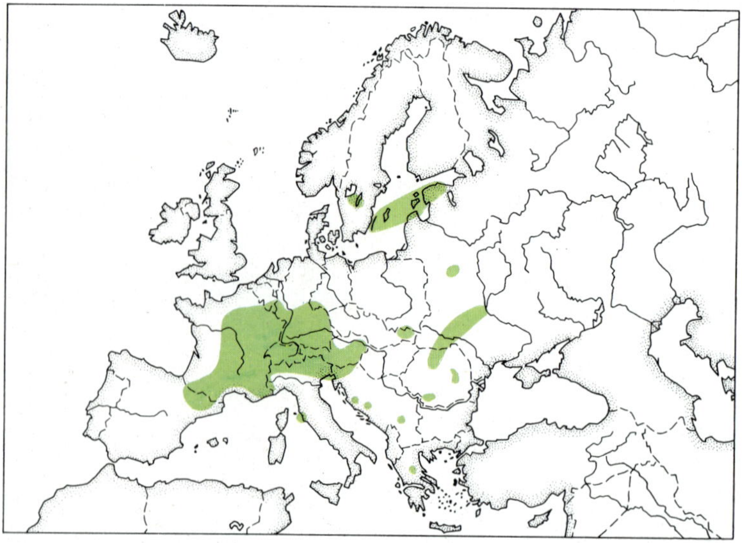

Hammarbýa paludósa (L.) O. Kuntze
Sumpf-Weichkraut

Beschreibung: *Pflanze zierlich, 5–20 cm hoch. Stengel gelblich,* kahl, kantig. Laubblätter 2–3, am Grunde angeordnet, eiförmig bis länglich, ziemlich dick, 8–25 mm lang, 5–9 mm breit, gelblichgrün, am oberen Rande mit kleinen Brutknospen. *Blütenstand schmal, vielblütig.* Tragblätter klein, spitz, etwa so lang wie der Stiel des Fruchtknotens. *Blüten winzig, unscheinbar, grünlichgelb.* Sepalen eiförmig, 2–2,5 mm lang. Petalen kürzer, abstehend. *Lippe* klein, das Säulchen umhüllend, *aufwärts gerichtet,* ohne Sporn.
Blütezeit: Im Juli und August, auch am gleichen Standort sehr schwankend.
Höhenverbreitung: Von der Küste bis 900 m.
Standort: In Flachmooren, meist zwischen Torfmoosen (die Pflanze ist nur sehr schwer aufzufinden).
Naturschutz: In Mitteleuropa vom Aussterben bedroht.
Bastarde: Nicht nachgewiesen.
Bildnachweis: 15. 8. 1979, Wangen (Baden-Württemberg), H. Baumann.
Das Bild zeigt den reichblütigen, langgestreckten Blütenstand mit den gelbgrünen winzigen Blüten, deren Lippen nach oben weisen.

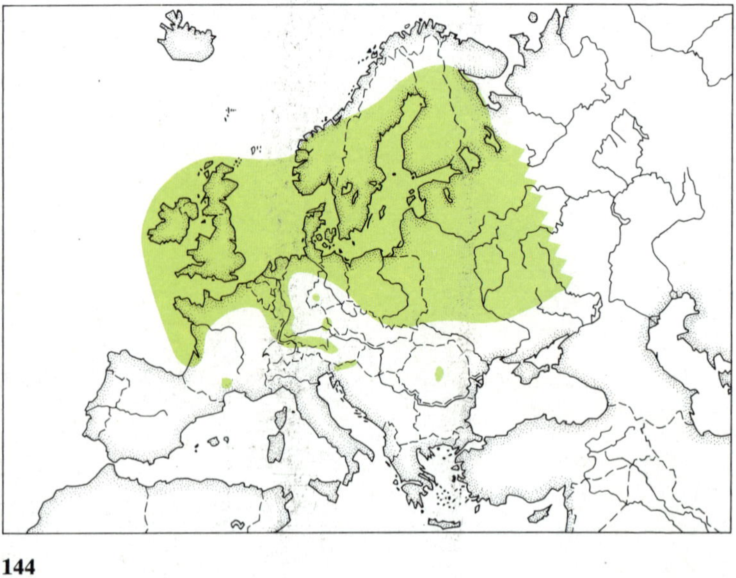

Hermínium monórchis (L.) R. BR.
Kleine Einknolle

Beschreibung: *Pflanze zart, 8–30 cm hoch.* Stengel schlank, unten rund, oberwärts kantig, blaßgrün. Laubblätter meist nur 2 (seltener 3–4), am Grunde des Stengels, eiförmig bis eiförmig-lanzettlich, 2–7 cm lang, 0,5–1,5 cm breit, spitz, blaßgrün, oben glänzend, etwas rinnig. Blütenstand zylindrisch, schmal, 3–6 cm lang, dicht, ziemlich reichblütig. *Blüten klein, nickend, gelbgrün,* nach Honig duftend. Tragblätter lineal-lanzettlich, spitz bis zugespitzt, grün, kaum so lang wie der Fruchtknoten. *Perigonblätter glockenförmig, an den Spitzen auswärts gebogen.* Sepalen eiförmig-lanzettlich, stumpf, 2,5–3 mm lang. Petalen länglich-lanzettlich, 3,5 mm lang. Lippe am Grunde 3spaltig mit linealischen Seitenlappen und etwa doppelt so langem, nach vorwärts gestrecktem Mittellappen. *Ohne Sporn.*
Blütezeit: Von Mai bis Juli.
Höhenverbreitung: Von der Küste bis 2400 m.
Standort: In feuchten und trockenen Magerrasen, in Auen und in Flachmooren, kalkliebend.
Naturschutz: In Mitteleuropa stark zurückgegangen.
Bastarde: Keine sicheren Nachweise bekannt.
Bildnachweis: 5. 7. 1981, Oberstdorf (Allgäu), H. Baumann.
Das Bild zeigt die reichblütigen Blütenstände mit den gelbgrün gefärbten und nickenden, kleinen Blüten. Die gesamte Blüte ist glockenförmig und am Ende stark zipfelig.

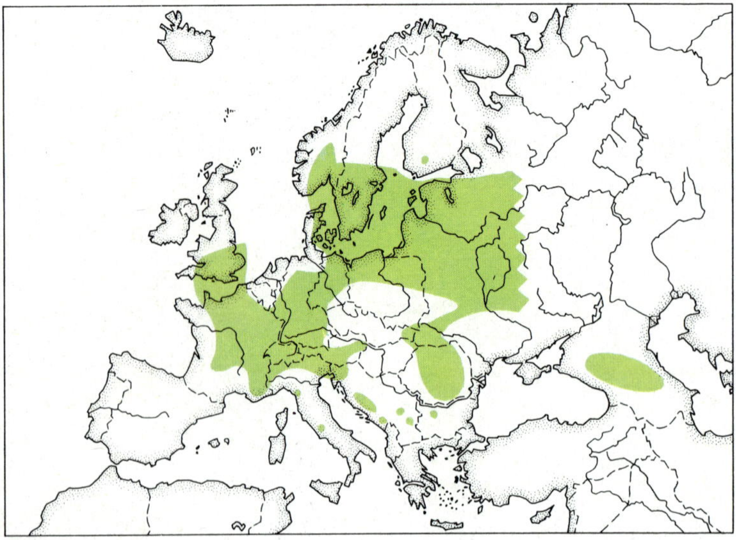

Himantoglóssum adriáticum H. BAUMANN
Adriatische Riemenzunge

Beschreibung: Pflanze hochwüchsig, 30–75 cm hoch. Laubblätter 6–10, am Stengel verteilt. Die Grundblätter sind 9–16 cm lang und 1,5–3,0 cm breit, die Stengelblätter werden nach oben kleiner. Der *Blütenstand* ist langgestreckt, 10–40 cm lang und trägt 15–40 *locker* angeordnete Blüten. Die Tragblätter sind 2–3 cm lang und etwas länger als der Fruchtknoten. Der breite Blütenstand besitzt meist rotbraun, seltener grün gefärbte Blüten. Die Sepalen und Petalen bilden einen geschlossenen, verklebten *Helm,* der auf der *Außenseite weißlich* gefärbt ist. Die *seitlichen Sepalen* sind *8–11 mm lang* und 5 mm breit, die Petalen nur 5–6 mm lang und 1,5–2,0 mm breit. Die Lippe ist dreilappig, der Mittellappen extrem lang und schmal und wesentlich länger als die Seitenlappen. Die Länge des Mittellappens beträgt 4–6 cm, die der Seitenlappen nur 0,5–2,5 cm. Der *Mittellappen* ist nur wenig gedreht, *am Grunde* aber *0,5–1,5 cm tief gespalten.* Der *Sporn* ist *2,5–3,5 mm lang* und abwärts gerichtet. Er ist der kleinste der Gattung. Die Lippenbasis ist hell gefärbt und mit roten Punkten besetzt. Der Geruch der Blüten ist nur schwach.
Blütezeit: Mitte Mai bis Ende Juni.
Höhenverbreitung: Von der Küste bis etwa 1300 m.
Standort: Die kalkliebende Art besiedelt Trockenrasen und lichte Wälder.
Naturschutz: Selten auftretende Art, durch Biotopzerstörung gefährdet.
Bastarde: Im Nordostteil des Areals kommt es möglicherweise zur Bastardierung mit *H. caprinum.*
Bildnachweis: 17. 6. 1978, Leithagebirge bei Wien (Niederösterreich), H. Baumann.

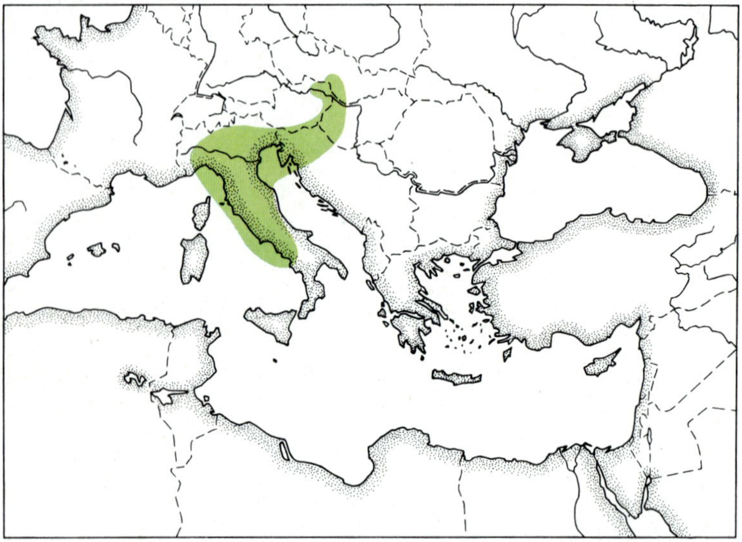

Himantoglóssum affíne (Boiss.) R. Schlechter
Verwandte Riemenzunge

Beschreibung: Pflanze hochwüchsig, 30–80 cm hoch. Die 6–10 Laubblätter sind am Stengel verteilt. Die Grundblätter sind 10–21 cm lang und 2,5–6 cm breit, die höher am Stengel stehenden sind kleiner. Der Blütenstand ist langgestreckt, bis zu 35 cm lang und trägt 10–40 sehr locker angeordnete Blüten. Die Tragblätter sind bei den unteren Blüten doppelt so lang wie der Fruchtknoten, bei den oberen Blüten etwa gleich lang. Die hellgrün bis rötlich gefärbten *Blüten stehen* fast *waagerecht* ab. Die Sepalen und Petalen bilden einen geschlossenen Helm, der auf der Außenseite hellgrün bis dunkelgrün gefärbt ist, die Nerven sind dunkler. Die seitlichen Sepalen sind 10–14 mm lang und 4–6 mm breit, am Ende stumpf, die Petalen sind nur 7–11 mm lang und 3 mm breit. Die Lippe ist tief dreilappig, der *Mittellappen 2,5–4,5 cm* lang und wesentlich *länger als die nur 3–6 mm langen Seitenlappen.* Der *Mittellappen* der Lippe ist nur wenig gedreht und *am Grunde 6–8 mm eingeschnitten.* Die *Lippenbasis* ist fast weiß und *ohne Flecken* oder Striche. Der Sporn ist 4–5 mm lang, hell gefärbt, sackartig nach unten gerichtet. Die Blüten besitzen einen schwachen Duft.
Blütezeit: Mitte Mai bis Ende Juni.
Höhenverbreitung: Von 600 m bis 2200 m aufsteigend (Persien).
Standort: Die kalkliebende Pflanze wächst fast ausschließlich im Eichenwald.
Naturschutz: Die seltene Art wird in der Türkei durch Knollensammler dezimiert.
Bastarde: Möglicherweise mit *H. caprinum.*
Bildnachweis: 5. 6. 1981, Gölbasi (Südosttürkei), H. Baumann.

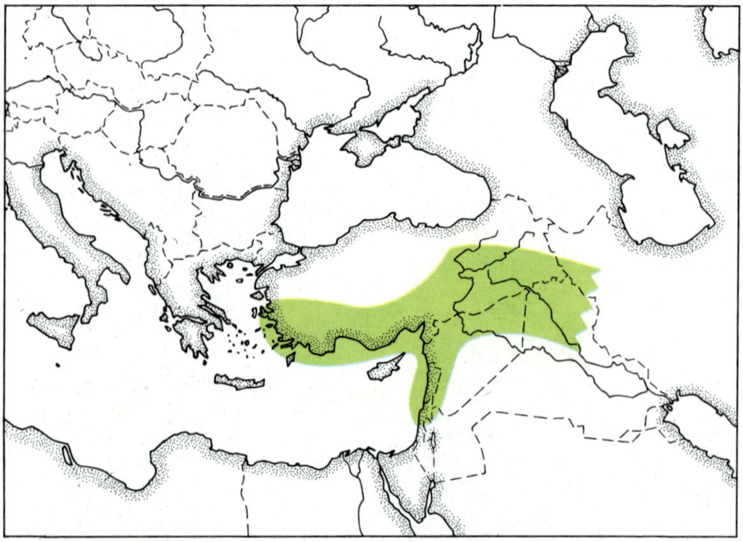

Himantoglóssum calcarátum (BECK) R. SCHLECHTER
Gesporte Riemenzunge

Beschreibung: Pflanze groß und kräftig, 40–80 cm hoch. Laubblätter 7–12, mehr oder weniger gleichmäßig am Stengel verteilt. Grundständige Blätter 10–17 cm lang und 1,5–3,5 cm breit, bläulichgrün. Die Blätter werden nach oben kleiner. Der *Blütenstand* ist lang und ungewöhnlich *ausladend,* 15–30 cm lang und trägt 12–50 mäßig locker angeordnete Blüten. Die unteren Tragblätter sind 3–4 cm lang und doppelt so lang wie der Fruchtknoten. Die Sepalen und Petalen bilden einen Helm, der außen trübgrün bis hellgrün, entlang der Ränder und Nerven aber purpurn überlaufen ist. Die *seitlichen Sepalen* sind *13–15 mm lang* und 6,5 bis 7,5 mm breit, die Petalen dagegen 9,5–11 mm lang und 2,5–3,5 mm breit. Die Lippe ist tief dreilappig, der *Mittellappen 5–10 cm lang,* die Seitenlappen 1,2–2,5 cm lang und die gesamte *Lippe 6,5–12 cm lang.* Der *Mittellappen* ist am Grunde *tief zweispaltig,* die *Spaltstücke 2–4 cm lang.* Die Farbe der Lippe ist olivgrün bis purpurn, die Basis ist heller gefärbt und mit purpurnen Papillen besetzt. Der *Sporn* ist dick und zylindrisch, abwärts gerichtet und hell gefärbt, *8–11 mm lang* und etwa 1/2 bis 2/3 so lang wie der Fruchtknoten. Blüten nur schwach duftend.
Blütezeit: Anfang Juli bis Mitte August, sehr spät blühend.
Höhenverbreitung: Von 500 m bis 1200 m.
Standort: Lichter Eichenwald, Eichengestrüpp, Weiderasen auf Kalk.
Naturschutz: Durch landwirtschaftliche Maßnahmen und Überweidung gefährdet.
Bastarde: Möglicherweise mit *H. caprinum.*
Bildnachweis: 15. 7. 1976, Sarajewo (Jugoslawien), H. Baumann.

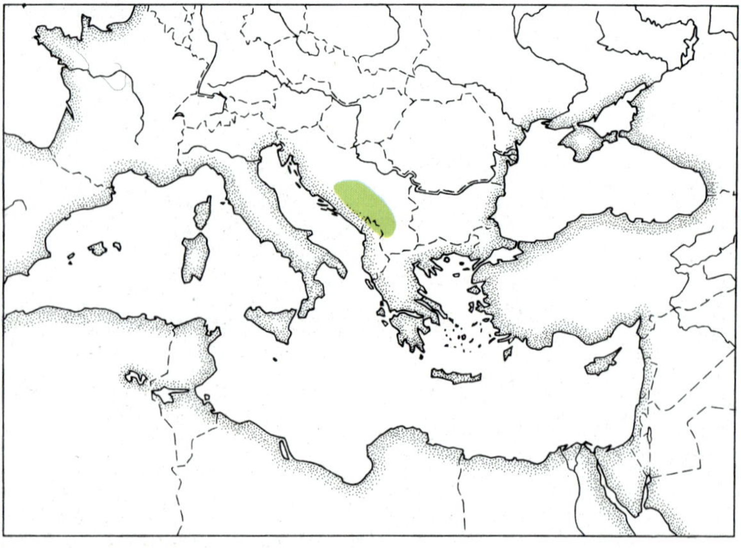

Himantoglóssum caprínum (M.-BIEB.) SPRENGEL
Ziegenbock-Riemenzunge

Beschreibung: Pflanze groß und kräftig, 40–80 cm hoch. *Laubblätter* 7–10, *am Stengel verteilt.* Die grundständigen Blätter sind 7–12 cm lang und 1,5–3,5 cm breit. Die höher am Stengel angeordneten Blätter sind kleiner. Der *Blütenstand ist langgestreckt und ausladend,* bis zu 30 cm lang *und trägt* 15–50 *locker angeordnete Blüten.* Die unteren Tragblätter sind doppelt so lang wie die Blüten, die oberen etwa gleich lang. Die Sepalen und Petalen bilden einen geschlossenen Helm, der auf der Außenseite grün, entlang der Ränder und Nerven aber rotbraun gefärbt ist. Die *seitlichen Sepalen sind 13–15 mm lang* und am Ende abgestumpft, die Petalen 11–12 mm lang. Die *Lippe* ist tief *dreilappig,* der *Mittellappen 3,5–7 cm lang, die Seitenlappen* kürzer und nur *0,9–1,0 cm lang.* Der *Mittellappen* ist *am Grunde tief gespalten.* Die Farbe der Lippe variiert von fast rein grün bis dunkel rotbraun, die Lippenbasis ist heller gefärbt und mit dunkelroten Papillen besetzt. Der *Sporn* ist abwärts gekrümmt, mit *4–6 mm Länge* etwa 1/3 so lang wie der Fruchtknoten und hell gefärbt. Die Pflanze besitzt einen *schwachen Geruch.*
Blütezeit: Ende Mai bis Ende Juli.
Höhenverbreitung: Von der Küste bis etwa 1500 m.
Standort: Die Pflanze ist kalkliebend und wächst auf Weiderasen und in lichten Eichenwäldern, seltener auf Ödland.
Naturschutz: Selten und durch Landwirtschaft gefährdet.
Bastarde: Möglicherweise Bastardierung mit *H. affine* und *H. calcaratum.*
Bildnachweis: 30. 7. 1980, Budapest (Ungarn), H. Baumann.

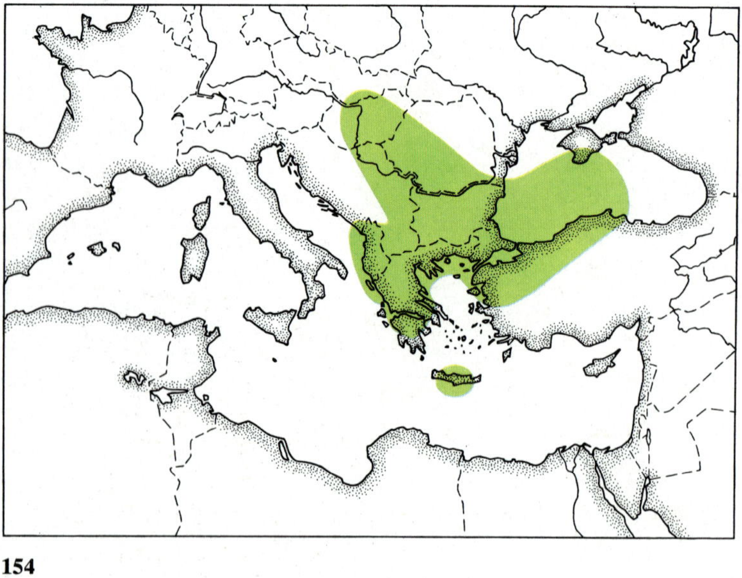

Himantoglóssum formósum (Steven) K. Koch
Schöne Riemenzunge

Beschreibung: Pflanze groß und kräftig, 40–80 cm hoch. Laubblätter 4–10, die meisten davon grundständig. Die Grundblätter sind bis zu 20 cm lang und 2,5–4,5 cm breit. Nach oben folgen kleinere Stengelblätter. Der Blütenstand ist langgestreckt und ausladend, bis zu 30 cm lang und trägt 15–30 locker angeordnete Blüten. Die Tragblätter sind etwa so lang wie der Fruchtknoten. Die Blüten sind grün und purpurn überlaufen. Die Sepalen und Petalen bilden einen lockeren Helm, der 9–12 mm lang ist. Die Petalen sind kleiner und lanzettlich, am freien Ende oft dreizähnig. Die *Lippe* ist stark dreilappig, etwa *3 cm lang,* grün gefärbt und an den Rändern rötlich überlaufen. Die *Seitenlappen* sind *kurz* und nur *2–4 mm lang,* der *Mittellappen ist der kleinste der Gattung* und nur 1,3–1,5 cm lang und 4 mm breit. Der *Sporn* ist zylindrisch und abwärts gekrümmt und 9 mm lang.
Blütezeit: Anfang Mai bis Juni.
Höhenverbreitung: In den unteren Lagen des Kaukasus und des Talish, von 150 m bis 800 m.
Standort: Im lichten Wald und Gebüsch, auf Mergelboden.
Naturschutz: In den letzten einhundert Jahren hat man von dieser Art fast nichts mehr gehört. Sie gehört sicher zu den gefährdetsten Orchideen, vor allem weil sie nur ein kleines Areal besiedelt.
Bastarde: Keine Nachweise bekannt.
Bildnachweis: Zeichnung E. Nelson aus Reichenbach fil., Tafel 6 (1851)

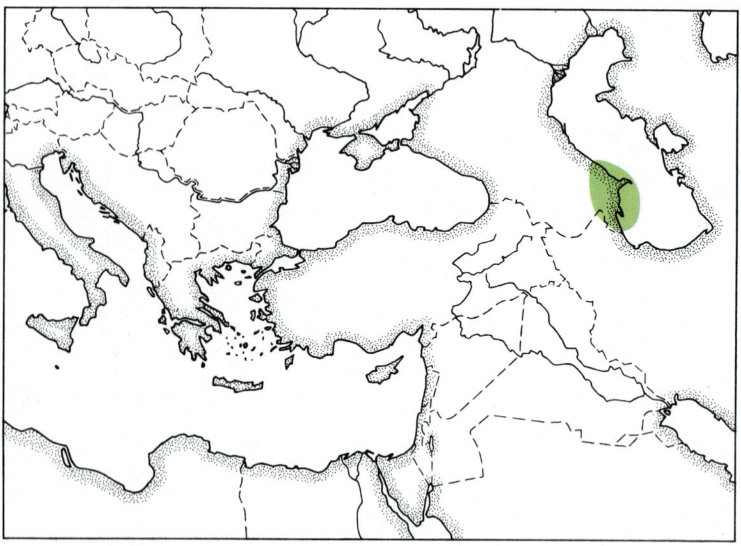

Himantoglóssum hircínum (L.) SPRENGEL
Bocks-Riemenzunge

Beschreibung: Pflanze groß und stattlich, 30–60 cm hoch. *Laubblätter* 7–12, die *meisten* davon *grundständig.* Die Grundblätter sind 11–15 cm lang und 3–5 cm breit. Die Stengelblätter werden nach oben kleiner. Der *Blütenstand* ist langgestreckt, 18–30 cm lang und *trägt in dichter Folge 40–120 Blüten.* Der Stengel ist steif aufrecht und robust. Die Tragblätter sind doppelt so lang wie der Fruchtknoten. Blüten infolge der langen Lippe stark ausladend und grüngelb bis grün gefärbt. Die Perigonblätter neigen helmförmig zusammen und sind auf der Außenseite blaßgrün gefärbt, die Nerven sind dunkler. Die *seitlichen Sepalen* sind *10–13 mm lang* und am Ende stumpf. Die Petalen sind kleiner und schmaler. Die Lippe ist dreilappig, der *Mittellappen* extrem lang und schmal, 5–6 cm lang und mehrfach gedreht, *am Grunde kaum gespalten.* Die Seitenlappen sind deutlich kürzer und nur 1–2 cm lang. Die Lippenbasis ist heller und mit roten Punkten und Papillen besetzt. Der *Sporn* ist *4–5 mm lang,* nur 1/3 so lang wie der Fruchtknoten und abwärts gerichtet. Die *Blüten* besitzen einen starken und unangenehmen, *bockartigen Geruch.*
Blütezeit: Von Anfang Mai bis Ende Juni.
Höhenverbreitung: Von der Küste bis 1800 m (Marokko).
Standort: Die kalkliebende Art wächst in Trockenrasen oder in lichten Wäldern.
Naturschutz: Eine vielfach nur inselartig auftretende, gefährdete Art.
Bastarde: Keine sicheren Nachweise bekannt.
Bildnachweis: 25. 5. 1974, Médéa (Nordalgerien), H. Baumann.

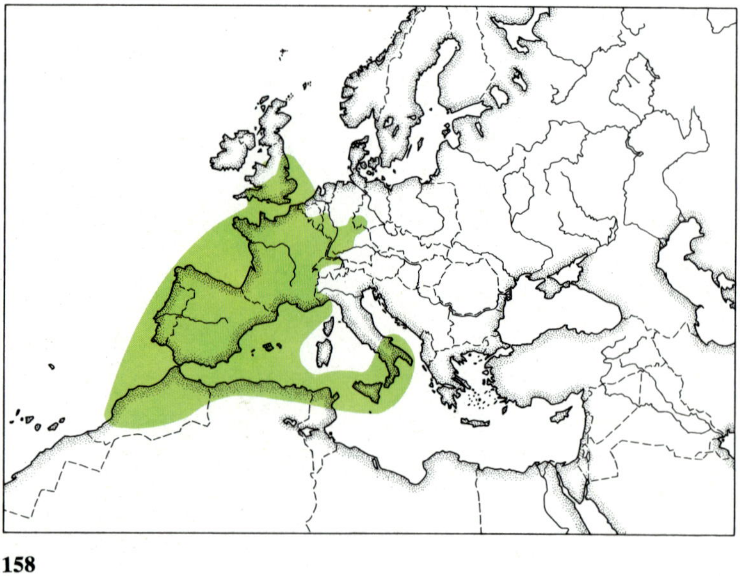

Limodórum abortívum (L.) Sw.
Violetter Dingel

Beschreibung: Pflanze robust, 20–80 cm hoch. *Stengel* kräftig, feingestreift, *stahlblau* bis schmutzig-violett, mit nur wenigen kurzen, *scheidenförmigen,* am Rande welligen *Blattschuppen.* Blütenstand gestreckt, 10–30 cm lang, locker, vielblütig. *Blüten groß,* geschlossen bis weit geöffnet, *purpurviolett.* Tragblätter eiförmig-lanzettlich, verwaschen violett, länger als der Fruchtknoten. Perigonblätter helmbildend bis weit geöffnet. Sepalen eiförmig-lanzettlich, 20–25 mm lang, 7–11 mm breit, außen grünviolett, innen hellviolett mit dunklen Adern. Petalen schmal-lanzettlich, deutlich kürzer als die Sepalen, 16–19 mm lang, 3–4 mm breit, hellviolett. *Lippe undeutlich gegliedert.* Hinterlippe schmal, kurz, rinnig und hellviolett. Vorderlippe oval, 10–17 mm lang, 7–12 mm breit, Seitenränder wellig gekerbt, hellviolett mit dunkelvioletten, unterbrochenen Längslinien, beim Verblühen schmutzig gelblich werdend. *Sporn abwärts* gerichtet, schmal zylindrisch, 15–25 mm lang, etwa *so lang wie der Fruchtknoten,* hellviolett.
Blütezeit: Von April (im Süden) bis Juni.
Höhenverbreitung: Von der Küste bis 2300 m.
Standort: An rasigen Abhängen in Weinbergen, in lichten Kiefern- und Eichenwäldern (Mitteleuropa), auf beweidetem Ödland, im Gebüsch und bevorzugt in Bergwäldern (Südeuropa).
Naturschutz: Nach der Bundesartenschutzverordnung vom Aussterben bedroht.
Bastarde: Nicht nachgewiesen.
Bildnachweis: 15. 5. 1980, Gelibolu (Nordwesttürkei), H. Baumann.

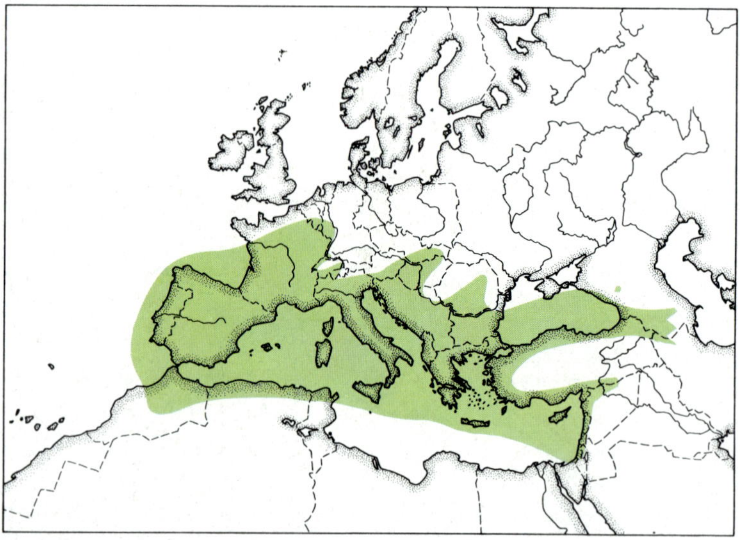

Limodórum trabutiánum BATTAND.
Trabuts Dingel

Beschreibung: Stengel steif aufrecht, 30–55 cm hoch, mit langscheidigen Stengelblättern, die wie der Stengel grünviolett gefärbt sind. Brakteen lanzettlich und zugespitzt, 1,5–4 cm lang und 0,7–1,3 cm breit, 3nervig und länger als die Blüten, grünviolett gefärbt. Der Blütenstand ist 14–20 cm lang und trägt 10–20 große, in dichter Folge stehende Blüten. *Die Blüten sind* groß und *kaum geöffnet, hellviolett bis dunkelviolett gefärbt.* Die seitlichen Sepalen sind 17–19 mm lang und 4–5 mm breit, waagrecht stehend, lanzettlich und zugespitzt. Das mittlere Sepal ist eiförmig lanzettlich, 15–22 mm lang und 4–7 mm breit. Die Petalen sind lineal lanzettlich, 11–17 mm lang und 1–3 mm breit. *Die Lippe ist lineal schwertförmig,* 13–18 mm lang und 3–5 mm breit, bogig aus dem Helm herausgekrümmt, Seitenränder breitrundlich, am Rande gezähnelt und nach oben geschlagen, *nicht in Vorder- und Hinterlippe geteilt. Der Sporn ist rudimentär, höchstens 2 mm lang* und sackförmig. Das Säulchen besitzt 2 seitliche und 1 mittleres Staminodium.
Die Bewertung dieser Sippe ist umstritten. Von einigen Autoren wird sie als Unterart, Varietät oder Mißbildung eingestuft. An ihrem Artrecht ist jedoch nicht zu zweifeln, da sie ein großes zusammenhängendes Areal besiedelt und an vielen Stellen ohne die nächstverwandte *L. abortivum* vorkommt.
Blütezeit: Mitte April bis Ende Juni.
Höhenverbreitung: Von 400 m bis 1900 m (Marokko).
Standort: In Wäldern und Gebüschen, vorzugsweise im Eichen- oder Kiefernwald.
Bastarde: Keine Nachweise bekannt.
Bildnachweis: 20. 4. 1976, Oran (Nordwestalgerien), H. Baumann.

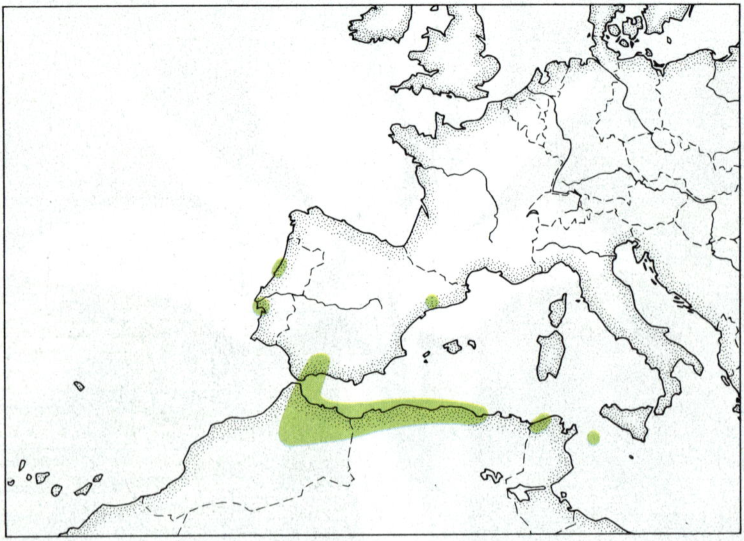

Líparis loesélii (L.) L. C. RICH.
Torf-Glanzkraut

Beschreibung: Pflanze zierlich, 5–20 cm hoch. Stengel kahl, blattlos, aufrecht, kantig, hell grünlichgelb. *Laubblätter 2* (selten 3), *grundständig, fettig-glänzend,* fast gegenständig, aus scheidigem Grunde länglich-elliptisch, an der Spitze stumpf-kapuzenförmig, 2–11 cm lang, 0,7–2,5 cm breit, grün, nach dem Abblühen gelblichgrün. *Blütenstand* 1,5–6 cm lang, locker, *2- bis 10blütig. Blüten klein,* fast aufrecht, *hell gelbgrün.* Tragblätter schuppenförmig, klein, dreieckig, viel kürzer als der Fruchtknoten. Perigonblätter frei, aufrecht bis abstehend. Sepalen linealisch, an den Rändern eingerollt, 5–6 mm lang, 2 mm breit. Petalen schmäler und kürzer. *Lippe* länglich-eiförmig, rinnig, *gebogen,* am Rande gekerbt, 4–5 mm lang, 2,5 mm breit, *spornlos.*
Blütezeit: Von Ende Mai bis Juli.
Höhenverbreitung: Von der Küste bis etwa 1000 m.
Standort: In Flach- und Zwischenmooren, in Torfstichen, in lichten Streu- und Riedwiesen, in Dünentälern. Kalkliebend.
Naturschutz: Nach der Bundesartenschutzverordnung vom Aussterben bedroht. Infolge Entwässerung der Feuchtgebiete stark zurückgegangen. Ein Ausfall der Mahd von Streuwiesen führt jedoch ebenfalls zum Verschwinden der Pflanze.
Bastarde: Nicht nachgewiesen.
Bildnachweis: 17. 6. 1981, Ravensburg (Baden-Württemberg), H. Baumann.
Das Bild zeigt den lockeren Blütenstand mit den grüngelben Blüten, deren Lippen ungeteilt und bogig gekrümmt sind.

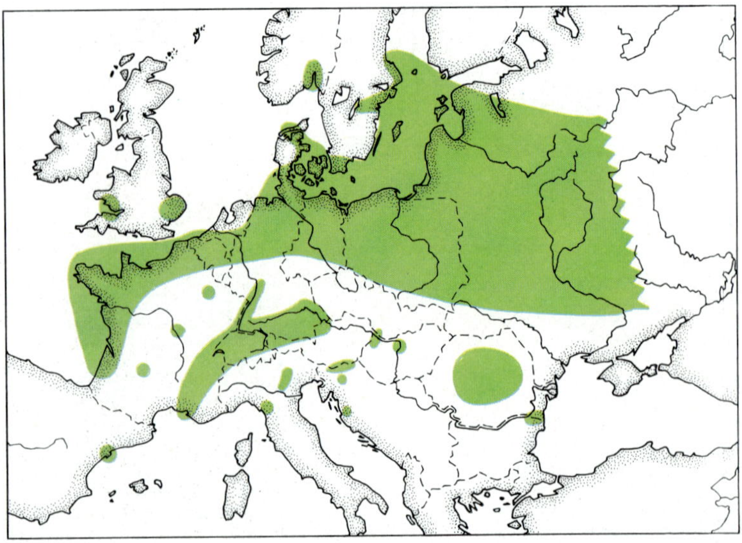

Listéra cordáta (L.) R. BR.
Herzblättriges Zweiblatt

Beschreibung: *Pflanze sehr zart, 5–20 cm hoch,* unscheinbar. Stengel dünn, fast kahl, blaßgrün, zumeist rotbraun überlaufen. *Laubblätter 2* (selten 3–4) *nur wenig über dem Boden,* fast gegenständig, herzförmig-eiförmig, 1–2,5 cm lang und breit, oberseits glänzend grün, unterseits bläulichgrün. *Blütenstand* 2–6 cm lang, locker, *4- bis 15blütig. Blüten klein,* abstehend, kurz gestielt, grün, braun oder rotbraun. Tragblätter dreieckig, spitz, grün, kürzer als der Blütenstiel. *Perigonblätter offen abstehend, lange auf der Frucht ausdauernd,* außen grün, innen rötlich. Sepalen und Petalen länglich-elliptisch, stumpf, Petalen etwas schmäler. *Lippe* länglich-zungenförmig, herabhängend, 3,5–4,5 cm lang, *am Grunde beiderseits mit einem zugespitzten Zahn, vorne tief zweispaltig,* mit linealischen, spreizenden zugespitzten Abschnitten, in der Mitte bisweilen ein kleines Zähnchen. Nichtblühende Sprosse (bisweilen überwiegend) lassen sich an den beiden Laubblättern erkennen.
Blütezeit: Von Mai bis August, je nach Höhenlage.
Höhenverbreitung: Von der Ebene bis 2100 m.
Standort: In feuchten oder moorigen Nadelwäldern, am Rande von Hochmooren zwischen Torfmoos, bevorzugt ziemlich saure Böden. Sekundäre Ausbreitung in Fichtenforsten, wohl nur vorübergehende Erscheinung.
Bastarde: Nicht nachgewiesen.
Bildnachweis: 17. 6. 1980, Sulz (Baden-Württemberg), H. Baumann.

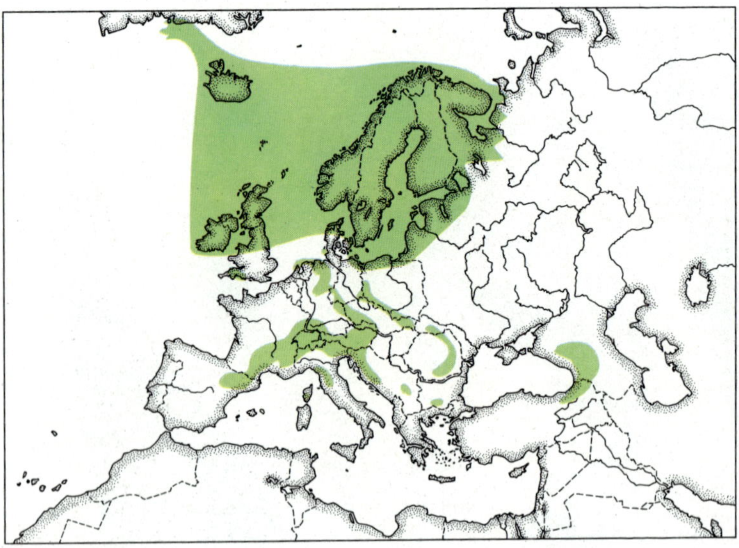

Listéra ováta (L.) R. Br.
Eiförmiges Zweiblatt

Beschreibung: Pflanze 15–70 cm hoch. *Stengel kräftig,* unten kahl, *oberwärts drüsig behaart,* mit 1–3 kleinen, tragblattartigen Blättchen, grünlich. *Laubblätter 2* (selten 3–4), abstehend bis etwas aufgerichtet, eiförmig bis breit-eiförmig, stumpf bis kurz zugespitzt, 5–15 cm lang, 3–8 cm breit, derb, ziemlich dick, kahl, mehr- bis vielnervig, grün, nach dem Abblühen gelblich und lang ausdauernd. *Blütenstand* 7–25 cm lang, ziemlich locker, *vielblütig.* Blüten abstehend, kurz gestielt (4–6 mm lang), grünlich bis gelblich. Tragblätter eiförmig-zugespitzt, sehr klein (3–5 mm lang), *Perigonblätter* zu einem ziemlich *offenen Helm zusammenneigend,* 4–5 mm lang. Sepalen eiförmig, Petalen schmäler, lineal. *Lippe* 6–15 mm lang, spornlos, *grünlichgelb,* am Grunde mit oder ohne zahnartige Seitenlappen, verkehrt-keilförmig, *vorne tief zweispaltig* mit 2 zungenförmigen gestutzten Abschnitten, *in der Mitte mit einer dunkelgrünen Längsschwiele.* Nichtblühende Sprosse (bisweilen überwiegend) lassen sich an den beiden Laubblättern erkennen.
Blütezeit: Von Mai bis Juli.
Höhenverbreitung: Von der Küste bis 2400 m.
Standort: In feuchten und trockenen Wiesen, an Quellen, in Mooren, im Gebüsch, in Auen, in Laub- und Nadelwäldern, auf Kalk und Urgestein.
Bastarde: Nicht nachgewiesen.
Bildnachweis: 23. 5. 1980, Siles (Sierra de Segura, Spanien), H. Baumann.

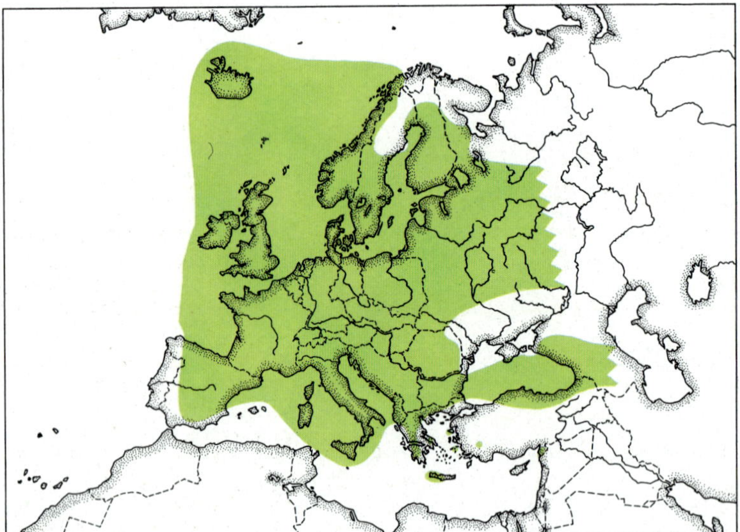

Lysiélla oligántha (TURCZ.) NEVSKI
Wenigblütige Waldhyazinthe

Beschreibung: *Pflanze klein,* 6–20 cm hoch. Stengel kahl, kantig, mit einem tragblattartigen, schmalen Blatt im oberen Teil. *Nur 1 Laubblatt, grundständig,* aufgerichtet bis abstehend, länglich-zungenförmig, stumpf bis zugespitzt, 4–7 cm lang, 1,2–2 cm breit, am Grunde in die Blattscheide verschmälert. *Blütenstand kurz,* 2,5–4,5 cm lang, ziemlich dicht, 3- bis 9blütig. *Blüten klein, grünlichweiß, duftlos.* Tragblätter lanzettlich bis eiförmig-lanzettlich, zugespitzt, etwa so lang wie der Fruchtknoten. *Perigonblätter 2–3 mm lang.* Seitliche Sepalen länglich-eiförmig, abstehend. Mittleres Sepal rundlich, mit den lanzettlichen Petalen helmförmig zusammenneigend. *Lippe zungenförmig,* aus breiterem Grunde allmählich verschmälert, stumpf, *3–3,5 mm lang,* am Grunde 1 mm breit und unregelmäßig ausgerandet, schräg vorgestreckt. *Sporn 2,5–3 mm lang,* etwa halb so lang wie der Fruchtknoten, absteigend, gegen die Spitze allmählich verjüngt.
Blütezeit: Von Juni bis Juli (nach der Schneeschmelze).
Höhenverbreitung: Nordische Hochgebirgspflanze oberhalb der Waldgrenze.
Standort: Im niederen Gebüsch an nassen Stellen, auf Kalk.
Naturschutz: Eine der seltensten Pflanzen Europas, nur etwa 10 Vorkommen bekannt.
Bastarde: Nicht nachgewiesen.
Bildnachweis: 5. 7. 1976, Jav'reoaivit (Norwegen), D. Rückbrodt.

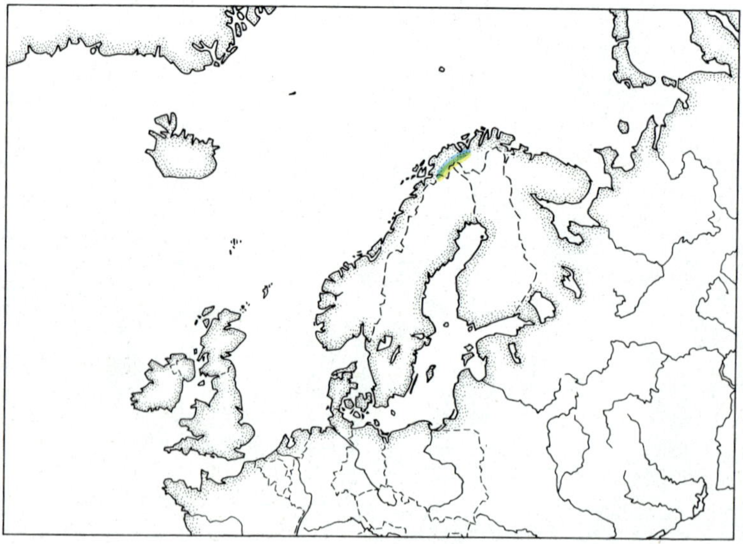

Maláxis monophýllos (L.) Sw.
Zartes Einblatt

Beschreibung: *Pflanze zierlich,* 7–30 cm hoch. Stengel kahl, oberwärts rillig, *Laubblätter 1* (selten 2–3), *grundständig,* langscheidig, eiförmig bis elliptisch, 3–10 cm lang, 1,2–5 cm breit, stumpf, zweites Blatt, wenn vorhanden, viel kleiner. *Blütenstand* 2–15 cm lang, ziemlich locker, *vielblütig* (20–100 Blüten). *Blüten klein, grünlichgelb,* gestielt, schräg abstehend. Tragblätter lanzettlich, zugespitzt, kürzer als die Blütenstiele. *Perigonblätter frei,* abstehend, *2–3 mm lang,* gelblichgrün, lange ausharrend. Seitliche Sepalen nach oben gerichtet, mittleres Sepal und Petalen abwärts gerichtet. Lippe nach oben gerichtet, eiförmig, plötzlich zugespitzt, 1–2 mm lang, 0,5–0,8 mm breit. Ohne Sporn. Säulchen sehr kurz.
Blütezeit: Von Mai bis Juli.
Höhenverbreitung: Von der Küste bis 1800 m.
Standort: In feuchten Wiesen, an moosigen Felsen, in Torfstichen, in Erlenbrüchen, an Waldbächen, im trockenen Gebüsch, in lichten Kiefernwäldern, jedoch sehr zerstreut und selten.
Naturschutz: In Mitteleuropa stark zurückgegangen.
Bastarde: Nicht nachgewiesen.
Bildnachweis: 5. 7. 1981, Oberstdorf (Allgäu), H. Baumann.
Das Bild zeigt den reichblütigen und langgestreckten Blütenstand mit den winzigen, gelbgrün gefärbten Blüten. Die Lippe ist nach oben gerichtet, ungeteilt und ungespornt.

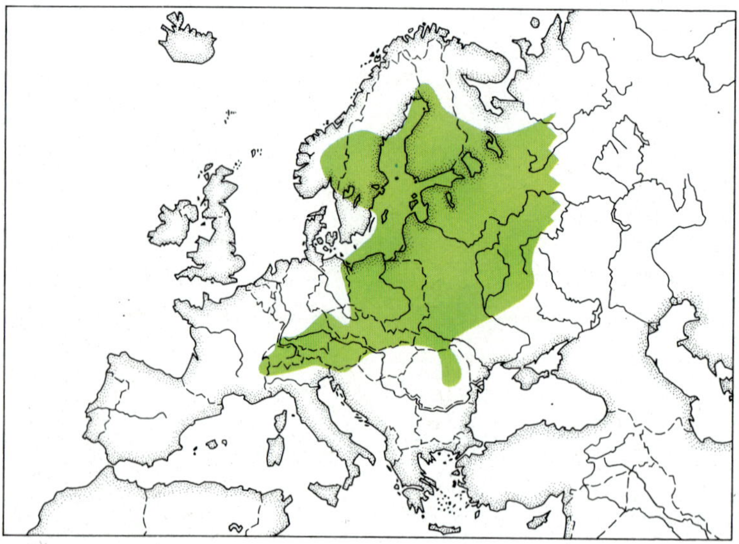

Neotinéa maculáta (DESF.) STEARN
Gefleckte Waldwurz

Beschreibung: Pflanze 8–30 cm hoch. Stengel schlank, meist etwas hin und her gebogen, mit schwärzlichen Streifen und Flecken. *Laubblätter* 3–6, die unteren 2–3 am Grunde genähert, aus scheidenförmig gestieltem Grunde, länglich, zugespitzt, 3–12 cm lang, 1–3 cm breit, blaugrün, *schwarzbraun* reihenförmig *gefleckt,* die oberen 2–3 stengelständigen schmäler, den Stengel scheidenförmig umhüllend, oberwärts bisweilen noch ein kleines tragblattartiges Blatt. Blütenstand schmalzylindrisch, 2–10 cm lang, dicht und vielblütig. *Blüten sehr klein, rosa bis grünlichweiß.* Tragblätter lanzettlich, häutig, etwa halb so lang wie der Fruchtknoten. Perigonblätter helmförmig zusammenneigend, 3–4 mm lang. Sepalen lanzettlich, spitzlich, Petalen linealisch. *Lippe* waagrecht bis herabhängend, *dreilappig, 3–5 mm lang.* Seitenlappen kürzer als der Mittellappen, lineal. Mittellappen länglich, an der Spitze oft zweispaltig. *Sporn* breit konisch, stumpf, *kurz, 1,5–2 mm lang.* Autogam, Fruchtstand dicht-birnenförmig.
Blütezeit: Von März bis Mai, je nach Höhenlage.
Höhenverbreitung: Von der Küste bis 1500 m.
Standort: Auf beweidetem Ödland, an rasigen Stellen, im Gebüsch, im Kiefern-, Tannen- und Eichenwald, vor allem in Bergwäldern.
Bastarde: Nicht nachgewiesen.
Bildnachweis: 18. 4. 1981, Korčula (dalmatinische Insel), H. Baumann.
Das Bild zeigt den dichten, reichblütigen Blütenstand mit den winzigen Blüten. Die Blüten sind gelblichrosa gefärbt, die Blütenlippe ist dreilappig, die Seitenlappen kleiner als der Mittellappen, die Perigonblätter bilden einen Helm.

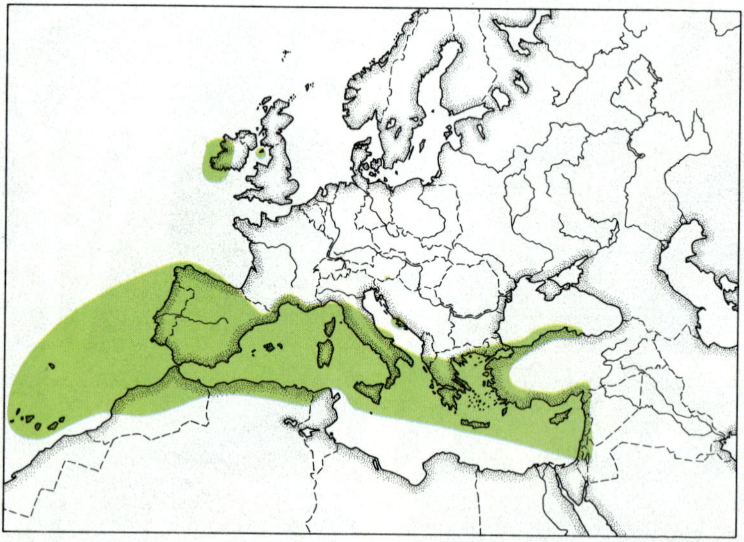

Neóttia nídus-ávis (L.) L. C. RICH.
Vogelnestwurz

Beschreibung: Pflanze 15–50 cm hoch. *Stengel* dick, *gerillt,* kahl, *ohne grüne Blätter,* mit 4–5 lanzettlichen, scheidenförmigen Schuppenblättern, 3–5 cm lang, gelblichbraun. Blütenstand zylindrisch, 5–20 cm lang, dicht und vielblütig, untere Blüten bisweilen entfernt. *Blüten* mittelgroß, *gelblichbraun.* Tragblätter lanzettlich, etwa halb so lang wie der gestielte Fruchtknoten. Perigonblätter helmförmig zusammenneigend, 5–6 mm lang, stumpf. *Lippe* 10–12 mm lang, *am Grunde sackartig ausgehöhlt,* abstehend, nach der Spitze zu *in 2 seitlich spreizende,* zungenförmige, vorn oft gezähnelte *Lappen gespalten,* ohne Sporn. *Fruchtstand lang ausdauernd.*
Blütezeit: Von Mai bis Juli.
Höhenverbreitung: Von der Küste bis 2400 m.
Standort: In schattigen Laub- und Nadelwäldern, im Gebüsch, selten in offenen Lagen.
Bastarde: Nicht nachgewiesen.
Bildnachweis: 15. 6. 1981, Stammheim (Baden-Württemberg), H. Baumann.
Das Bild zeigt den Blütenstand mit den braun gefärbten Blüten. Die Perigonblätter bilden einen lockeren Helm, die Blütenlippe ist zweilappig, die beiden Seitenlappen spreizen nach außen und sind am Ende abgerundet.

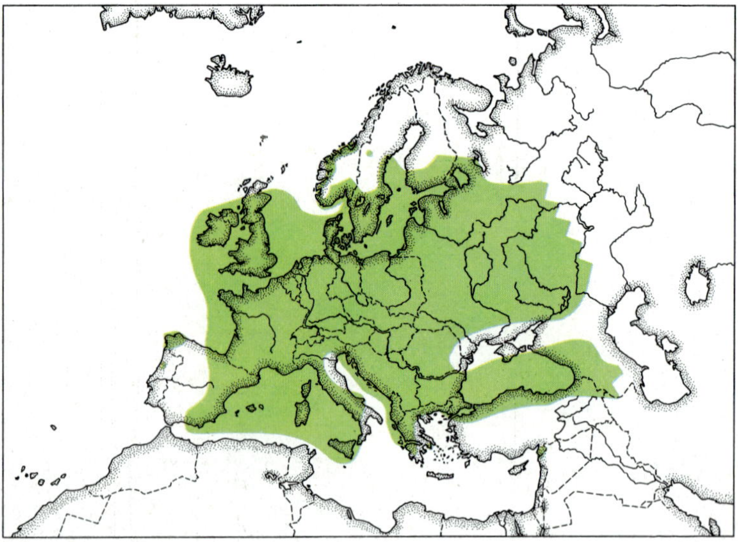

Neottiánthe cuculláta (L.) R. Schlechter
Kapuzenförmige Nacktdrüse

Beschreibung: Pflanze schlank, 10–30 cm hoch. Stengel dünn, oberwärts kantig, hellgrün, mit 1–2 linealischen, tragblattartigen Blättern. *Laubblätter 2* (selten 3), *grundständig,* aus keilförmigem Grunde länglich bis breit-elliptisch, lang zugespitzt, 1–9 cm lang, 0,5–5 cm breit, unterseits glänzend, das untere Blatt fast immer größer als das obere. *Blütenstand* 3–8 cm lang, ziemlich *locker,* 3- bis 30blütig, ziemlich *einseitswendig.* Blüten ziemlich klein, rosa. Tragblätter lanzettlich, lang zugespitzt, 1nervig, so lang oder länger als der Fruchtknoten. *Perigonblätter helmartig* zusammenneigend. Sepalen länglich-linealisch, lang zugespitzt, 6–8 mm lang, 1,5 mm breit. Petalen linealisch, 1 mm breit. *Lippe* schräg abwärts gerichtet, schmal, dicht papillös, 7–9 mm lang, tief 3teilig, weißlich bis rotlila, *purpurrot punktiert.* Seitenlappen schmal lineal, *Mittellappen zungenförmig,* länger und breiter, nach vorne verschmälert. *Sporn abwärts gerichtet,* fadenförmig, 5 mm lang, nach außen gekrümmt, am Ende deutlich verdickt.
Blütezeit: Von Ende Juni bis August.
Höhenverbreitung: Von der Küste bis etwa 500 m.
Standort: In Nadelwäldern, Mischwäldern, besonders Kiefern-Eichen-Wäldern und seltener in lichten Eichenwäldern.
Bastarde: Sind nicht nachgewiesen.
Bildnachweis: 11. 8. 1976, Augustów (Polen), E. Willing.

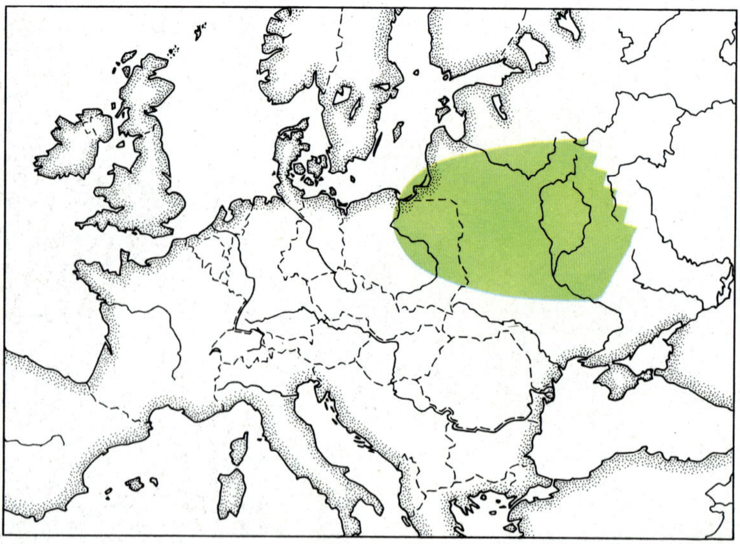

Nigritélla nígra (L.) KIRSCHL.
Schwarzes Kohlröschen

Beschreibung: *Pflanze klein,* 8–30 cm hoch. Stengel kantig, bis oben beblättert. *Laubblätter* zahlreich, die unteren (7–10) am Grunde rosettig gehäuft, *lineal* bis lineal-lanzettlich, rinnig, die obersten tragblattartig. Blütenstand sehr dicht, anfangs pyramidenförmig, später kugelig bis eiförmig. *Blüten klein, schwarzpurpurn,* selten rosa, hellgelb oder weißlich, *stark nach Vanille duftend.* Tragblätter schmal-lanzettlich, zugespitzt, so lang wie oder etwas kürzer als die Blüten. Perigonblätter weit abstehend. Sepalen lanzettlich, 5–8 mm lang, 2 mm breit. *Petalen* schmal lanzettlich, 2–3nervig, innen *nur etwa halb so breit wie die Sepalen. Lippe nach oben gerichtet, dreieckig,* zugespitzt, 5–8 mm lang, 4–5 mm breit, am Grunde plötzlich verschmälert, ungeteilt. *Sporn kurz,* 1/4 bis 1/3 so lang wie der Fruchtknoten, sackartig stumpf.
Blütezeit: Von Ende Mai bis August, je nach Höhenlage.
Höhenverbreitung: Von 800 m bis 2800 m, in Nordeuropa von der Küste bis 1300 m.
Standort: Auf sonnigen trockenen Magerwiesen, vor allem der Alpen und Voralpen, bevorzugt auf Kalk, aber auch auf Schiefer und Urgestein.
Bastarde: Mit *N. rubra* und Gattungsbastarde mit *G. conopsea* und *odoratissima* (unterschiedliche Spornlänge), *P. albida* und *frivaldii, D. maculata.*
Bildnachweis: Oben links: 15. 7. 1976, Galtür (Vorarlberg, typische Form). – Oben rechts: 10. 7. 1974, Dolomiten (Norditalien, orangerote Farbvariante). – Unten links: 10. 7. 1975, Briançon (Südfrankreich, = *N. nigra* subsp. *corneliana* BEAUV.), alle H. Baumann. – Unten rechts: Karawanken (Nordjugoslawien, = *N. lithopolitanica* RAVNIK), G. Halx.

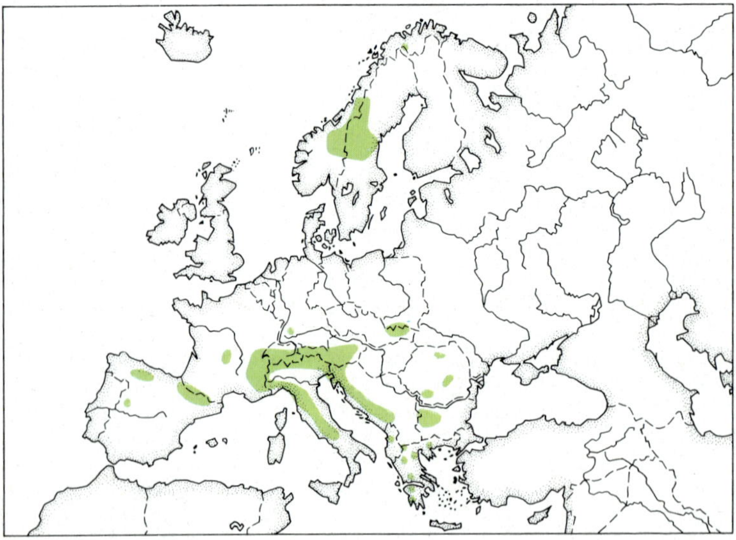

Nigritélla rúbra (WETTST.) K. RICHTER
Rotes Kohlröschen

Beschreibung: Pflanze 10–30 cm hoch. Stengel kantig, bis oben beblättert. Laubblätter zahlreich, die unteren (7–10) am Grunde rosettig gehäuft, linealisch, rinnig, 3–7 cm lang und 3–6 mm breit, die stengelständigen kleiner und zugespitzt. Blütenstand dicht, eiförmig bis zylindrisch, vielblütig. *Blüten* sehr klein, *leuchtend ziegelrot,* nach Vanille duftend. Tragblätter schmal-lanzettlich, zugespitzt, grün oder rötlich überlaufen, so lang wie die Blüten. Perigonblätter weit abstehend. Sepalen und Petalen lanzettlich, 4–6 mm lang, 2 mm breit, 3nervig. *Die Petalen sind 2/3 bis fast so breit wie die Sepalen.* Lippe nach oben gerichtet, eiförmig, zugespitzt, 4–6 mm lang, 4–5 mm breit, gegen den Grund nur schwach verschmälert, ungeteilt. Sporn kurz, etwa 1/3 so lang wie der Fruchtknoten, stumpf.
Blütezeit: Von Mai bis Juli, je nach Höhenlage.
Höhenverbreitung: Von 1600 m bis 2300 m.
Standort: Auf sonnigen, trockenen Magerrasen, auf Kalk und Schiefer.
Bastarde: Mit *N. nigra.* Gattungsbastarde mit *G. conopsea* und *odoratissima* (Spornlänge), *P. albida, D. maculata.*
Anmerkung: Die aus den Südwest-Alpen beschriebene *N. corneliana* BEAUV. und die aus den Südostalpen stammende *N. lithopolitanica* RAVNIK besitzen rosa bis rötlichweiße Blüten. Der endgültige Status ist aber noch nicht geklärt. Sie werden unter *N. nigra* geführt und abgebildet.
Bildnachweis: 18. 7. 1974, Dolomiten, Seiser Alm (Norditalien), H. Baumann.

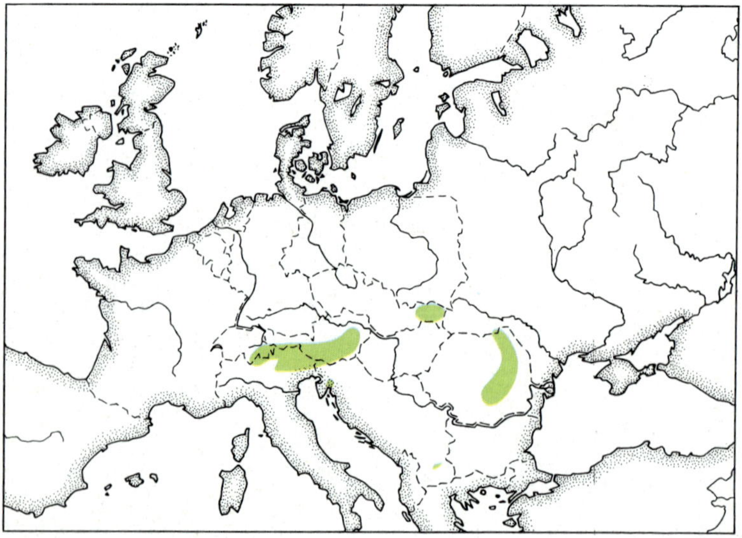

Óphrys aesculápii RENZ
Äskulap-Ragwurz

→ O. sphegodes

Beschreibung: Pflanze kräftig, 15–35 cm hoch. Laubblätter 5–7, am Grunde rosettig gehäuft, aus schmalem Grunde länglich-eiförmig bis lanzettlich, abstehend bis aufgerichtet, nach oben 1–2 stengelumfassende Hochblätter. *Blütenstand* langgestreckt, bis 18 cm lang, locker, abstehend, *3- bis 10blütig.* Tragblätter lanzettlich, etwas länger als der Fruchtknoten. *Sepalen hell olivgrün,* die seitlichen länglich elliptisch verschmälert, stumpf, abstehend, bis 9 mm lang, das mittlere länglich mit zurückgeschlagenen Seitenrändern, 3,5 mm breit, aufgerichtet. *Petalen länglich, 5–6 mm lang,* 2,5 mm breit, am Rande bisweilen wellig, grünlichgelb bis hell olivgrün, bisweilen purpurn überlaufen. *Lippe rundlich,* 10 mm lang, 13–15 mm breit, *ganzrandig, ungehöckert,* ziemlich flach, vorne mit einer kleinen Spitze, kurzsamtig, gegen die oberen Ränder stärker behaart, dunkel purpurbraun, *mit einem tiefgelben,* kahlen, 1–3 mm breiten *Rand umgeben.* Zeichnung hellblau, glänzend, zwei Längsstreifen, bisweilen mit Querbalken verbunden.
Blütezeit: Von März bis Mai.
Höhenverbreitung: Von der Küste bis 900 m.
Standort: Auf Ödland, im Gebüsch, an Böschungen, im lichten Kiefernwald, in Zypressenbeständen.
Bastarde: Selten mit *O. argolica, ferrum-equinum* und *sphegodes.*
Bildnachweis: 11. 4. 1979, Tripolis (Griechenland), M. Kalteisen.
Das Bild zeigt die ganzrandige Lippe, deren Rand gelb gesäumt ist. Die Zeichnung ist H-förmig auf dunkelviolettem Grund.

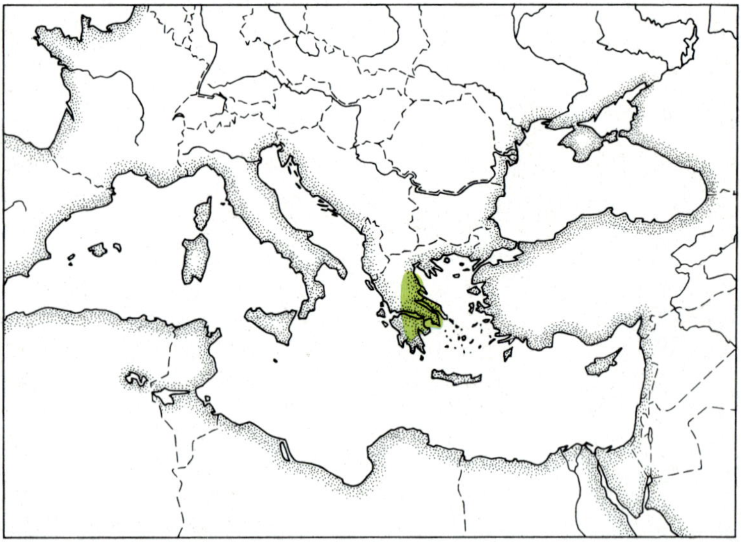

Óphrys apífera HUDS.
Bienen-Ragwurz

Beschreibung: Pflanze 20–60 cm hoch. Grundständige Laubblätter 2–4, länglich-lanzettlich, spitz, lebhaft grün, nach oben 3–4 stengelumfassende Blätter. Blütenstand bis zu 25 cm lang, ziemlich locker, 2- bis 8blütig, selten mehr. Blüten ziemlich groß. Tragblätter lanzettlich, hellgrün, länger als der Fruchtknoten. *Sepalen* abstehend bis zurückgeschlagen, ziemlich groß, eiförmig-länglich, stumpf, 12–16 mm lang, 5–9 mm breit, *rosa oder weißlich-grünlich,* mit grünen Nerven. *Petalen* klein bis verlängert, dreieckig, fadenförmig oder zungenförmig, grünlich oder wie die Sepalen gefärbt, am Rande *dicht behaart. Lippe* am Grunde *tief dreilappig,* rundlich verkehrteiförmig, *stark gewölbt,* samtartig, 10–12 mm lang, dunkelbraun. Seitenlappen schief dreieckig, gehöckert, außen dicht zottig bräunlich oder goldgelb behaart. Mittellappen mit zurückgeschlagenen Rändern. *Anhängsel* gelblichgrün, *unter die Lippe zurückgebogen.* Zeichnung bänderartig, weißlich-gelblich. *Anthere mit einem 1,5–2 mm langen, geschnäbelten Fortsatz.* Durch Herabsinken der Pollinien auf die Narbe tritt regelmäßig Selbstbestäubung ein.
Blütezeit: Von Ende März (Südosteuropa) bis Juli (Mitteleuropa).
Höhenverbreitung: Von der Küste bis 1800 m (Marokko).
Standort: In feuchten und trockenen Magerwiesen, auf Ödland, im Gebüsch.
Bastarde: Mit *O. bertolonii, candica, holosericea, insectifera, oestrifera, scolopax.*
Bildnachweis: Oben links: 18. 6. 1974, Elsaß. – Oben rechts: 25. 6. 1973, Istein (Baden-Württemberg). – Unten links: 29. 6. 1969, Tübingen (Baden-Württemberg), alle H. Baumann. – Unten rechts: 25. 5. 1980, Salerno (Süditalien), M. Kalteisen.

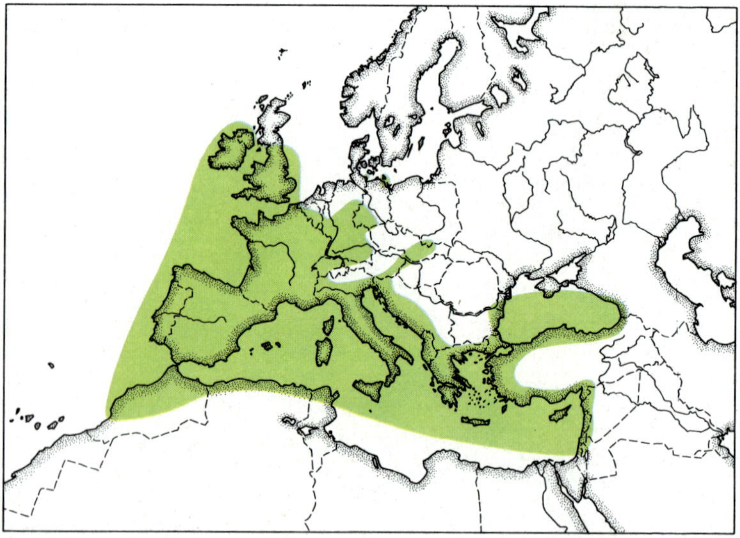

Óphrys arachnitifórmis GREN. & PHIL.
Spinnenähnliche Ragwurz

Beschreibung: Pflanze 15–40 cm hoch. Laubblätter 4–7, an der Basis gehäuft, eiförmig-lanzettlich, stumpf, 5–10 cm lang, 0,8–1,8 cm breit, oberwärts am Stengel 2–3 kräftige Hochblätter. Blütenstand locker, bis 9 cm lang, 2- bis 9blütig. Tragblätter lanzettlich, länger als der Fruchtknoten. *Sepalen rosa,* seltener purpurviolett, *weißlich* oder hellgrün, die seitlichen länglich-eiförmig, etwa 10 mm lang, stumpf, abstehend, das mittlere Sepalblatt aufgerichtet bis leicht vornübergeneigt, schmaler. *Petalen* länglich-dreieckig- oder schmal-lanzettlich, *6–7 mm lang,* dunkler getönt als die Sepalen, oft am Rande gewellt, kahl bis dicht behaart. *Lippe rundlich,* 8–10 mm lang und breit, zumeist *ganzrandig,* samtig behaart, gegen die Ränder stärker behaart, Randzone kahl und zumeist heller getönt, im oberen Teil mit breiten, stumpfen, kurzen Höckern, dunkel- bis rotbraun. Kleines Anhängsel meist vorhanden, abwärts bis leicht aufwärts gerichtet. *Zeichnung im oberen bis mittleren Teil der Lippe, zumeist H-förmig,* blau oder dunkelviolett, mit weißlichen oder gelben Rändern.
Blütezeit: Von März bis Mai.
Höhenverbreitung: Von der Küste bis 1200 m.
Standort: Auf Ödland, im Gebüsch und im lichten Kiefernwald.
Bastarde: Mit *O. araneola, atrata, bertolonii, bombyliflora, fusca, holosericea, lunulata, scolopax* subsp. *scolopax, tenthredinifera, sphegodes, vernixia.*
Bildnachweis: 19. 4. 1980, Grosseto (Norditalien), H. Baumann.

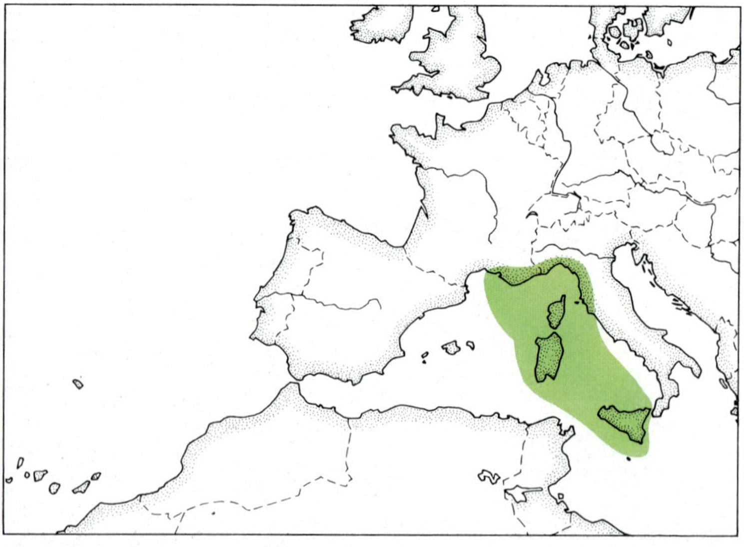

Óphrys aranéola REICHENB.
Kleine Spinnen-Ragwurz

Beschreibung: Pflanze 20–45 cm hoch. Laubblätter 4–6, am Grunde gehäuft, elliptisch, sowie oberwärts 2–3 stengelumfassende Hochblätter. *Blütenstand* zumeist ziemlich verlängert, locker, *6- bis 15blütig.* Blüten ziemlich klein. Tragblätter lanzettlich, die unteren länger als die Blüten. *Sepalen* hellgelblich-grün bis *olivgrün,* länglich-eiförmig, stumpflich, die seitlichen abstehend, das mittlere Sepal aufgerichtet bis leicht vornübergebeugt, an den Rändern zurückgerollt. *Petalen* linealisch, abgestumpft, am Rande bisweilen gewellt, kahl, *1/2 bis 2/3 so lang wie die Sepalen,* hellgelblich-grün bis dunkelviolett-grün, am Rande bisweilen orangegelb. *Lippe ziemlich klein, fast kreisrund,* 5–8 mm lang und breit, ziemlich flach bis leicht gewölbt, zumeist ungehöckert, selten mit kleinen, stumpfen Höckern, im Zentrum samtig, gegen die Ränder hin kurz behaart, *Randpartie* kahl, zumeist *gelb. Zeichnung* im oberen und mittleren Teil, zumeist *aus querverbundenen Längsleisten bestehend,* graublau oder bräunlich, weißlich gerändert. *Anhängsel fehlend* bis ganz winzig.
Blütezeit: Von April bis Mai.
Höhenverbreitung: Von der Küste bis 1100 m.
Standort: Im trockenen Magerrasen, im Gebüsch und in lichten Kiefernwäldern, auf Kalk und Kalkmergeln.
Bastarde: Mit *O. arachnitiformis, atrata, bertolonii, holosericea, insectifera* und *sphegodes.*
Bildnachweis: 1. 5. 1976, Kaiserstuhl (Baden-Württemberg) H. Baumann.
Das Bild zeigt die kleine ganzrandige Lippe, die am Rande gelb gesäumt ist.

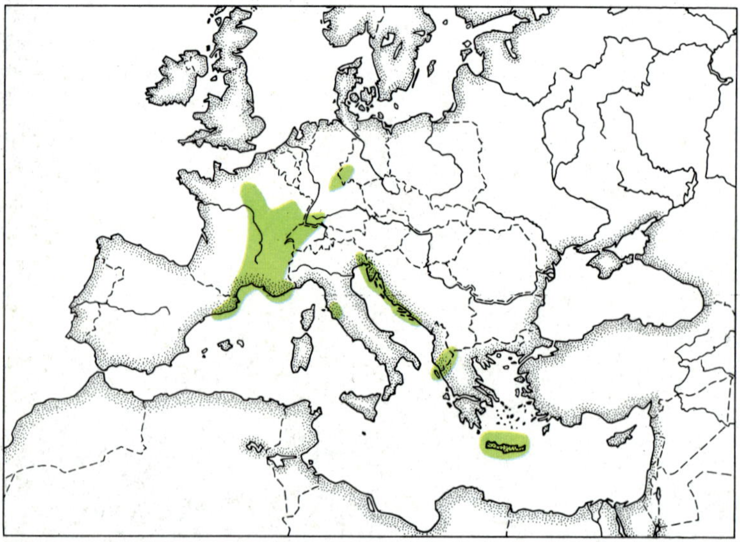

Óphrys argólica H. Fleischmann
Argolische Ragwurz

Beschreibung: Pflanze 15–40 cm hoch. Laubblätter 4–6, am Grunde rosettig gehäuft, länglich- bis breit-lanzettlich aufgerichtet bis abstehend, nach oben 1–2 stengelumfassende Hochblätter. Blütenstand langgestreckt, bis zu 10 cm lang, ziemlich locker, 2- bis 10blütig. Tragblätter lanzettlich, lang zugespitzt, doppelt bis so lang wie der Fruchtknoten. *Sepalen* länglich, ziemlich stumpf, 12–15 mm lang, 6–8 mm breit, an den Rändern eingerollt, *hell- bis dunkelviolett,* mit grünen Mittelnerven, die seitlichen abstehend, das mittlere aufgerichtet. *Petalen zungenförmig,* 6–8 mm lang, 3–5 mm breit, zumeist etwas dunkler getönt, *kurz-samtig behaart,* am Rande bisweilen leicht gewellt. *Lippe rundlich,* meist *ungeteilt,* 12 mm lang, 13 mm breit, schwach gewölbt, *ungehöckert,* leuchtend *kirschrotbraun* bis dunkelrotbraun, *oberwärts dicht weißlich behaart,* vorne mit kleinem gelbgrünen bis rötlichbraunen, abwärts gerichteten Anhängsel. *Zeichnung in der Mitte der Lippe* zumeist *zwei isolierte tropfenförmige, bläuliche Flecken,* die oben oder unten bogig verbunden sein können. Die Säule ist am Rande weiß.
Blütezeit: Von März bis Mai.
Höhenverbreitung: Von der Küste bis 800 m.
Standort: Auf Ödland, im Gebüsch, in der Felsflur, in lichten Kiefernwäldern, bevorzugt auf Kalk.
Bastarde: Mit *O. aesculapii, mammosa, oestrifera, spruneri, tenthredinifera, vernixia.*
Bildnachweis: 15. 4. 1972, Nafplion (Griechenland), H. Baumann.
Das Bild zeigt die ganzrandige rotbraun gefärbte Blütenlippe.

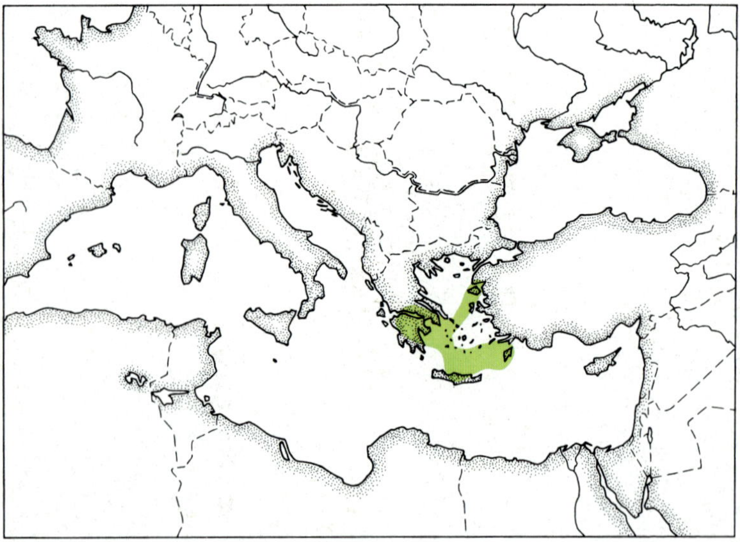

Óphrys atlántica Munby
Atlas-Ragwurz

Beschreibung: Pflanze 12–25 cm hoch. Laubblätter 3–5, am Grunde rosettig gehäuft, das oberste als stengelumfassendes Hochblatt. Blütenstand locker, 1- bis 4blütig. *Blüten ziemlich groß.* Tragblätter breit-lanzettlich, bauchig, länger als der Fruchtknoten. *Sepalen gelbgrün bis grün,* länglich-eiförmig, die seitlichen zugespitzt, an den Rändern zurückgerollt, abstehend, das mittlere Sepalblatt stark vornübergeneigt. *Petalen* linealisch, abgestumpft, *fast so lang wie die Sepalen,* kahl, an den Rändern leicht gewellt, gelblichgrün, meist bräunlich überlaufen. *Lippe* groß, 15–25 mm lang, 12–15 mm breit, am Grunde flach gewölbt und ohne Einschnitt, *in der Mitte sattelförmig gewölbt,* im vorderen Teil dreilappig, ziemlich lang behaart, dunkel purpurviolett. Mittellappen kurz und schmal, ziemlich flach. Seitenlappen stark zurückgekrümmt. *Zeichnung* im oberen Teil, zumeist *ein großer Flecken, bläulich* mit weißlichen Haaren. Ohne Anhängsel.
Blütezeit: Von März bis Mai.
Höhenverbreitung: Von der Küste bis 1500 m.
Standort: Auf Ödland, im Gebüsch, auf Kalk.
Bastarde: Nachgewiesen mit *O. dyris, fusca* und *lutea.*
Bildnachweis: 10. 4. 1974, Beni Snassen-Gebirge (Nordostmarokko), H. Baumann. Das Bild zeigt die sattelartig gekrümmte Blütenlippe mit der blauen Malzeichnung. Der Lippengrund ist nicht eingeschnitten, das mittlere Sepal ist über die Säule geneigt, die Petalen sind lang und stark gewellt.

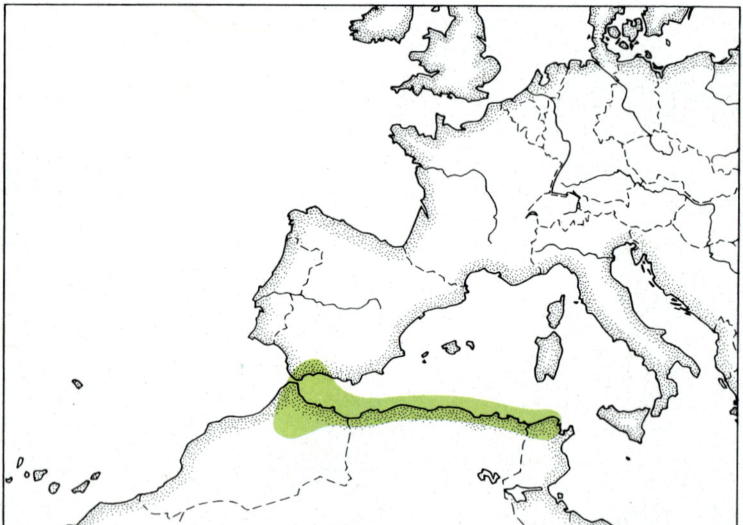

Óphrys atráta LINDL.
Schwarze Ragwurz

Beschreibung: Pflanze 20–40 cm hoch. Laubblätter 5–6, am Grunde rosettig gehäuft, eiförmig-lanzettlich, nach oben 1–2 stengelumfassende Hochblätter. Blütenstand 4- bis 8blütig. Tragblätter lanzettlich, länger als der Fruchtknoten. *Sepalen* länglich-eiförmig, stumpf bis zugespitzt, 10–15 mm lang, hell- bis *dunkelgrün,* abstehend. *Petalen* dreieckig, länglich-eiförmig bis linealisch, 6,5–9 mm lang, 3–5 mm breit, kahl, *am Rande gewellt, gelblichgrün,* bisweilen purpurn überlaufen. *Lippe rundlich,* 8–14 mm lang und breit, vorne ausgerandet, *ungeteilt, am Lippenansatz* stark *eingeschnürt,* im oberen Teil der Lippe *stark gehöckert,* stumpf bis zugespitzt, Höcker seitwärts bis abwärts gerichtet, innen kahl, glänzend blau, *Außenrand der Lippe langzottig,* dicht, dunkelrotbraun bis schwarzpurpurn behaart, Lippe nur kurz papillös, schwarzbraun oder schwarzviolett. *Zeichnung besteht aus zwei langen, parallelen, auf die beiden Höcker ausladenden Streifen,* die am Grunde miteinander verbunden sind, stahlblau, bisweilen bräunlich, weißlich gerändert.
Blütezeit: Von März bis Mai.
Höhenverbreitung: Von der Küste bis 800 m.
Standort: Auf Ödland, im Gebüsch, im lichten Kiefernwald.
Bastarde: Mit *O. araneola, arachnitiformis, bertolonii, bombyliflora, garganica, exaltata, fusca, lunulata, oestrifera* subsp. *oestrifera, scolopax* subsp. *scolopax, sphegodes, tenthredinifera, vernixia.*
Bildnachweis: 15. 4. 1981, Istrien bei Pula (Nordjugoslawien), H. Baumann.

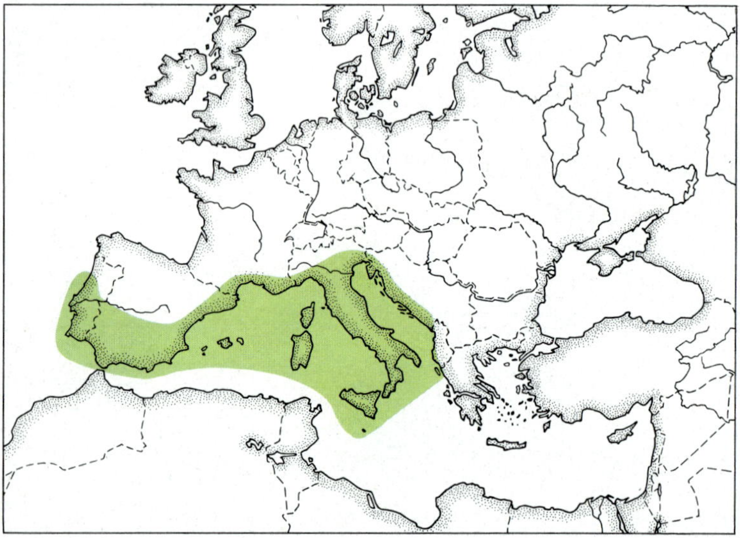

Óphrys áttica (BOISS. & ORPH.) B. D. JACKS.
Attische Ragwurz

= O. carmeli

Beschreibung: *Pflanze gedrungen,* 10–25 cm hoch. Laubblätter 4–6, am Grunde rosettig angeordnet, länglich-lanzettlich, aufgerichtet bis abstehend, 5–9 cm lang, 1,5–2 cm breit. Blütenstand breit-zylindrisch, bis zu 10 cm lang und 6 cm breit, Blüten schräg abstehend, leicht spiralförmig angeordnet, 3- bis 10blütig. Tragblätter schmal-lanzettlich, spitz bis zugespitzt, unten die Blüten deutlich überragend, oben etwa so lang wie die Blüten. *Perigonblätter* lebhaft *grün.* Sepalen länglich, stumpf, dreinervig, 9–13 mm lang, 4–7 mm breit, die seitlichen abstehend, *das mittlere Sepalblatt stark nach vorne gekrümmt. Petalen dreieckig*-verlängert, einnervig, 3,5–6,5 mm lang, 2–2,5 mm breit, oberseits und am Rande *dicht papillös behaart. Lippe* im oberen Teil *tief dreilappig,* 10–11 mm lang, 6–7 mm breit. Seitenlappen schief dreieckig, aufgerichtet bis zurückgeschlagen, nach oben in Höcker verlängert, außen dicht, lang bräunlich behaart. *Mittellappen* aus verschmälerter Basis längsoval, ziemlich *gewölbt, Seitenränder* herab- bis *zurückgeschlagen,* dunkelbraun, vorne ein kurzes breites, meist leicht nach oben gerichtetes gelbgrünes Anhängsel. *Zeichnung* gelblich, *über die Lippe verteilt,* aus gekrümmten Linien und Flecken bestehend.
Blütezeit: Von März bis Mai.
Höhenverbreitung: Von der Küste bis 400 m.
Standort: Auf Ödland, im Gebüsch, an rasigen Stellen.
Bastarde: Mit *O. bombyliflora, oestrifera* subsp. *oestrifera, reinholdii.*
Bildnachweis: 14. 4. 1972, Imittos bei Athen (Griechenland), H. Baumann.

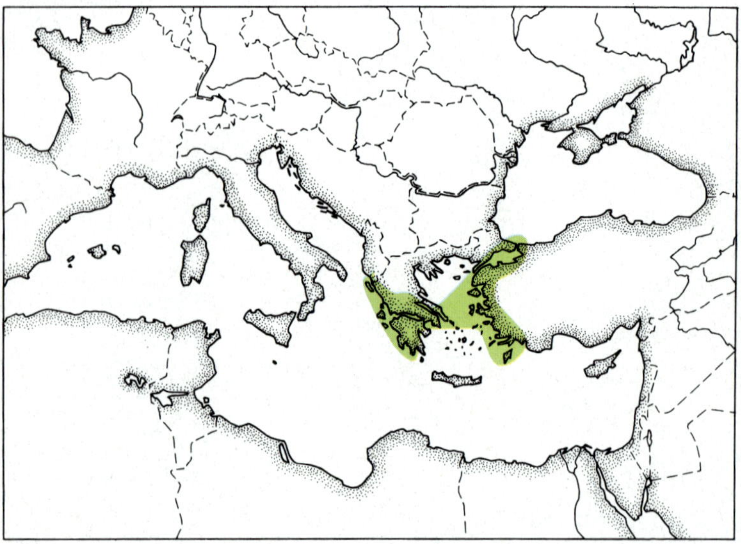

Óphrys bertolónii MORETTI
Bertolonis Ragwurz

Beschreibung: Pflanze 15–35 cm hoch. Laubblätter 4–7, am Grunde gehäuft, bläulichgrün, nach oben 1–2 stengelumfassende Hochblätter. Blütenstand locker, 3- bis 8blütig. Tragblätter eiförmig-lanzettlich, länger als der Fruchtknoten. *Blüten ziemlich groß.* Sepalen breit-eiförmig bis länglich-eiförmig, zumeist etwas zugespitzt. 10–18 mm lang, hell- bis dunkel-rosaviolett, zuweilen weißlich, abstehend bis zurückgeschlagen. Petalen lineal-lanzettlich, 6–11 mm lang, 2–4 mm breit, rosaviolett, meist dunkler getönt als die Sepalen, am Rande kurz papillös. *Lippe* länglich-eiförmig, 10–15 mm lang, 10–13 mm breit, *nach unten gebogen und im vorderen Teil sattelförmig aufgewölbt, ungehöckert, schwarzpurpurn, stark behaart,* am dichtesten und längsten gegen die Ränder, vorne meist tief ausgerandet mit einem aufwärts gerichteten, grünlich-bräunlichen Anhängsel. *Zeichnung schildförmig, im vorderen Teil der Lippe,* stahlblau bis violett, weißlich gerändert.
Blütezeit: Von März bis Anfang Juni.
Höhenverbreitung: Von der Küste bis 800 m.
Standort: Auf Ödland, im Gebüsch, in Steinfluren und in lichten Wäldern.
Bastarde: *O. apifera, araneola, atrata, arachnitiformis, bombyliflora, fusca, holosericea, insectifera, lunulata, lutea, scolopax, sphegodes, tenthredinifera, vernixia.*
Bildnachweis: Oben links: 15. 4. 1980, Gela (Sizilien, typische Form). – Oben rechts: 25. 5. 1980, Barcelona (Spanien = *O. catalaunica* O. & E. DANESCH). – Unten links: 10. 4. 1980, Formentor (Mallorca), V. Hoffmann. – Unten rechts: 20. 5. 1977, Trient (Norditalien = *O. benacensis* DANESCH & al.), alle übrigen H. Baumann.

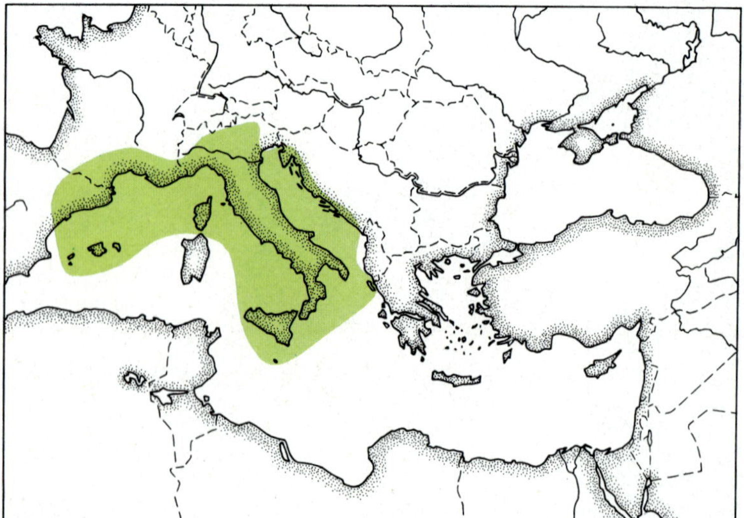

Óphrys bombyliflóra LINK
Drohnenragwurz

Beschreibung: *Pflanze gedrungen,* 10–25 cm hoch. Laubblätter 4–8, am Grunde rosettig gehäuft, länglich-lanzettlich, spitz, bläulichgrün, nach oben 1–2 stengelumfassende Hochblätter. Blütenstand gedrängt, 1- bis 5blütig. Tragblätter eiförmig, spitz, meist kürzer als der stark verlängerte (bis zu 3 cm) Fruchtknoten. *Sepalen eiförmig, stumpf,* 9–12 mm lang, *hellgrün, Petalen dreieckig, stumpflich,* 3–4 mm lang, gelblich-grün, am Grunde oft bräunlich, *weißlich behaart. Lippe* länglich-eiförmig, ziemlich klein, 8–10 mm lang, im oberen Teil tief *dreilappig,* braun bis dunkelbraun, in der Mitte nur ganz kurz papillös, an Randzonen etwas stärker behaart, *ohne Anhängsel. Seitenlappen* lang, aus breiter Basis spitzlich zulaufend, seitlich abstehend, nach oben stark gewölbt, *höckerartig,* seitlich abstehend, Höcker innen kahl, glänzend, außen dicht zottig behaart. *Mittellappen* mit stark zurückgeschlagenen Seitenrändern, daher *halbkugelig*-aufgeblasen wirkend. Zeichnung schildförmig, bisweilen zweigeteilt, bläulichviolett, heller gerändert. *Säulchen mit kurzer, stumpfer Spitze.*
Blütezeit: Von März bis Mai.
Höhenverbreitung: Von der Küste bis 900 m.
Standort: Auf Ödland, im Gebüsch, in frischen bis feuchten Wiesen, im lichten Nadelwald.
Bastarde: Mit *O. arachnitiformis, atrata, attica, bertolonii, doerfleri, ferrum-equinum, holosericea, lutea, oxyrrhynchos, scolopax* subsp. *scolopax, sphegodes, tenthredinifera, vernixia.*
Bildnachweis: 16. 4. 1979, Monte Gargano (Süditalien), W. Hiller.

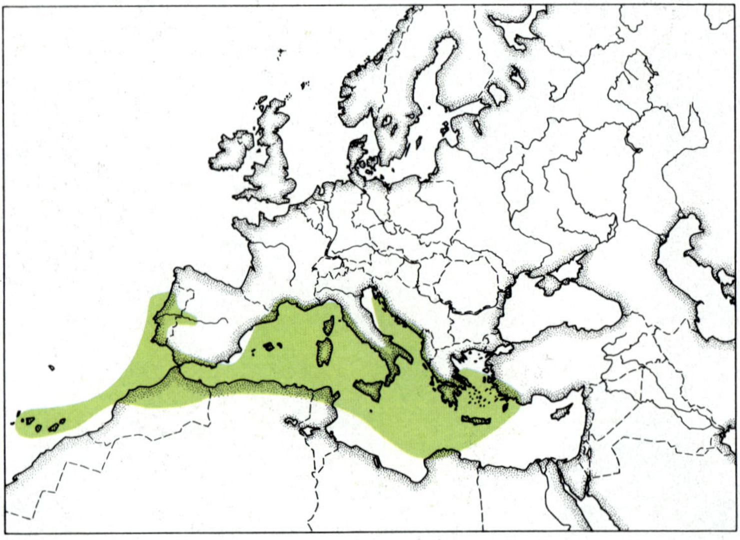

Óphrys bórnmuelleri M. SCHULZE
Bornmüllers Ragwurz

→ O. fuciflora

Beschreibung: Pflanze 10–40 cm hoch. Laubblätter 3–4, am Grunde gehäuft, aufrecht bis abstehend, länglich oder elliptisch, spitz oder kurz zugespitzt, bis 12 cm lang, 1,5–3 cm breit. Blütenstand 3–15 cm lang, 3- bis 10blütig. Tragblätter lanzettlich, fast doppelt so lang wie der Fruchtknoten. Sepalen eiförmig-länglich, stumpf, 8–14 mm lang, 4–8 mm breit, grünlich bis weißlich, die seitlichen abstehend, das mittlere leicht nach vorne geneigt. *Petalen* auffallend *klein,* dreieckig, 2–3 mm lang, 1,5–3 mm breit, grünlich oder rosaviolett, *dicht weißlich behaart. Lippe* fast quadratisch, leicht gewölbt, 7–12 mm lang, 10–14 mm breit, *deutlich gehöckert,* braun, im Zentrum dunkelbraun, *gegen den Rand dicht zottig silbrigglänzend behaart.* Anhängsel gelbgrün, aufwärts gerichtet, breit und kurz. *Zeichnung* blauviolette oder gelblichbraune Streifen und Flecken, *nur im oberen Teil der Lippe.*
Blütezeit: Von März bis Mai.
Höhenverbreitung: Von der Küste bis 1000 m.
Standort: Auf Ödland, an Böschungen, im Gebüsch, zumeist auf Kalk.
Bastarde: Nachgewiesen mit *O. holosericea, mammosa, umbilicata.*
Bildnachweis: 25. 3. 1978, Mte. Carmel bei Haifa (Israel), H. Baumann.
Das Bild zeigt die ungeteilte Lippe, die zwei Höcker besitzt und am Rande mit langen und violetten Haaren besetzt ist. Gut zu erkennen sind die extrem kurzen Petalen, die ein wichtiges Bestimmungsmerkmal darstellen.

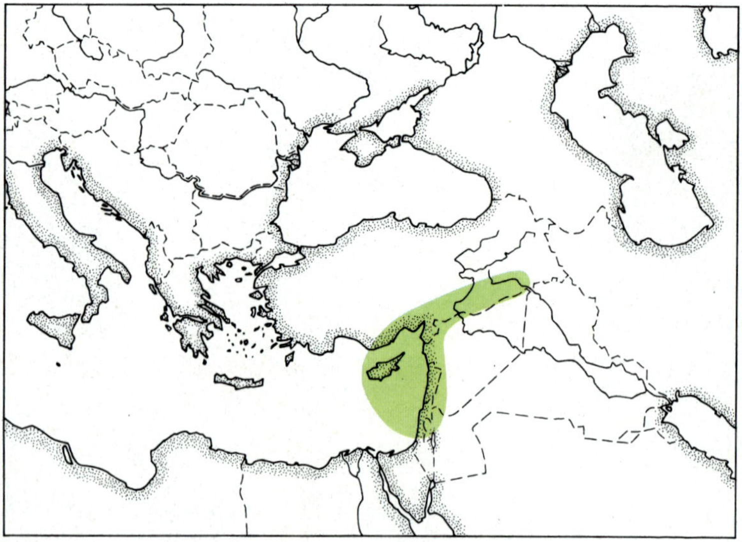

Óphrys cándica (E. Nelson ex Soó) H. Baumann & Kuenkele
Weißglanz-Ragwurz

→ O. luciflora

Beschreibung: Pflanze schlank, 20–40 cm hoch. Laubblätter 3–5, am Grunde rosettig gehäuft, länglich-eiförmig, stumpf, nach oben 1–2 stengelumfassende Hochblätter. Blütenstand locker, 3- bis 6blütig. Tragblätter länglich, länger als der Fruchtknoten. Sepalen länglich-eiförmig, abgerundet, dunkel rosaviolett mit grünen Mittelnerven, abstehend, das mittlere aufgerichtet bis etwas zurückgeschlagen. *Petalen* dreieckig, *sehr kurz,* 1/4 bis 1/6 so lang wie die Sepalen, *stark weißlich behaart,* dunkler getönt als die Sepalen. *Lippe* rechteckig-abgerundet, *ziemlich flach, ganzrandig,* ungehöckert bis schwach gehöckert, dunkelbraun bis rotbraun, gegen die Lippenränder silbrigglänzend seidig behaart, obere Partien dicht braun behaart. *Zeichnung im oberen Teil der Lippe, schildförmig, unscharf gegliedert,* äußere Teile hellgelblich bis weißlich, oft durch gekrümmte Linien miteinander verbunden. Anhängsel kräftig, gelblichgrün, aufwärts gerichtet.
Blütezeit: Von April bis Mai.
Höhenverbreitung: Von der Küste bis 700 m.
Standort: Auf Ödland, im Gebüsch, an rasigen Stellen, vor allem auf Kalk und Mergelböden.
Bastarde: Mit *O. apifera, holosericia, tenthredinifera.*
Bildnachweis: 1. 4. 1970, Embonas (Rhodos), H. Baumann.

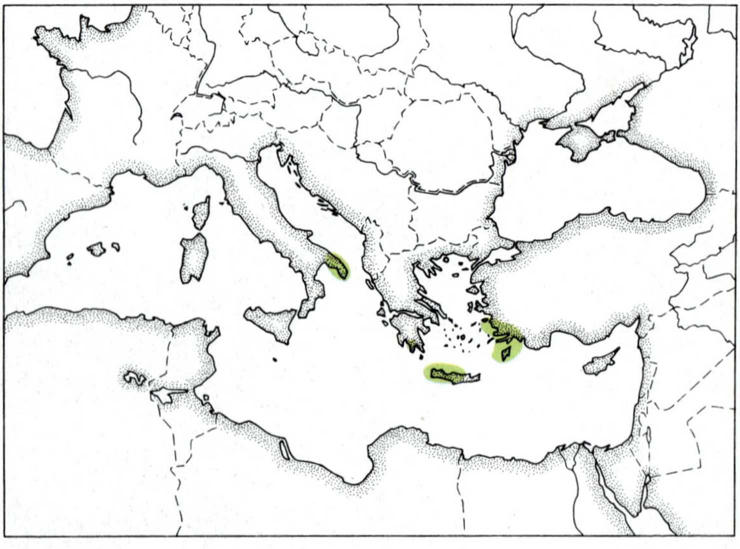

Óphrys cilícica R. Schlechter
Zilizische Ragwurz

Beschreibung: Pflanze schlank, aufrecht, 15–60 cm hoch. Laubblätter 3–5, blaß grün, niederliegend bis aufrecht, am Grunde zusammengedrängt, schmal-elliptisch, zugespitzt, 8–13 cm lang, 1,3–2 cm breit. Blütenstand langgestreckt, 6–16 cm lang, locker, 3–12blütig. Tragblätter schmal-lanzettlich, die unteren die Blüten etwas überragend, nach oben etwas kürzer werdend. Blüten ziemlich klein, aufrecht. *Seitliche Sepalen* breit-länglich, stumpflich, meist *abwärts weisend, 9–12 mm lang,* 4–5 mm breit, weißlichgrün, rosa überlaufen. Mittleres Sepal breit-lanzettlich, etwas kürzer, vornübergeneigt bis leicht zurückgeschlagen. *Petalen lineal,* einnervig, *oben dicht papillös, 4–6 mm lang,* 1–1,5 mm breit. *Lippe* weißlichgrün. Im oberen Teil breit *dreilappig,* mittel- bis dunkelbraun, 10–12 mm lang. *Mittellappen* meist *schmal* erscheinend, da seitlich eingerollt, 6–9 mm breit. *Malzeichnung flächig-weiß,* zumeist zweischenklig, *Anhängsel sehr klein,* spitz, abwärts gerichtet. Seitenlappen abstehend, 3 mm lang, 1–1,5 mm breit, meist gehöckert, grünlich bis bräunlich, dicht behaart.
Blütezeit: Von April bis Mai.
Höhenverbreitung: Von der Küste bis 1000 m.
Standort: Frische bis trockene Wiesen, an Berghängen, auf Kalk.
Bastarde: Nachgewiesen mit *O. straussii.*
Bildnachweis: 28. 5. 1980, Akseki (Südtürkei), H. Baumann.
Das Bild zeigt die kleinblütige Pflanze mit den zungenförmigen, behaarten Petalen und der am Lippengrund eingeschnürten Lippe, die kleine Seitenlappen besitzt.

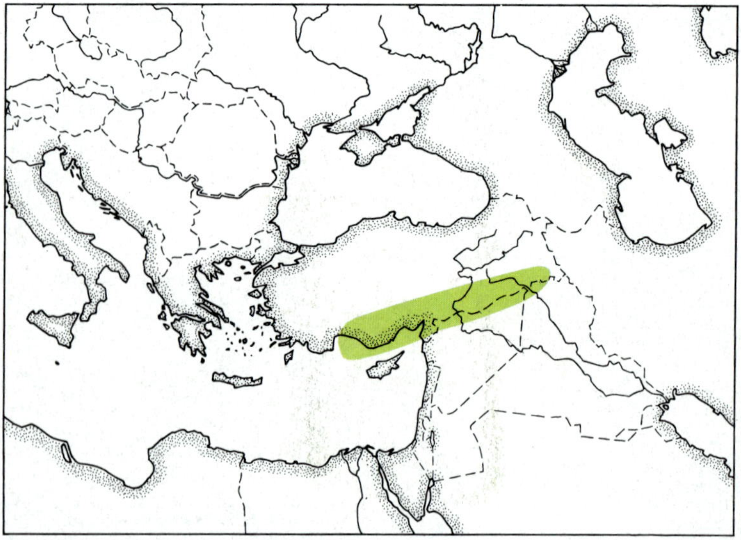

Óphrys delphinénsis O. & E. DANESCH
Griechische Ragwurz

Beschreibung: Pflanze 20–40 cm hoch. Laubblätter 3–6, am Grunde rosettig gehäuft, länglich bis lanzettlich, bläulichgrün, nach oben 1–2 stengelumfassende Hochblätter. Blütenstand gestreckt, bis zu 10 cm lang, ziemlich locker, 3- bis 10blütig. Tragblätter lineal-lanzettlich, lang zugespitzt, länger als der Fruchtknoten. Blüten mittelgroß. Sepalen länglich-eiförmig, ziemlich stumpf, 12–15 mm lang, 6–8 mm breit, intensiv rosa, die seitlichen abstehend, schräg nach abwärts gerichtet, das mittlere Sepalblatt aufgerichtet bis leicht nach vorne gekrümmt, etwas schmäler. *Petalen* zungenförmig, ziemlich abgestumpft, 4,5–7 mm lang, 2,5–3,5 mm breit, kurz samtig *behaart,* zumeist etwas dunkler getönt als die Sepalen. *Lippe* oval, 10–12 mm lang, 9–10 mm breit, ziemlich gewölbt, im oberen Teil *dreilappig, rötlichbraun,* kurz papillös, *an den Schulterpartien* dicht und lang *behaart. Seitenlappen* zurückgeschlagen, nach oben *in kurze* bis mäßig lange, stumpfliche *Höcker aufgezogen, außen dicht behaart.* Mittellappen mit zurückgeschlagenen Seitenrändern. Anhängsel ziemlich groß, gelblichgrün bis bräunlich, abwärts bis leicht aufwärts gerichtet. *Zeichnung im oberen Teil,* variabel, *aus* hellen gesäumten *violetten Flecken bestehend.*
Blütezeit: Von April bis Mai.
Höhenverbreitung: Von der Küste bis 900 m.
Standort: Auf Ödland, im Gebüsch, in lichten Kiefernwäldern.
Bastarde: Selten mit *O. spruneri.*
Bildnachweis: 9. 4. 1979, Kalawrita (Griechenland), M. Kalteisen.

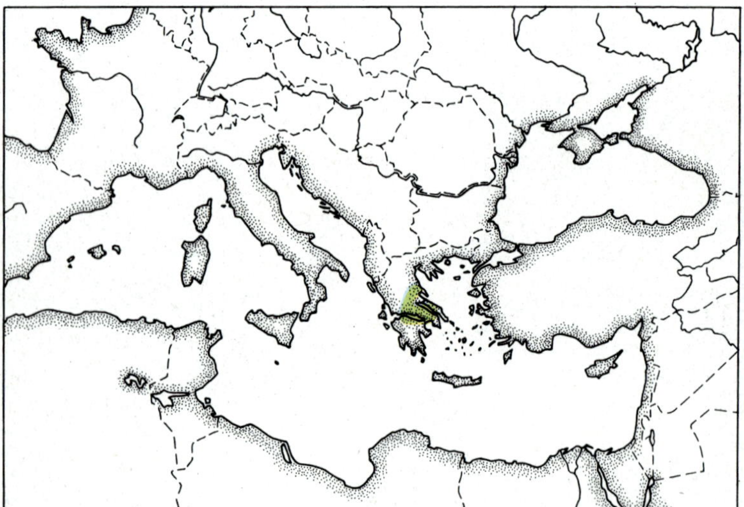

Óphrys doérfleri H. FLEISCHMANN
Dörflers Ragwurz

Syn: O. cretica

Beschreibung: Pflanze 15–30 cm hoch. Laubblätter 3–6, am Grunde rosettig gehäuft, länglich-lanzettlich, spitz stengelumfassende Hochblätter 1–2. Blütenstand locker, 2- bis 8blütig. Tragblätter lanzettlich, so lang wie die Blüten. *Seitliche Sepalen* länglich-eiförmig, 8–10 mm lang, stumpf, 3-nervig, abstehend, *olivgrün,* zumeist auf der unteren Hälfte purpurn überlaufen oder gefleckt. Mittleres Sepalblatt aufgerichtet bis leicht nach vorne gebeugt. *Petalen* länglich-dreieckig, zugespitzt, 4–6 mm lang, kurz, aber ziemlich dicht *behaart, dunkelgrün* bis dunkelpurpurn. *Lippe* breit-eiförmig, 11–14 mm lang, im oberen Teil *dreilappig,* leicht bis deutlich gehöckert, *schwarzpurpurn.* Seitenlappen elliptisch, gewölbt, abstehend, bis schräg abwärts gerichtet, dicht dunkelpurpurn bis schwarz behaart. Mittellappen groß, breit-herzförmig, *Seitenränder* stark *zurückgeschlagen,* nach vorne in ein bräunlichgrünes, kleines Anhängsel ausgezogen. *Zeichnung* über die Lippe verteilt bis stark reduziert, *weiß,* Kernzonen violett bis bläulich, zumeist aus zwei verbundenen Längslinien bestehend. Narbenhöhle rein weiß.
Blütezeit: Von März bis April.
Höhenverbreitung: Von der Küste bis 1100 m.
Standort: Auf Ödland, im Gebüsch, bevorzugt auf Kalk oder Mergel.
Bastarde: Selten mit *O. bombyliflora* und *O. sphegodes.*
Bildnachweis: 15. 4. 1974, Kawusi (Ostkreta), H. Baumann.

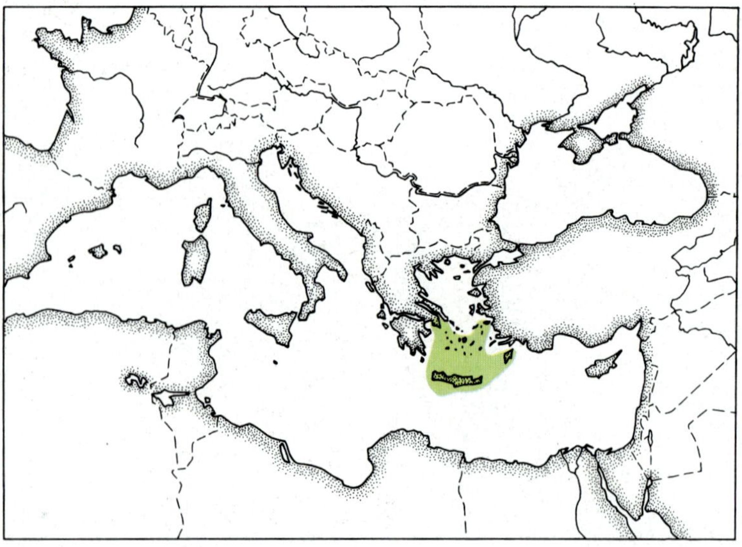

Óphrys dýris MAIRE
Marokkanische Ragwurz

→ O. omegaifera

Beschreibung: Pflanze 10–25 cm hoch. Laubblätter 4–6, am Grunde rosettig gedrängt, breit-eiförmig, zugespitzt, nach oben 1–2 stengelumfassende Hochblätter. Blütenstand gedrängt, 3- bis 5blütig. Blüten abstehend, mittelgroß. Tragblätter lanzettlich, länger als der Fruchtknoten. *Sepalen grün,* breit länglich-eiförmig, zugespitzt, 12–15 mm lang, die seitlichen abstehend bis nach vorne gekrümmt, das mittlere Sepalblatt mit eingerollten Seitenrändern, stark vornübergeneigt. *Petalen lineal,* abgestumpft, *am Rande* zumeist stark *gewellt,* 7–8 mm lang, grün, zumeist purpurn-bräunlich überlaufen. *Lippe* mittelgroß, 13–15 mm lang, 10–14 mm breit, *am Grunde ohne Lippeneinschnitt, knieförmig gebogen,* aus ziemlich breitem Grunde länglich-oval, in der unteren Hälfte tief dreilappig, *rötlichviolett,* an den Rändern violett bis rotviolett dicht pelzig behaart. Seitenlappen länglich, abgerundet, schräg abstehend bis schwach zurückgeschlagen. Mittellappen breit-lineal, nach vorne etwas verbreitert, abgerundet-ausgerandet, mäßig zurückgebogen, ungehökkert.. *Zeichnung im oberen Teil,* schildförmig, *rotviolett* bis violett, *untere Umrandung Omega-förmig,* rötlich bis weißlich.
Blütezeit: Von März bis Juni, je nach Höhenlage.
Höhenverbreitung: Von der Küste bis 1800 m.
Standort: Auf Ödland, im Gebüsch, im lichten Kiefernwald.
Bastarde: Mit *O. atlantica* und *O. fusca.*
Bildnachweis: 20. 4. 1974, Alhaurin (Südspanien), H. Baumann.

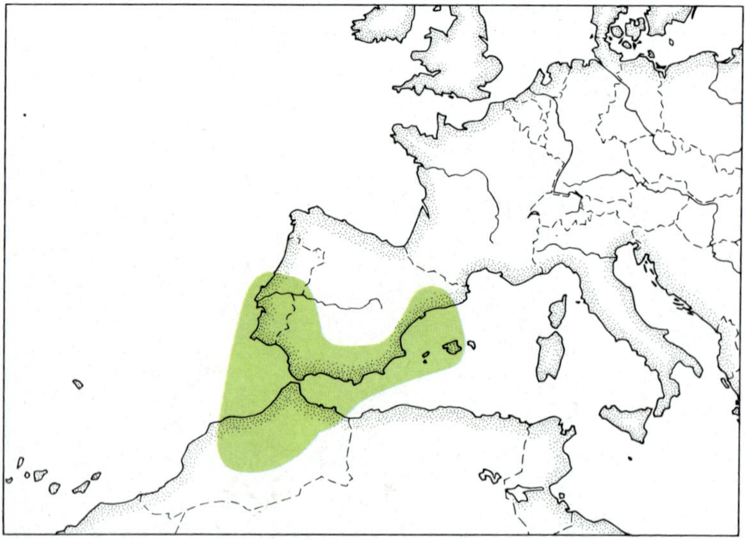

Óphrys élegans (RENZ) H. BAUMANN & KUENKELE
Zierliche Ragwurz

Beschreibung: *Pflanze zierlich,* gedrungen, 10–15 cm hoch. Laubblätter 3–4, am Grunde gehäuft, länglich-elliptisch, sowie 1–2 stengelumfassende Hochblätter. *Blütenstand* locker, *2- bis 3blütig.* Tragblätter länglich-eiförmig, bauchig, länger als der Fruchtknoten. Blüten klein. *Sepalen rosaviolett* mit grünen Mittelnerven, abstehend bis zurückgeschlagen, die seitlichen länglich-eiförmig, 12–15 mm lang, 4–6 mm breit, zugespitzt, das mittlere Sepalblatt schmäler, mit eingerollten Seitenrändern, stumpflich. *Petalen zungenförmig,* abstehend bis leicht zurückgeschlagen, bis 8 mm lang, 3 mm breit, dunkel violettrosa, mit dunklerem Mittelnerv, fein *papillös behaart. Lippe klein,* 10–12 mm lang und breit, fast ungehöckert, ganzrandig mit flacher Lippe oder im oberen Teil tief *dreilappig* mit gewölbter Lippe. Seitenlappen oft abstehend, stark samtig-zottig braunrot bis dunkelviolett behaart. Mittellappen zumeist mit zurückgeschlagenen Seitenrändern, vorne kurz zugespitzt, braunrot bis schwarzviolett, kurz samtig behaart. *Zeichnung* über die Lippe verteilt bis *reduziert,* braunviolett, stahlblau eingefaßt, aus Flecken und Bögen bestehend.
Blütezeit: Von März bis April.
Höhenverbreitung: Von der Küste bis 800 m.
Standort: Auf Ödland, im Gebüsch, in Kiefern- und Zypressenbeständen, bevorzugt auf Kalk und Mergel.
Bastarde: Mit *O. umbilicata.*
Bildnachweis: 25. 3. 1970, Klepini (Zypern), H. Baumann.

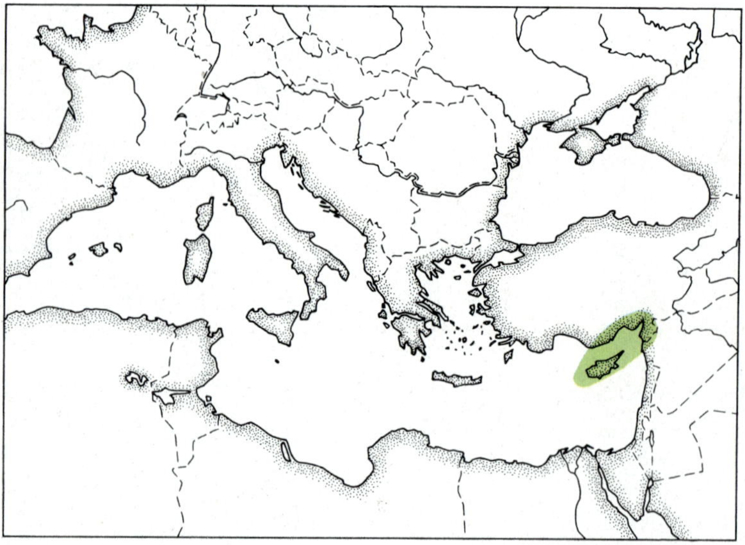

Óphrys exaltáta Ten.
Hochgewachsene Ragwurz

Beschreibung: *Pflanze schlank,* 20–65 cm hoch. Laubblätter 4–6, am Grunde rosettig gehäuft, länglich-lanzettlich, spitz bis zugespitzt, 5–18 cm lang, 1,5–2 cm breit, nach oben 2–4 stengelumfassende Hochblätter. *Blütenstand* meist langgestreckt, bis zu 25 cm lang, *locker,* 3–12blütig. Tragblätter lineal-länglich, länger als der Fruchtknoten. Sepalen länglich-eiförmig, stumpf, 10–12 mm lang, an den Rändern zurückgerollt, rosa, purpurviolett oder grün, abstehend bis leicht zurückgeschlagen. Petalen dreieckig bis lanzettlich, 3–5 mm lang, fast kahl bis stark behaart, hell olivgrün, purpurn überlaufen bis dunkel purpurviolett. *Lippe* oval bis rundlich, nach vorne bisweilen durch zurückgeschlagene Seitenränder verjüngt, zumeist *ungeteilt,* leicht gewölbt, *ungehöckert bis schwach gehöckert, leuchtend rotbraun,* im Zentrum samtartig, gegen die Ränder dicht behaart, oft silbrig glänzend. *Anhängsel* klein bis langgestreckt, gelblichgrün, zumeist *abwärts gerichtet. Zeichnung stark reduziert,* zumeist zwei kleine isolierte Flecken, blauviolett bis purpurn.
Blütezeit: Von März bis April.
Höhenverbreitung: Von der Küste bis 600 m.
Standort: Auf Ödland, an rasigen Stellen, im Gebüsch, in lichten Kiefernwäldern.
Bastarde: Mit *O. atrata, holosericia, sphegodes.*
Bildnachweis: 20. 4. 1977, Castellammare di Stabia (Süditalien), H. Baumann.

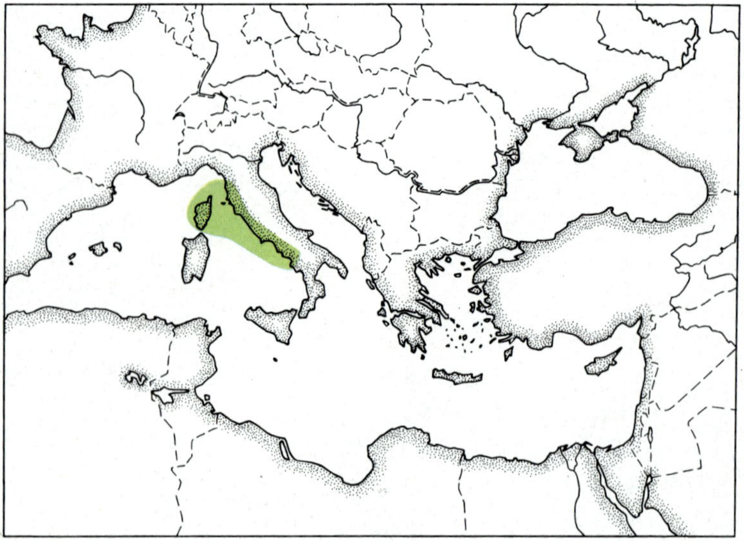

Óphrys férrum-equínum DESF.
Hufeisen-Ragwurz

Beschreibung: Pflanze 10–35 cm hoch. Laubblätter 4–8, am Grunde rosettig gehäuft, lanzettlich, spitz, 5–9 cm lang, 0,9–1,4 cm breit, nach oben 1–2 stengelumfassende Hochblätter. Blütenstand locker, bis zu 15 cm lang, 4- bis 8blütig. Tragblätter zungenförmig, zugespitzt, länger als der Fruchtknoten. Blüten ziemlich groß. *Sepalen* länglich-eiförmig, ziemlich stumpf, 10–15 mm lang, 7–8 mm breit, an den Rändern zurückgerollt, *rosa* bis purpurviolett, bisweilen auch grünlich-weißlich, abstehend bis leicht zurückgeschlagen. *Petalen* lineal-lanzettlich, 7–10 mm lang, 3–4 mm breit, *kahl,* zumeist intensiver getönt als die Sepalen. *Lippe rundlich* bis oval, 10–14 mm lang, 10–14 mm breit, *ungeteilt, ohne Höcker,* ziemlich flach, kurzsamtig behaart, etwas länger an den Seitenrändern behaart, schwarzpurpurn, bisweilen braunrot, vorne mit einem kleinen, spitzen Anhängsel, grünlich-bräunlich, abwärts gerichtet. *Zeichnung* im Zentrum der Mitte, *hufeisenförmig,* bisweilen zu zwei Flecken reduziert, blauviolett, weißlich umrandet.
Blütezeit: Von März bis Mai.
Höhenverbreitung: Von der Küste bis 1000 m.
Standort: Auf Ödland, im Gebüsch, an steinigen Abhängen, bevorzugt auf Kalkböden.
Bastarde: Mit *O. aesculapii, bombyliflora, gottfriediana, mammosa, sphegodes, vernixia.*
Bildnachweis: 10. 4. 1971, Kap Sunion (Südgriechenland), H. Baumann.

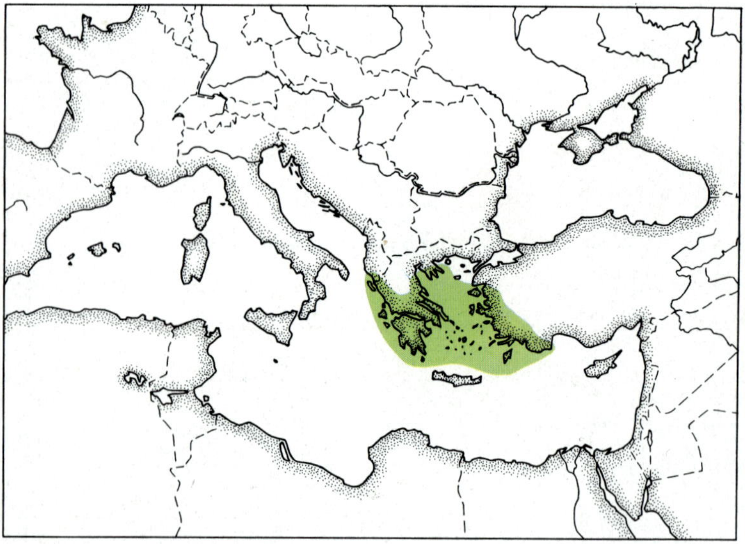

Óphrys flávomargináta (RENZ) H. BAUMANN & KUENKELE
Gelbrandige Ragwurz

Beschreibung: Pflanze kräftig, 15–30 cm hoch. Laubblätter 4–5, am Grunde gedrängt, elliptisch, zugespitzt, am Grunde scheidenförmig, ziemlich aufgerichtet. Blütenstand breit-zylindrisch, Blüten groß, schräg abstehend, 3- bis 7blütig. Tragblätter lanzettlich, spitz, etwa so lang wie der Fruchtknoten. *Sepalen grün,* länglich-eiförmig, stumpf, an den Rändern zurückgerollt, dreinervig, die seitlichen abstehend, *das mittlere Sepalblatt nach vorne gebeugt. Petalen* dreieckig, *kurz,* dicht papillös, *grün,* zumeist bräunlich überlaufen. *Lippe auffallend groß,* längsoval, 12–14 mm lang, 12–15 mm breit, im oberen Teil tief *dreilappig,* Seitenlappen schief dreieckig, zurückgeschlagen, nach oben in stumpfe Höcker verlängert, außen langzottig bräunlich behaart. Mittellappen oval, ziemlich gewölbt, Seitenränder meist herabgeschlagen, dunkelbraun, dicht papillös, *Seitenränder* breit *(bis 4 mm) tiefgelb,* kahl, über dem Anhängsel ein dichtes weißlich-gelbliches Haarbüschel. Anhängsel ziemlich breit, kurz, gelbgrün, aufwärts gerichtet. *Zeichnung über die Lippe verteilt, aus Kreisen und gekrümmten Linien bestehend,* gelblich-weißlich, Kerne braunviolett.
Blütezeit: Von März bis April.
Höhenverbreitung: Von der Küste bis 600 m.
Standort: Auf Ödland, im Gebüsch, an rasigen Stellen, auf Kalkböden.
Bastarde: Nicht nachgewiesen.
Bildnachweis: 21. 3. 1970, Orga (Nordwest-Zypern), H. Baumann.

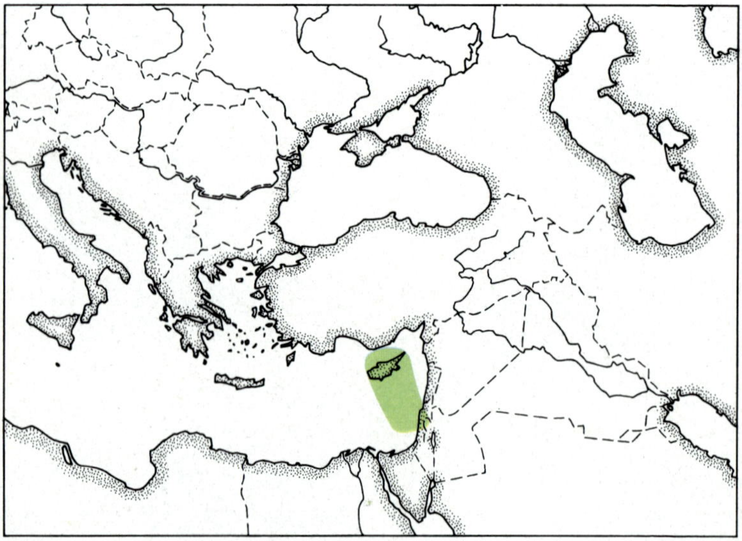

Óphrys fleischmánnii HAYEK
Fleischmanns Ragwurz

Beschreibung: Pflanze gedrungen, 10–15 cm hoch. Laubblätter 3–4, am Grunde gehäuft, breit eiförmig, zugespitzt, nach oben 1 stengelumfassendes Hochblatt. Blütenstand gedrängt, 2- bis 5blütig. Blüten ziemlich klein. *Sepalen grün,* länglich-eiförmig, zugespitzt, 11–13 mm lang, die seitlichen abstehend, *das mittlere stark vornübergekrümmt. Petalen lineal,* am Rande bisweilen gewellt, 4–7 mm lang, grün, zumeist purpurn überlaufen. Tragblätter lanzettlich, etwas länger als der Fruchtknoten. *Lippe ziemlich klein,* 9–11 mm lang, am Grunde schwach gewölbt und *ohne Lippeneinschnitt,* breit-lineal, *im vorderen Drittel dreilappig,* violett, an den Rändern mäßig dicht und kurz dunkelviolett behaart. *Seitenlappen seitlich abstehend,* abgerundet, nach vorne gerichtet. Mittellappen vorne leicht zweilappig, abgerundet. *Zeichnung im oberen Teil, bleigrau* bis rötlich grau, oft gepunktet, nach vorne grau gesäumt.
Blütezeit: Von Januar bis April, je nach Höhenlage.
Höhenverbreitung: Von der Küste bis 1000 m.
Standort: Auf Ödland, im Gebüsch, im Kiefernwald.
Bastarde: Selten mit *O. fusca.*
Bildnachweis: 20. 2. 1979, Zefat (Nordisrael), H. Baumann.
Das Bild zeigt die vorgestreckte Lippe, die an der Basis nicht eingeschnitten ist. Die Lippenzeichnung ist bleigrau und in der oberen Lippenhälfte plaziert. Die Perigonblätter sind grün gefärbt.

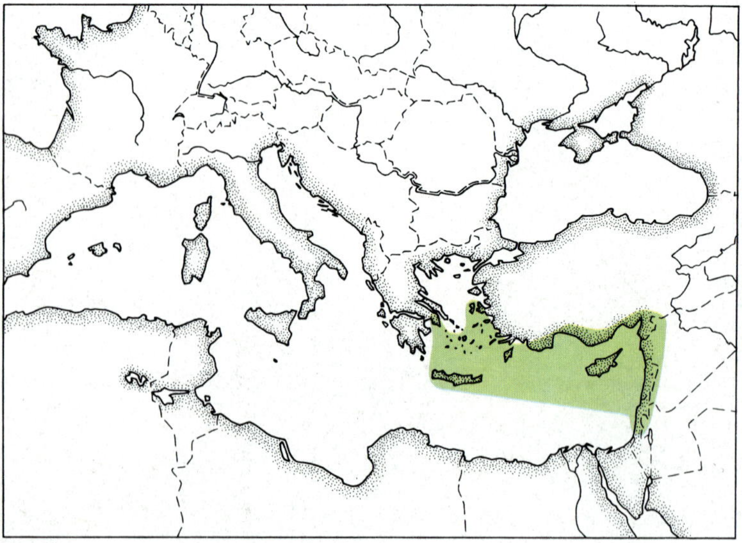

Óphrys fúsca LINK
Rotbraune Ragwurz

Beschreibung: Pflanze 10–40 cm hoch. Laubblätter 3–6, am Grunde rosettig gehäuft, länglich-lanzettlich, bläulichgrün, nach oben 1–2 stengelumfassende Hochblätter. Blütenstand locker bis dicht, 2- bis 10blütig. Blüten klein bis ziemlich groß. Tragblätter länglich-eiförmig, länger als der Fruchtknoten. *Sepalen* sehr breit, breit-eiförmig nach der Spitze verschmälert, 9–11 mm lang, gelblich-grünlich bis *grün,* die seitlichen abstehend bis nach vorne gekrümmt, *das mittlere Sepalblatt* ziemlich *vornübergebeugt. Petalen* lineal bis *länglich,* 6–8 mm lang, abgestumpft, *kahl,* oft am Rande gewellt, *grün,* bisweilen bräunlich überlaufen. *Lippe am Grunde tief eingekerbt,* verkehrt-eiförmig, 13–23 mm lang, 9–21 mm breit, etwas über der Mitte deutlich *dreilappig,* dicht behaart, dunkelbraun bis schwarzpurpurn, selten rotbraun, *ungehöckert.* Seitenlappen länglich-eiförmig, stumpf, herab- bis zurückgeschlagen. Mittellappen eiförmig, vorne rundlich ausgerandet. *Zeichnung vom Grunde bis zur Mitte mit breiten, vorn geteilten Flecken, blau,* blauviolett oder braun, oft weiß oder gelb gerändert.
Blütezeit: Von März bis Mai.
Höhenverbreitung: Von der Küste bis 1400 m.
Standort: Auf Ödland, im Gebüsch, in Zypressenbeständen, im Kiefern- und Tannenwald.
Bastarde: Mit *O. atlantica, atrata, arachnitiformis, bertolonii, fleischmannii, garganica, iricolor, lutea, pallida, sphegodes, tenthredinifera, scolopax, vernixia.*
Bildnachweis: 25. 4. 1979, Lissabon (Südportugal), H. Baumann.

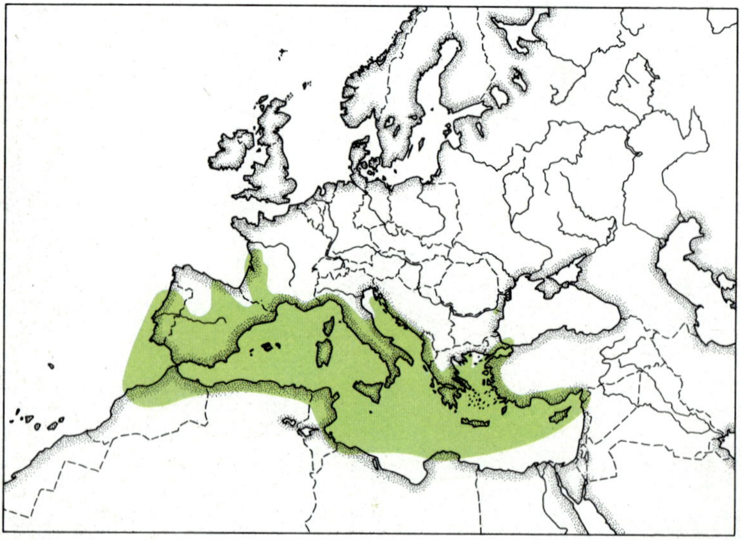

Óphrys gargánica E. NELSON ex O. & E. DANESCH
Gargano-Ragwurz

→ O. sphegodes

Beschreibung: Pflanze 25–35 cm hoch. Laubblätter 6–9, am Grunde rosettig gehäuft, eiförmig-lanzettlich, zugespitzt, nach oben 1–2 stengelumfassende Hochblätter. Blütenstand verlängert, locker, 4- bis 8blütig, ziemlich groß. Tragblätter lanzettlich, länger als der Fruchtknoten. *Sepalen* breit-eiförmig, zugespitzt, 11–13 mm lang, an den Rändern zurückgerollt, hellgrün bis dunkel-*olivgrün,* abstehend. *Petalen auffallend groß,* breit-lineal, abgestumpft, 8–10 mm lang, 3,5–6 mm breit, flach, *kahl,* am Rande meist gewellt, olivgrün bis bräunlich, *häufig dunkler gerandet. Lippe rundlich,* 10–12 mm lang, 13–16 mm breit, ganzrandig, *ungeteilt,* ziemlich flach, zumeist *ungehöckert,* im Zentrum kurz papillös, gegen die Seitenränder länger behaart, dunkel rotbraun, öfters mit einer gelblichen oder bräunlichen kahlen Randzone. Anhängsel winzig bis meist fehlend. *Zeichnung ein nach vorne verlängertes H,* am Grunde ausladend, stahlblau, violett oder rötlichbraun, weißlich gerandet.
Blütezeit: Von April bis Mai.
Höhenverbreitung: Von der Küste bis 600 m.
Standort: Auf Ödland, im Gebüsch und im lichten Kiefernwald.
Bastarde: Mit *O. atrata, fusca, sphegodes, tenthredinifera.*
Bildnachweis: 21. 4. 1974, Novara (Sizilien), O. Kurze.
Das Bild zeigt die großen und breiten, am Rande stark gewellten und dunkel gefärbten Petalen. Die Lippe ist breit und ungeteilt, ungehöckert, und besitzt eine langgestreckte, blaue Malzeichnung.

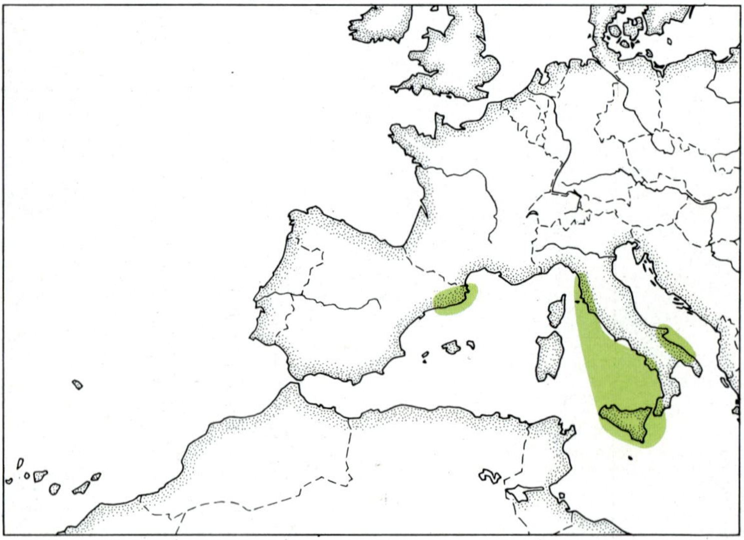

Óphrys gottfriediána Renz
Gottfrieds Ragwurz

→ O. ferrum-equinum

Beschreibung: Pflanze 25–30 cm hoch. Laubblätter eiförmig bis lanzettlich, 4–6, am Grunde rosettig gehäuft, 1–2 stengelumfassende Hochblätter. Blütenstand etwas locker, bis 15 cm lang, 5- bis 8blütig. Tragblätter breit-lanzettlich, lang zugespitzt, länger als der Fruchtknoten. Sepalen olivgrün oder weißlichgrün, zumeist rosa oder purpurn überlaufen. Seitliche Sepalen länglich-eiförmig, 13–15 mm lang, 4,5–6 mm breit, mittleres Sepalblatt linealisch, 11–13 mm lang, 3,5–5 mm breit, aufgerichtet bis leicht vornübergekrümmt. *Petalen zungenförmig,* aus breiterer Basis allmählich zugespitzt, 7–9 mm lang, 2,5–3 mm breit, grünlich, zumeist purpurn gefleckt oder überlaufen, auf der Oberfläche und am Rande zumeist dicht papillös *behaart. Lippe* etwa so breit wie lang, 15 mm, *ganzrandig,* bisweilen schwach dreilappig, *ungehöckert, stark gewölbt,* Seitenränder nach vorne hin meist stark zurückgeschlagen, die Lippe wirkt daher *dreieckig,* dunkelbraun bis schwarzpurpurn, oberseits dicht samtig, an den oberen Rändern dicht mittellang, rötlich bis silbern behaart, nach vorne oft ein kleines vorgestrecktes Anhängsel. *Zeichnung* der Lippe stahlblau, zumeist *ein Hufeisen darstellend,* bisweilen nach oben durch Längsstreifen verlängert.
Blütezeit: April.
Höhenverbreitung: Von der Küste bis 700 m.
Standort: An rasigen Stellen, auf Ödland, im Gebüsch und im lichten Eichenwald.
Bastarde: Selten mit *O. ferrum-equinum, O. lutea* und *O. mammosa.*
Bildnachweis: 18. 4. 1979, Lithakia, Zakynthos (Griechenland), M. Kalteisen.

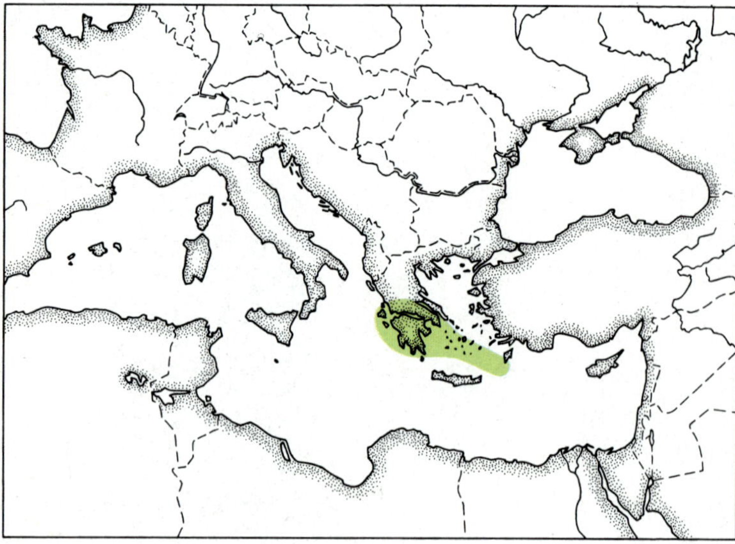

Óphrys hébes (Kalopissis) B. & E. Willing
Hebes Ragwurz

Beschreibung: Pflanze 15–40 cm hoch. Laubblätter 4–7, die meisten am Grunde rosettig gehäuft, länglich, zugespitzt, bis 10 cm lang, 3,3–4 cm breit, beiderseits silbrig schimmernd, nach oben 1–3 Hochblätter. Blütenstand locker, 2- bis 10blütig. Tragblätter lanzettlich, länger als der Fruchtknoten. Seitliche *Sepalen* schief länglich-eiförmig, etwas zugespitzt, *blaßgrün,* im unteren Teil bisweilen hellrotbraun bis rosa überlaufen, ausgebreitet bis leicht zurückgeschlagen, das mittlere Sepalblatt länglich, aufwärts gerichtet bis etwas vornübergeneigt. *Petalen* schmal-lanzettlich bis zungenförmig, etwa 2/3 bis 3/4 so lang wie die Sepalen, am Rande zumeist gewellt, *gelblichgrün,* bisweilen rotbraun überlaufen, kahl, ausgebreitet bis zurückgeschlagen. *Lippe* verkehrt eiförmig bis *kreisrund,* 7–13 mm lang, 6–13 mm breit, ganzrandig, bisweilen in der Mitte dreilappig, flach bis ziemlich gewölbt, *ungehökkert,* nach vorne zumeist in ein kleines, spitzes Anhängsel ausgezogen, rotbraun bis braun, in einer kahlen, bis *2 mm breiten Randpartie gelb* bis grüngelb, seltener bräunlich. *Zeichnung* sehr veränderlich, metallisch glänzend, aus runden, *über die Lippe verteilten* und verbundenen *Flecken* bestehend oder zu 2 parallelen Längsstreifen reduziert.
Blütezeit: Von Anfang April bis Anfang Juni.
Höhenverbreitung: Von 800 m bis 1500 m.
Standort: Im Eichen- und Tannenwald, im Gebüsch, an rasigen Stellen.
Bastarde: Bisher nicht nachgewiesen.
Bildnachweis: 17. 4. 1978, Wurwura (Peloponnes), E. Willing.

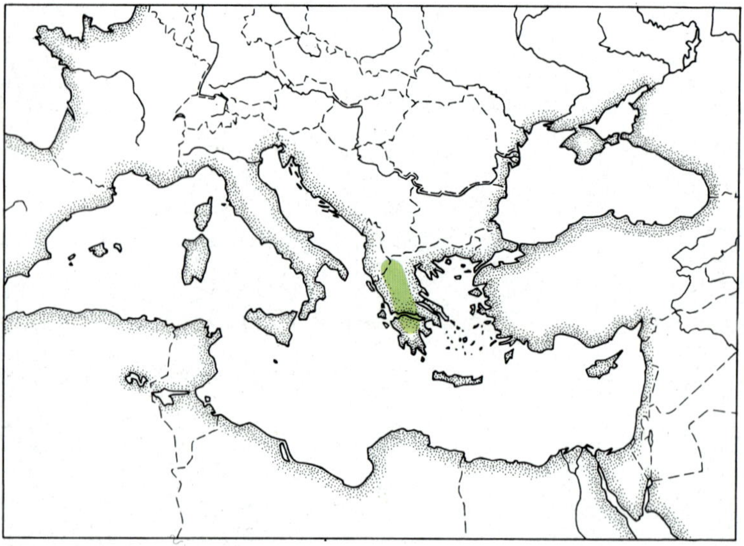

Óphrys heldreichii R. Schlechter
Heldreichs Ragwurz

Beschreibung: Pflanze kräftig, 15–45 cm hoch. Laubblätter 4–7, am Grunde rosettig angeordnet, spitz, 6–10 cm lang, 1,2–2,2 cm breit, ferner 1–2 stengelumfassende Hochblätter. Blütenstand verlängert, bis zu 16 cm lang, locker, 2- bis 10blütig. *Blüten ziemlich groß,* aufgerichtet bis abstehend. Tragblätter lanzettlich, spitz, länger als der Fruchtknoten. *Sepalen hellrosa* bis dunkelviolett, die seitlichen schief elliptisch, stumpf, dreinervig, 13–15 mm lang, abstehend bis leicht zurückgeschlagen, das mittlere Sepalblatt elliptisch, stumpf, aufgerichtet bis vornübergekrümmt, fünfnervig, 13–14 mm lang. *Petalen zungenförmig,* stumpf, 5 mm lang, *dicht papillös behaart,* zumeist dunkler getönt. *Lippe ziemlich groß,* 14–15 mm lang, längsoval, im oberen Teil der Lippe *dreilappig. Seitenlappen* nach unten gebogen, dreieckig-lanzettlich, nach oben *in* kräftige, stumpfe bis spitze, bis 4 mm *lange Höcker ausgezogen,* innen kahl, außen lang-zottig behaart. *Mittellappen* dichtsamtig, bräunlichrot, vorne mit einem *kräftigen,* meist dreizähnigen, vorwärts bis aufwärts gerichteten *Anhängsel. Zeichnung* über die Lippe verteilt, *aus gelblich-weißen gekrümmten Linien* und Bögen *bestehend.*
Blütezeit: Von März bis Mai.
Höhenverbreitung: Von der Küste bis 1200 m.
Standort: Auf Ödland, im Gebüsch, in der Felsflur, an feuchten Rainen, bevorzugt auf Kalk.
Bastarde: Selten mit *O. bombyliflora, O. holosericea* und *O. tenthredinifera.*
Bildnachweis: 15. 4. 1972, Apostoli (Kreta), H. Baumann.

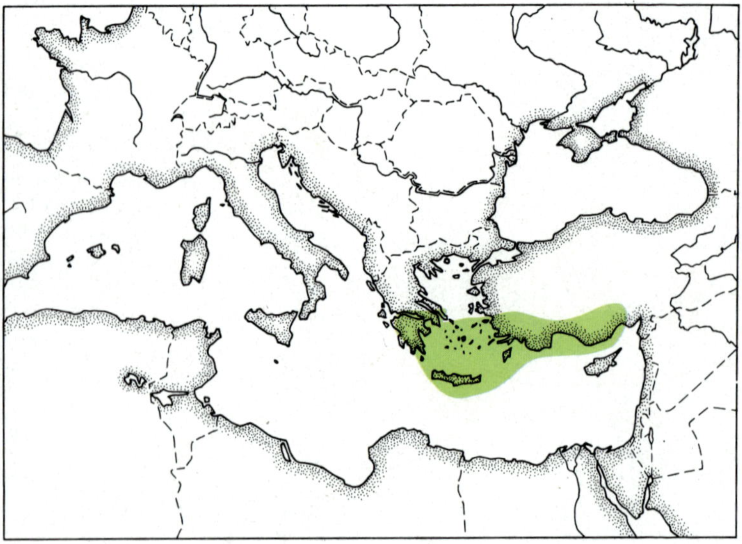

Óphrys helénae RENZ
Helenes Ragwurz

Beschreibung: Pflanze kräftig, 15–30 cm hoch. Laubblätter 4–6, eiförmig-lanzettlich, stumpflich, am Grunde gehäuft. Blütenstand langgestreckt, bis 10 cm lang, locker, 3- bis 8blütig. Tragblätter lanzettlich, länger als der Fruchtknoten. *Sepalen grün,* anfangs glockig zusammenneigend, später abstehend, die seitlichen länglich-eiförmig, ziemlich stumpf, 13–15 mm lang, 6–8 mm breit, im unteren Teil bisweilen purpurn angelaufen, das mittlere Sepalblatt an den Rändern eingerollt, stumpf, 11 mm lang, 4,5 mm breit, aufgerichtet. Petalen breit-lanzettlich, stumpf bis zugespitzt, kahl, am Rande leicht gewellt, 8–10 mm lang, 2–4 mm breit, hellgrün bis olivgrün, mitunter rötlich überlaufen, abstehend bis zurückgeschlagen. *Lippe kreisrund, ganzrandig, ungehöckert,* ziemlich *stark gewölbt,* 11–14 mm lang, 16–19 mm breit, gleichmäßig samtig behaart, am Rande etwas heller, *leuchtend weinrot* bis dunkelbraunrot, in der Mitte oft mit violettem Schimmer, *ohne Zeichnung.* Anhängsel sehr klein, gelblich, vorwärts gerichtet.
Blütezeit: Von April bis Mai.
Höhenverbreitung: Von der Küste bis 600 m.
Standort: Auf Ödland, im Gebüsch, an rasigen Stellen, in lichten Zypressenbeständen.
Bastarde: Selten mit *O. mammosa.*
Bildnachweis: 28. 4. 1977, Joannina (Nordgriechenland), M. Bayer.
Einzige *Ophrys*-Art ohne jede Malzeichnung, daher unverwechselbar.

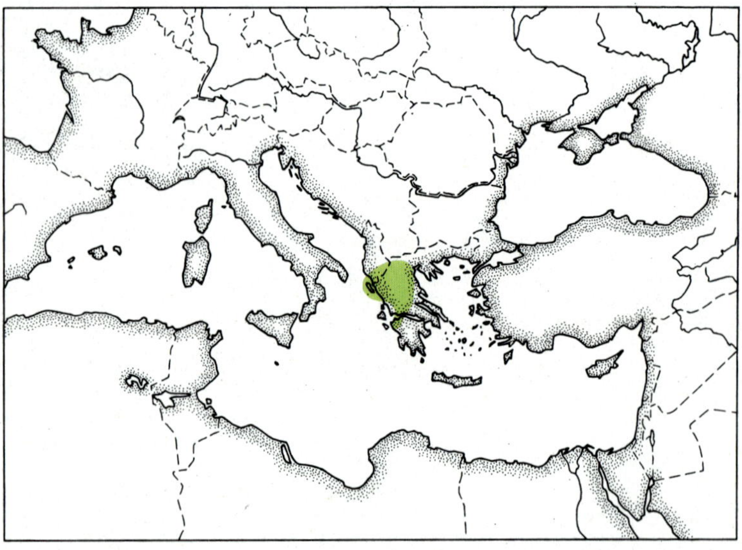

Óphrys holosericea (BURM. fil.) W. GREUTER
Hummel-Ragwurz

Syn.: = O. fuciflora

Beschreibung: Pflanze 10–50 cm hoch. Laubblätter 4–7, am Grunde rosettig gehäuft, bläulichgrün, nach oben 1–2 stengelumfassende Hochblätter. Blütenstand verlängert, bis zu 20 cm lang, locker, 2- bis 10blütig. Blüten von recht unterschiedlicher Form, Größe und Farbe. *Sepalen* länglich-eiförmig, stumpf, 9–13 mm lang, meist *rosa oder weißlich,* mit grünen Mittelnerven, abstehend bis leicht zurückgeschlagen. *Petalen dreieckig,* selten lineal-lanzettlich, 2–7 mm lang, *dicht behaart,* meist etwas dunkler als die Sepalen getönt. *Lippe* eiförmig bis fast *quadratisch,* 9–16 mm lang, 10–22 mm *breit, ganzrandig,* nur selten schwach dreilappig, ziemlich *flach,* in der Mitte etwas gewölbt, am Grunde meist mit Höckern, bis zu 3 mm lang, vorne mit einem breiten, gelblichgrünen, aufwärts gerichteten Anhängsel, in der Mitte samtartig, an den Rändern und über dem Anhang dichter und länger behaart, hellbraun bis dunkelbraun. *Zeichnung* sehr veränderlich, *über die Lippe verteilt,* grünlichgelb bis bräunlich, kahl, heller gerändert.
Blütezeit: Von April bis Mai im Süden, von Mai bis Juli im Norden.
Höhenverbreitung: Von der Küste bis 1400 m.
Standort: Im Magerrasen, auf Ödland, im Gebüsch, in Flußauen, in lichten Kiefernwäldern, vor allem auf Kalkböden.
Bastarde: Mit *O. apifera, arachnitiformis, araneola, bertolonii, bombyliflora, candica, exaltata, heldreichii, insectifera, oestrifera* subsp. *oestrifera, scolopax* subsp. *scolopax, sphegodes, tenthredinifera.*
Bildnachweis: 25. 5. 1968, Reutlingen (Schwäbische Alb, Baden-Württemberg), H. Baumann.

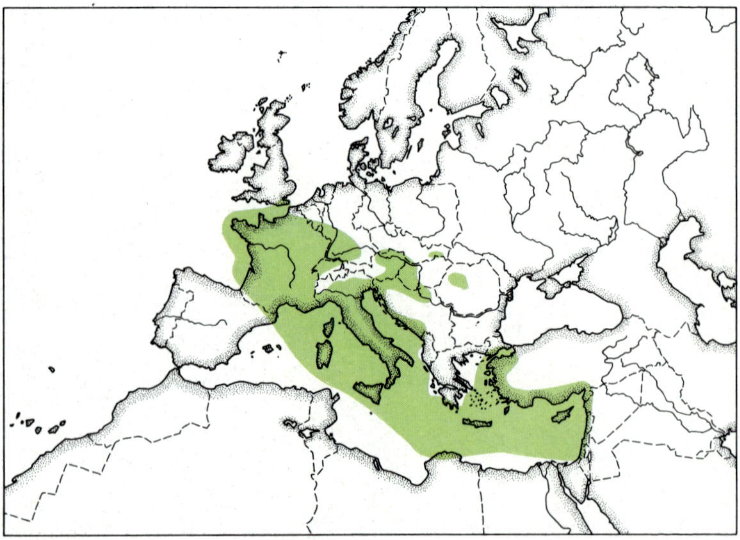

Óphrys insectífera L.
Fliegen-Ragwurz

Beschreibung: Pflanze schlank, 15–40 cm hoch. Stengel gelblich-grün, am Grunde mit 3–5 bläulichgrünen, länglich-lanzettlichen, zugespitzten Laubblättern. *Blütenstand* meist verlängert, bis zu 20 cm lang, *locker, 2- bis 20blütig.* Tragblätter lineal-lanzettlich, zugespitzt, die unteren länger, die oberen kürzer als die Blüten. *Sepalen hellgrün,* länglich-eiförmig, 6–8 mm lang, 4 mm breit, stumpf, die seitlichen abstehend, das mittlere Sepalblatt aufgerichtet bis leicht vornübergeneigt. *Petalen linealisch,* 4–5 mm lang, schwach behaart, aufrecht abstehend, *rotbraun. Lippe herabhängend,* im oberen Teil *dreilappig,* 9–10 mm lang, 6–7 mm breit, ziemlich *flach,* kurz samthaarig, dunkel rotbraun. *Seitenlappen* ziemlich *schmal,* stumpf *abstehend* bis schräg abwärts gerichtet. Mittellappen eiförmig, vorne tief ausgerandet bis zweilappig. *Zeichnung* zumeist *in der Mitte der Lippe, großer Fleck,* bläulichgrau oder weißlich.
Blütezeit: Von Mai bis Juli.
Höhenverbreitung: Von der Küste bis 1600 m.
Standort: Im trockenen Magerrasen, an steinigen Abhängen, im Gebüsch, in lichten Kiefernwäldern, selten in Flachmooren, auf Kalk-, Dolomit- und Mergelböden.
Bastarde: Selten mit *O. apifera, bertolonii, araneola, holosericea, scolopax* subsp. *scolopax, sphegodes.*
Bildnachweis: 17. 6. 1981, Kirchheim (Baden-Württemberg), W. Hiller.
Auf der mittleren Blüte sitzt ein bestäubendes Insektenmännchen *(Agrogorytes),* das bei der Scheinkopulation die Pollinien am Kopf wegträgt und auf die Narbe einer anderen Blüte bringt.

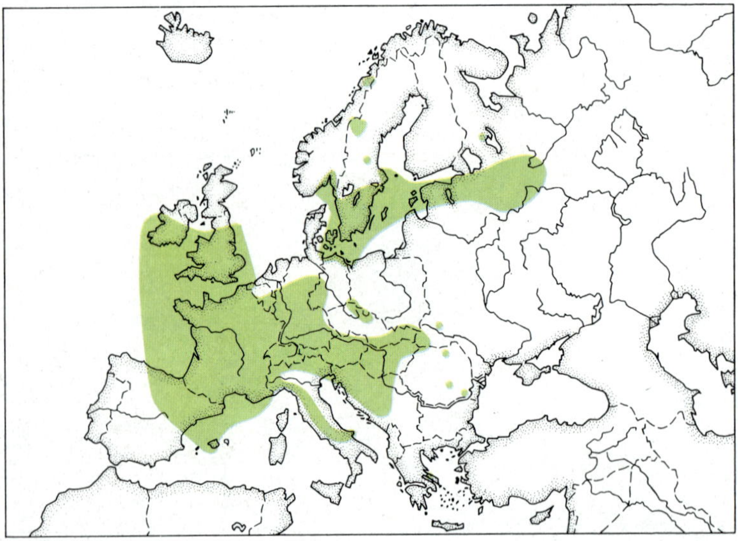

Óphrys irícolor DESF.
Regenbogen-Ragwurz

Beschreibung: Pflanze 10–30 cm hoch. Laubblätter 3–4, am Grunde gedrängt, elliptisch bis länglich-lanzettlich, zugespitzt. Blütenstand armblütig, 1- bis 4blütig, Blüten sehr groß. Tragblätter länglich, länger als der Fruchtknoten. *Sepalen* breit-eiförmig, stumpf bis kurz zugespitzt, 10–12 mm lang, *grün,* die Ränder zurückgerollt, die seitlichen abstehend bis leicht nach vorne gebogen, das mittlere Sepalblatt stark nach vorne gekrümmt. *Petalen linealisch,* abgestumpft, etwa 3/4 so lang wie die Sepalen, *grün* bis rotbraun, oft kurz behaart. *Lippe* länglich-eiförmig, auffallend *groß,* bis zu 25 mm lang und 21 mm breit, ziemlich *flach,* leicht schräg abwärts vorgestreckt, im mittleren Teil tief *dreilappig, am Lippengrund* spitz eingeschnitten und zumeist *mit gratartigen Wülsten,* ohne Höcker und Anhängsel, dicht samtartig behaart, schwarzpurpurn. Seitenlappen länglich, schräg abgerundet, abwärts gerichtet, Seitenränder leicht herabgezogen. Mittellappen verkehrt-herzförmig, vorne ziemlich tief ausgerandet, daher meist abgerundet-zweilappig, nach vorne leicht herabgebogen. *Zeichnung* im oberen Teil, schildförmig, intensiv *stahlblau,* bisweilen etwas purpurn gefleckt, vielfach deutlich in zwei Hälften geteilt.
Blütezeit: Von März bis April.
Höhenverbreitung: Von der Küste bis 1100 m.
Standort: Auf Ödland und im Gebüsch, zumeist auf basischen Böden.
Bastarde: Mit *O. fusca.*
Bildnachweis: 19. 4. 1972, Melambes (Südkreta), H. Baumann.

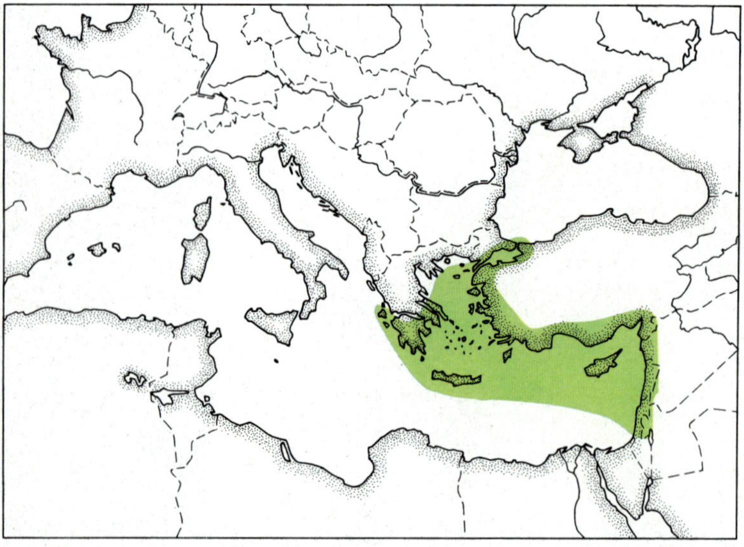

Óphrys isaūra RENZ & TAUBENHEIM
Isaurische Ragwurz

Beschreibung: Pflanze kräftig, bis zu 50 cm hoch. Stengel beblättert, am Grunde mit einer Rosette. Grundblätter breit-lanzettlich, 6–9 cm lang und 2,5–3 cm breit, nach oben folgen 2–3 kleinere Stengelblätter. *Blütenstand langgestreckt* (bis 25 cm lang) *und reichblütig* (bis zu 15 Blüten). Tragblätter lanzettlich, die unteren 3–5 cm lang, die Blüten weit überragend, die oberen sind etwa so lang wie der Fruchtknoten. Die Blüten sind mittelgroß und locker angeordnet. Die *Sepalen* sind lanzettlich, grün, 12 mm lang und 5 mm breit, *stark zurückgeschlagen.* Die *Petalen* sind kleiner, *zungenförmig,* 4 mm lang und 2,5 mm breit, hellgrün, an den Rändern hell *behaart. Lippe dreilappig und stark gehöckert,* 10 mm lang, *horizontal abstehend,* der Mittellappen an den Rändern stark zurückgeschlagen und *schmal erscheinend.* Die Seitenlappen sind in kurze, nach außen gerichtete Höcker ausgezogen. Das *Anhängsel* ist gelbgrün, *groß und aufwärts gekrümmt,* es nimmt auf Grund der Krümmungsverhältnisse der Lippe die gesamte Fläche des unteren Lippenrandes ein. *Malzeichnung ornamentartig, auf die obere Lippenhälfte beschränkt,* aus gelblichen Linien und Bögen bestehend, *auf die Höcker ausladend.* Lippe im unteren Bereich dunkelbraun. *Säule kurz und stumpf.*
Blütezeit: Anfang Mai bis Anfang Juni.
Höhenverbreitung: 800–900 m.
Standort: In lichten Wäldern und Gebüschen auf steinigem, kalkreichem Boden.
Naturschutz: Bislang nur ein Fundort in der südlichen Türkei bekannt.
Bastarde: Kein Nachweis.
Bildnachweis: 26. 5. 1981, Silifke (Südtürkei), O. Kurze.

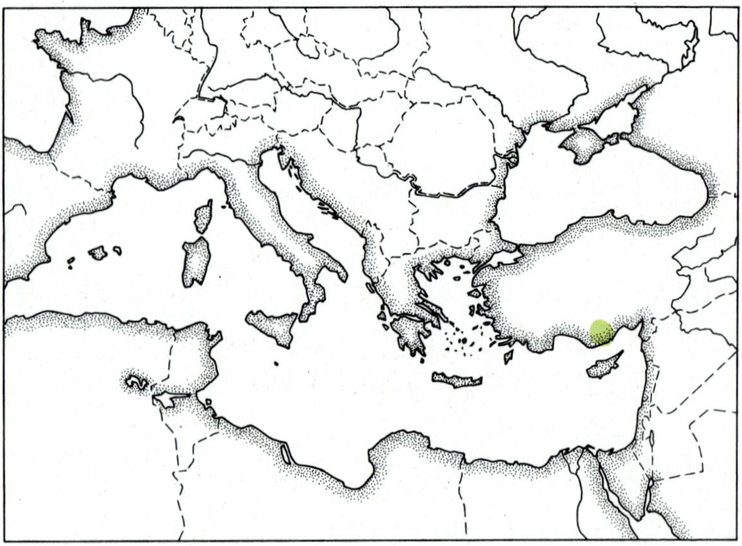

Óphrys kótschyi H. FLEISCHMANN & SOÓ
Kotschys Ragwurz

Beschreibung: Pflanze kräftig, 15–30 cm hoch. Laubblätter 4–5, am Grunde rosettig gehäuft, breit-lanzettlich, zugespitzt, dunkel blaugrün, glänzend, 1–2 obere Hochblätter, stengelumfassend. Blütenstand langgestreckt, 3- bis 10blütig, stark abstehend. Tragblätter bauchig, länglich-elliptisch, zugespitzt, länger als der Fruchtknoten. *Sepalen grün,* länglich-eiförmig, stumpflich, abstehend bis leicht zurückgeschlagen. *Petalen dunkel braungrün, zungenförmig,* 7 mm lang, 3 mm breit, kurz papillös *behaart. Lippe* groß, langgestreckt, 13–17 mm lang, 17 mm breit, im oberen Teil tief *dreilappig, schwarzviolett,* dicht kurz-samtig behaart. *Seitenlappen* stark zurückgekrümmt, schmal, konvex, nach oben stumpf *gehöckert,* Höcker 1–2 mm lang, innen kahl, außen langzottig behaart. Mittellappen oval, stark gewölbt, Seitenränder zurückgeschlagen, vorne mit kleinem grünbraunen Anhängsel. *Zeichnung über die Lippe verteilt, Einfassungen weiß,* Flecken und gekrümmte Linien darstellend.
Blütezeit: Von März bis April.
Höhenverbreitung: Von der Küste bis 400 m.
Standort: An rasigen Stellen, auf Ödland, im Gebüsch und in lichten Kiefern- und Zypressenbeständen.
Bastarde: Keine sicheren Nachweise bekannt.
Bildnachweis: 21. 3. 1970, Klepini (Zypern), H. Baumann.

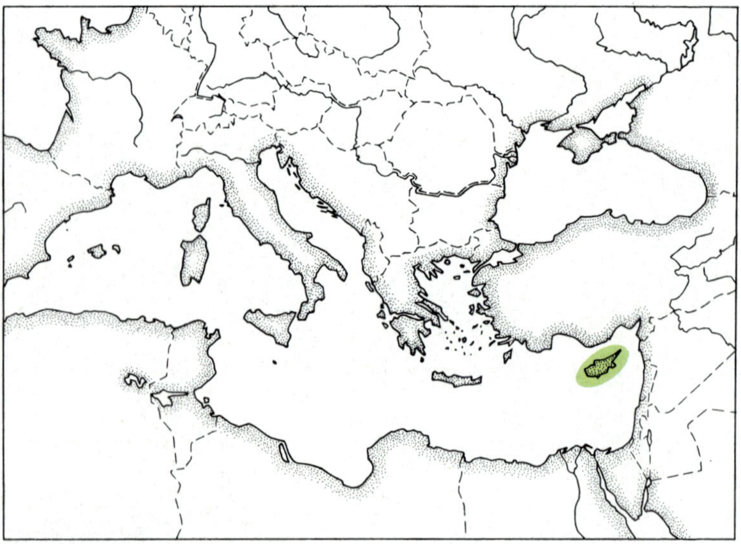

Óphrys lunuláta PARL.
Halbmond-Ragwurz

Beschreibung: Pflanze 15–30 cm hoch. Laubblätter 4–6, am Grunde rosettig gehäuft, länglich-lanzettlich, nach oben 1–2 stengelumfassende Hochblätter. Blütenstand locker, bis zu 12 cm lang, 4- bis 8blütig. Tragblätter länglich, länger als der Fruchtknoten. *Sepalen* länglich-eiförmig, stumpf, 10–13 mm lang, dreinervig, hell- bis dunkellila, selten weißlich, die seitlichen abstehend bis leicht zurückgeschlagen, *unter die Lippe gezogen,* das mittlere Sepalblatt aufgerichtet bis leicht vornüber geneigt. *Petalen* auffallend *lang,* schmal-lanzettlich, 8–9 mm lang, stumpflich, *kahl. Lippe* eiförmig, 10–12 mm lang, im oberen Teil tief *dreilappig,* leuchtend rotbraun bis dunkelbraun, nur kurz papillös, in einer breiten, kahlen *Randzone gelblich*-grünlich. *Seitenlappen* schmal, lang zugespitzt, fast ganz hinter die Lippe zurückgeschlagen, nicht oder nur schwach gehöckert, *dicht langzottig rotbraun behaart. Mittellappen* an den Seitenrändern stark zurückgeschlagen, daher *schmal erscheinend,* vorne mit einem kleinen, etwas aufwärts gerichteten, gelblich-grünen Anhängsel. *Zeichnung* im oberen Teil des Zentrums, zumeist *einen nach oben geöffneten Halbmond darstellend,* bläulich-violett bis braunpurpurn, weißlich gerändert.
Blütezeit: Von März bis Mai.
Höhenverbreitung: Von der Küste bis 1000 m.
Standort: Auf Ödland, im Gebüsch, auf schwach sauren Böden.
Bastarde: Mit *O. arachnitiformis, atrata, bertolonii, sphegodes, vernixia.*
Bildnachweis: 18. 4. 1980, Gela (Sizilien), H. Baumann.

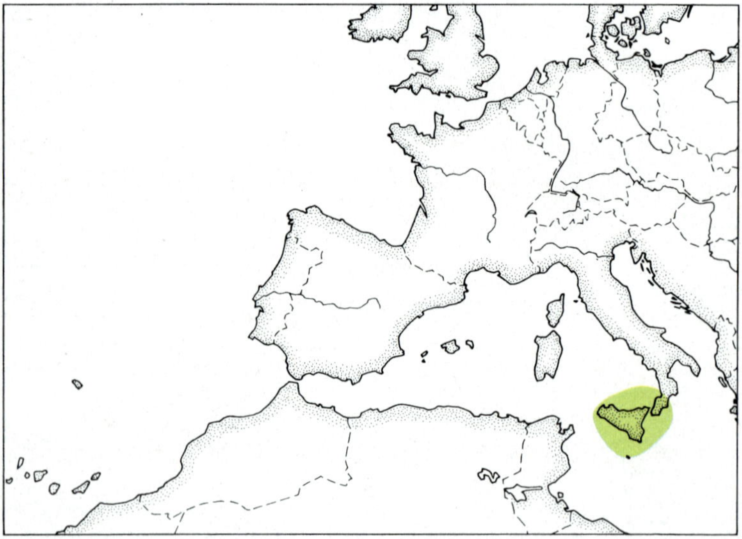

Óphrys lútea CAV.
Gelbe Ragwurz

Beschreibung: Pflanze 7–30 cm hoch. Laubblätter 3–6, am Grunde rosettig gehäuft, nach oben 1–2 stengelumfassende Hochblätter. Blütenstand locker, 2- bis 10blütig. Tragblätter länglich und bauchig, länger als der Fruchtknoten. Blüten im westlichen Mittelmeergebiet ziemlich groß, im Osten klein. *Sepalen* einen offenen Helm bildend, länglich-eiförmig, stumpf, etwa 10 mm lang, *olivgrün. Petalen* lineal, *4–7 mm lang, kahl,* am Rande meist gewellt, *gelblichgrün. Lippe* 9–18 mm lang, aus schmälerem gebogenen Grunde rundlich bis länglich, am Rande flach, in der Mitte leicht gewölbt, im vorderen Teil dreilappig, dicht papillös, dunkelbraun bis schwarzpurpurn, *mit einem sehr breiten bis schmalen gelben, kahlen Rand,* am Grunde mit einem spitzen Einschnitt. Seitenlappen eiförmig bis rautenförmig. Mittellappen meist ausgerandet bis zweilappig, Ränder oft nach oben gebogen. Zeichnung im oberen Teil, schildförmig oder zwei Tropfen, grau bis bläulich.
Blütezeit: Von Februar bis Juni, je nach Höhenlage.
Höhenverbreitung: Von der Küste bis 1800 m (Algerien).
Standort: Auf Ödland, im Gebüsch, an rasigen Abhängen, in lichten Wäldern.
Bastarde: Mit *O. atlantica, bertolonii, bombyliflora, fusca, gottfriediana, mammosa, scolopax, sphegodes, tenthredinifera, vernixia.*
Bildnachweis: Oben links: 15. 4. 1972, Zaghouan (Tunesien, typische großblütige Sippe). – Oben rechts: 30. 3. 1980, Ain Draham (Nordwesttunesien, kleinblütige Sippe). – Unten links: 25. 2. 1979, Akko (Israel, = *O. galilaea* [H. FLEISCHM. & BORNM.] Schlechter), alle H. Baumann. - Unten rechts: 21. 4. 1978, Wodikion (Peloponnes, = *O. lutea* subsp. *melena* RENZ), E. Willing.

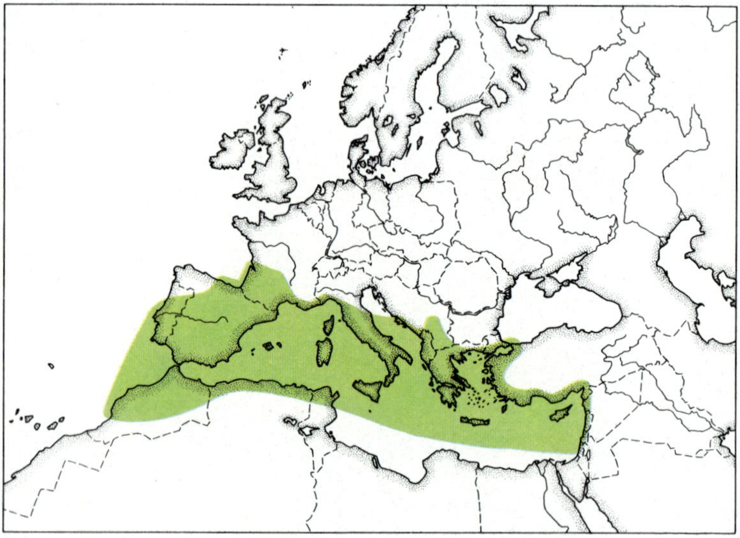

Óphrys mammósa DESF.
Busen-Ragwurz

Beschreibung: Pflanze kräftig, 15–45 cm hoch. Laubblätter 4–6, am Grunde rosettig gehäuft. Blütenstand verlängert, bis zu 15 cm lang, locker, 3- bis 8blütig. Tragblätter schmal-lanzettlich, spitz, länger als der Fruchtknoten. Seitliche *Sepalen* eiförmig-länglich, stumpf, 12–18 mm lang, an den Rändern zurückgerollt, hell *olivgrün, die untere Hälfte* zumeist *purpurn überlaufen* bis gefleckt, abstehend bis leicht zurückgeschlagen. Mittleres Sepalblatt länglich, schmäler als die seitlichen Sepalen, aufgerichtet. Petalen lanzettlich, zugespitzt bis stumpflich, 8–10 mm lang, ziemlich flach, am Rande zumeist gewellt, kahl, grünlich, bisweilen purpurn gefleckt oder überlaufen. *Lippe* oval bis längsoval, 10–18 mm lang, 8–15 mm breit, *ganzrandig, ungeteilt,* ziemlich stark *gewölbt,* im oberen Teil ziemlich *stark gehöckert,* Höcker spitz bis stumpflich, innen kahl und glänzend, außen behaart, Lippe dunkelbraun, nur an den oberen Seitenrändern etwas stärker behaart, im übrigen nur schwach papillös, Seitenränder bisweilen gelblich-bräunlich, kahl, *Anhängsel sehr klein,* bräunlich bis gelb, vorwärts bis leicht aufwärts gerichtet. *Zeichnung* im oberen bis mittleren Teil der Lippe, zumeist ein nach unten lang ausgezogenes *H darstellend,* stahlblau bis trübviolett, Umrandung weißlich.
Blütezeit: Von März bis Juni, je nach Höhenlage.
Höhenverbreitung: Von der Küste bis 1300 m.
Standort: Auf Ödland, im Gebüsch, an rasigen Stellen, in lichten Wäldern.
Bastarde: Mit *O. argolica, bornmuelleri, ferrum-equinum, gottfriediana, helenae, lutea, sphegodes, spruneri, transhyrcana, vernixia.*
Bildnachweis: 10. 5. 1980, Tekirdag (Nordwesttürkei), H. Baumann.

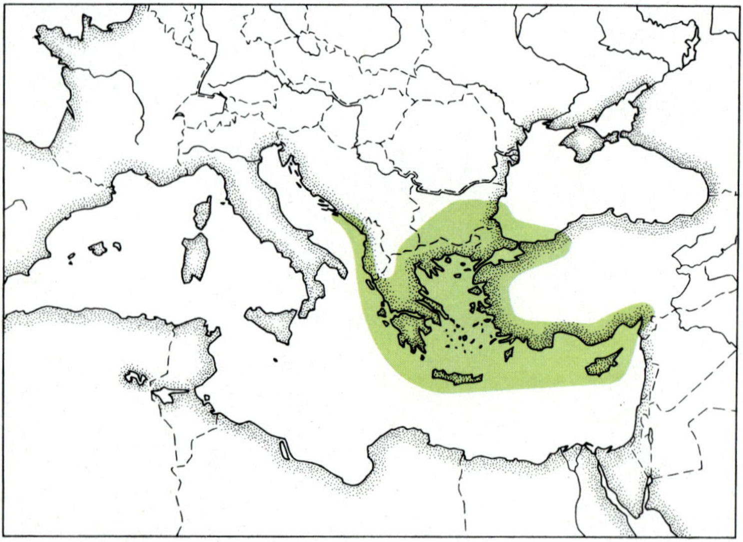

Óphrys oestrífera M.-BIEB.
Bremsen-Ragwurz

1. subsp. bremífera (STEVEN) K. RICHTER – Gehöckerte Unterart
Beschreibung: Pflanze 30–40 cm hoch. Laubblätter 4–6, am Grunde gehäuft, elliptisch bis länglich-zungenförmig, spitz, gegen die Basis allmählich verschmälert, 5–12 cm lang, 1,5–2,5 cm breit, aufgerichtet bis abstehend. Blütenstand verlängert, bis zu 30 cm lang, locker, 2- bis 12blütig. Blüten klein bis mittelgroß, abstehend. *Perigonblätter rosaviolett,* selten grünlich *oder weiß.* Sepalen länglich-eiförmig, stumpflich, 10–15 mm lang, 4,5–7 mm breit, mit grünen Mittelnerven, die seitlichen abstehend, das mittlere Sepalblatt aufgerichtet bis zurückgeschlagen. *Petalen zungenförmig,* 4–5 mm lang, am Rande meist dicht papillös *behaart. Lippe* im oberen Teil *tief dreilappig,* bräunlich bis braunviolett, 10–12 mm lang. *Seitenlappen* länglich bis dreieckig, *zurückgeschlagen,* nach oben zumeist *in stumpfe bis spitze Höcker verlängert,* bisweilen Höcker auch fehlend, innen kahl, außen dicht behaart. *Mittellappen* längsoval, ziemlich *gewölbt,* mit einem kleinen, gelbgrünen, aufwärts gerichteten Anhängsel. *Zeichnung vom Grunde bis über die Mitte der Lippe verteilt,* aus hellgelben oder bläulichen gekrümmten Linien und Flecken bestehend.
Blütezeit: Von März bis Mai.
Höhenverbreitung: Von der Küste bis 2000 m.
Standort: Auf Ödland, im Gebüsch, an rasigen Stellen, in lichten Kiefernwäldern.
Bastarde: Bislang keine sicheren Nachweise bekannt, da die Eigenständigkeit dieser Unterart erst jetzt erkannt wurde.
Bildnachweis: 31. 5. 1981, Trabzon (Nordosttürkei), H. Baumann.

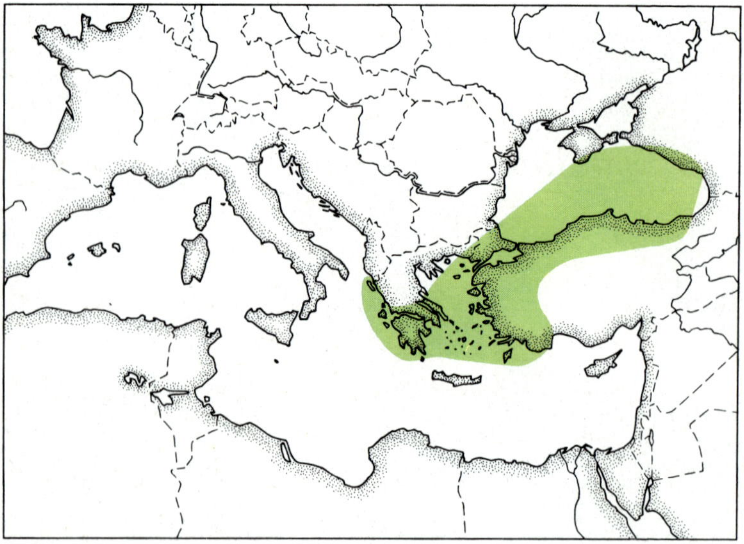

Syn. O. scolopax ssp cornuta

Óphrys oestrífera M.-Bieb.
Bremsen-Ragwurz

2. subsp. oestrífera – Gehörnte Unterart
Beschreibung: Pflanze schlank, zumeist hochwüchsig, 20–50 cm hoch. Laubblätter 3–6, die meisten am Grunde angehäuft. Blütenstand 5–25 cm lang, ziemlich locker, 3- bis 15blütig. Blüten klein bis mittelgroß. *Perigonblätter rosa bis violett,* selten grün *oder weiß.* Seitliche Sepalen länglich-eiförmig, ziemlich stumpf, dreinervig mit grünen Mittelnerven, 12–14 mm lang, 5–7 mm breit, abstehend bis leicht zurückgeschlagen, das mittlere Sepalblatt stumpf, leicht vorgekrümmt bis zurückgeschlagen. *Petalen* dreieckig-länglich-*zungenförmig,* ziemlich kurz, 1,5–5 mm lang, 2–3 mm breit, stumpf, einnervig, papillös *behaart. Lippe* sehr klein und zierlich bis mittelgroß, 8–14 mm lang und breit, dunkelbraun, samtig, längsoval, im oberen Teil tief *dreilappig. Seitenlappen* zurückgeschlagen, *nach oben in ein langes, zugespitztes, bis 12 mm langes Horn ausgezogen,* außen dicht behaart. Mittellappen ziemlich gewölbt, Seitenränder zurückgeschlagen, vorne in ein aufwärts gerichtetes, kurzes, gelbgrünes Anhängsel ausgezogen. Zeichnung im oberen Teil der Lippe verteilt, aus gelblichen, bräunlichen oder bläulichen Streifen und Flecken bestehend.
Blütezeit: Von März bis Juni.
Höhenverbreitung: Von der Küste bis 1500 m.
Standort: Auf Ödland, im Gebüsch, an Böschungen, in lichten Wäldern.
Bastarde: Mit *O. apifera, argolica, attica, holosericia, sphegodes, spruneri, tenthredinifera.*
Bildnachweis: 6. 4. 1978, Wasilikon (Peloponnes), E. Willing.

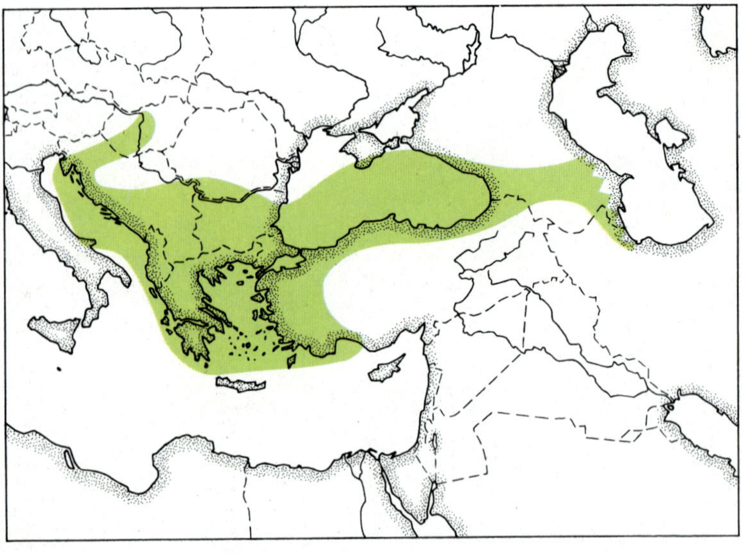

Óphrys omegaífera H. FLEISCHMANN
Omega-Ragwurz

Beschreibung: Pflanze 10–25 cm hoch. Laubblätter meist 4, am Grunde rosettig angeordnet, breit oval, am Stengel noch 1–2 stengelumfassende Hochblätter. Blütenstand ziemlich locker, 1- bis 3blütig. Blüten zumeist ziemlich groß. Tragblätter lanzettlich, so lang wie der Fruchtknoten. Sepalen grün, schief länglich-eiförmig, stumpflich, dreinervig, 12–15 mm lang, die seitlichen abstehend, das mittlere stark vornübergeneigt. Petalen lineal, am Rande oft gekerbt und gegen die Spitze etwas verbreitert, 5–8 mm lang, grün, zumeist purpurn überlaufen. *Lippe* ziemlich groß, bis zu 20 mm lang, 14–18 mm breit, schräg aufwärts gerichtet, aus schmälerem Grunde länglich-oval, etwa *in der Mitte dreilappig, Lippe am Grunde ohne Einschnitt* und stark *knieförmig* gebeugt, *kastanienbraun,* an den Rändern dichtpelzig braun behaart. *Seitenlappen* abgerundet-dreieckig, *ungehöckert, stark zurückgeschlagen.* Mittellappen breit-lineal, nach vorne verbreitert, abgerundet zweilappig und stark zurückgeschlagen. *Zeichnung braun,* im oberen Teil, schildförmig, blau überlaufen, *untere Umrandung* graublau bis blau, *Omega-förmig.*
Blütezeit: Von März bis April.
Höhenverbreitung: Von der Küste bis 1000 m.
Standort: Auf Ödland, im Gebüsch, im lichten Kiefernwald.
Bastarde: Keine Nachweise bekannt.
Bildnachweis: 1. 4. 1970, Embonas (Rhodos), H. Baumann.

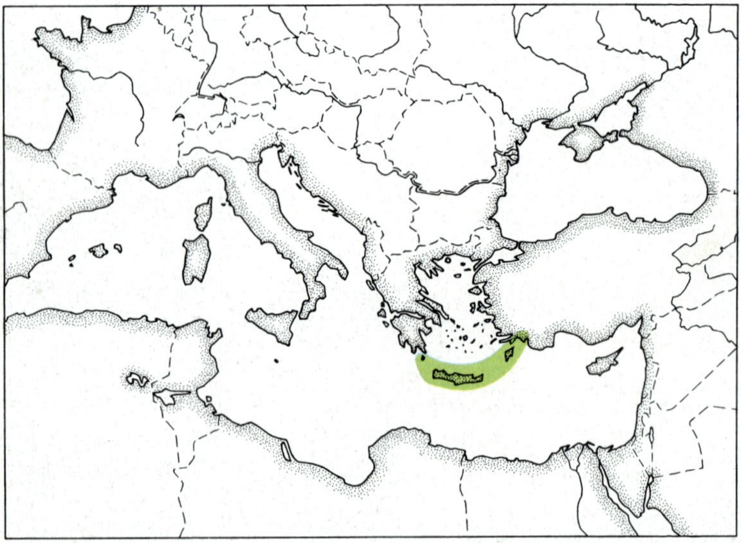

Óphrys oxyrrhýnchos Tod.
Schnabel-Ragwurz

→ O. fuciflora

Beschreibung: Pflanze 15–25 cm hoch. Laubblätter 4–6, am Grunde rosettig gehäuft, länglich, 3,5–7 cm lang, 0,8–1,2 cm breit, nach oben 1–2 stengelumfassende Hochblätter. Blütenstand gedrängt, bis zu 9 cm lang, 3- bis 7blütig. Tragblätter lanzettlich, die unteren erheblich länger als die Blüten, nach oben kürzer werdend. Sepalen länglich-eiförmig, ziemlich stumpf, an den Rändern zurückgerollt, grün, hellgrün bis weißlich, bisweilen purpurn oder rosa überlaufen, abstehend bis ziemlich zurückgeschlagen. *Petalen auffallend klein,* dreieckig, dicht und kurz *behaart,* grün bis weißlich, oft purpurn überlaufen. *Lippe fast quadratisch* bis fächerförmig, *ungeteilt,* ziemlich flach, an den Rändern leicht aufgebogen, *schwach gehöckert,* im Zentrum dunkelbraunrot und fast kahl, in einer breiten Randzone kurz-seidig behaart, trüb-gelblich bis gelbbraun, bisweilen rein gelb. *Anhängsel* lanzettlich, *bis 4 mm lang,* zumeist *aufwärts gerichtet,* gelblichgrün bis bräunlich. *Zeichnung im oberen Teil der Lippe H-förmig* oder reduziert, blauviolett, gelblich gerändert.
Blütezeit: Von April bis Mai.
Höhenverbreitung: Von der Küste bis 800 m.
Standort: Auf Ödland, im Gebüsch, an rasigen Stellen, im lichten Kiefernwald.
Bastarde: Mit *O. bombyliflora, tenthredinifera.*
Bildnachweis: 12. 4. 1980, Gela (Sizilien), H. Baumann.

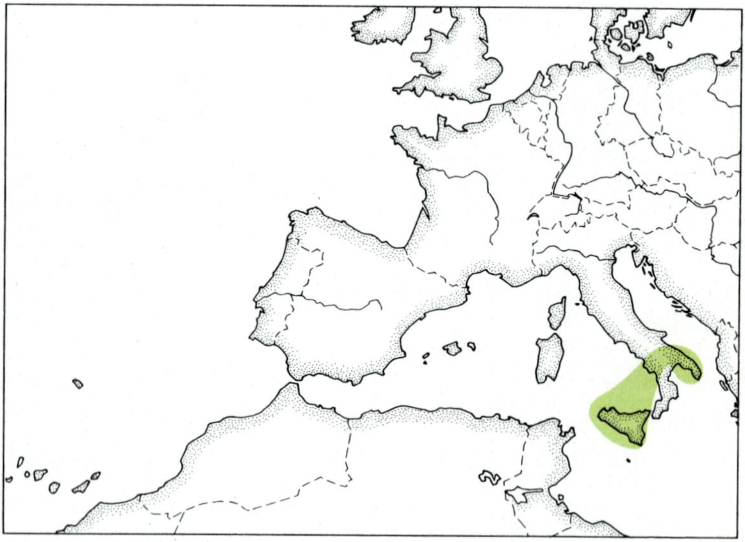

Óphrys pállida RAFIN.
Bleiche Ragwurz

Beschreibung: *Pflanze zierlich,* 10–30 cm hoch. Laubblätter 4–6, am Grunde rosettig gehäuft, länglich, stumpf bis zugespitzt, ziemlich schmal und kurz, 2,5–5 cm lang, 1,3–1,7 cm breit, nach oben 1–2 stengelumfassende Hochblätter. Blütenstand gedrängt, bis zu 6 cm lang, mit 2–6 sehr kleinen Blüten. Tragblätter länglich, bauchig, länger als der Fruchtknoten. *Sepalen* länglich-eiförmig, 8–9 mm lang, stumpf, an den Rändern stark zurückgerollt, *weißlich* bis hellgrünlich, die seitlichen abstehend bis vorgezogen, das mittlere Sepalblatt stark vornübergeneigt. Petalen schmal-lineal, abgestumpft, 5–6 mm lang, kahl, gelblich-grünlich oder bräunlich, abstehend bis nach vorne gebogen. *Lippe klein,* 7–9 mm lang, 5 mm breit, am Grunde *knieförmig gebeugt,* vorne zumeist zurückgebogen, *am Grunde spitz eingeschnitten, durch eine Längsfurche zweigeteilt,* etwa in der Mitte leicht dreilappig mit zurückgeschlagenen Seitenlappen, ziemlich stark behaart, dunkelbraun. Zeichnung im oberen Teil, zumeist zwei glänzende Tropfen, blaugrau, bläulich oder braunviolett.
Blütezeit: Von März bis April.
Höhenverbreitung: Von 600 m bis 800 m.
Standort: An kurzrasigen Stellen, auf Ödland, im Gebüsch, im lichten Kiefernwald, an Berghalden, kalkliebend.
Bastarde: Nachgewiesen mit *O. fusca.*
Bildnachweis: 19. 4. 1980, Ficuzza (Sizilien), H. Baumann.

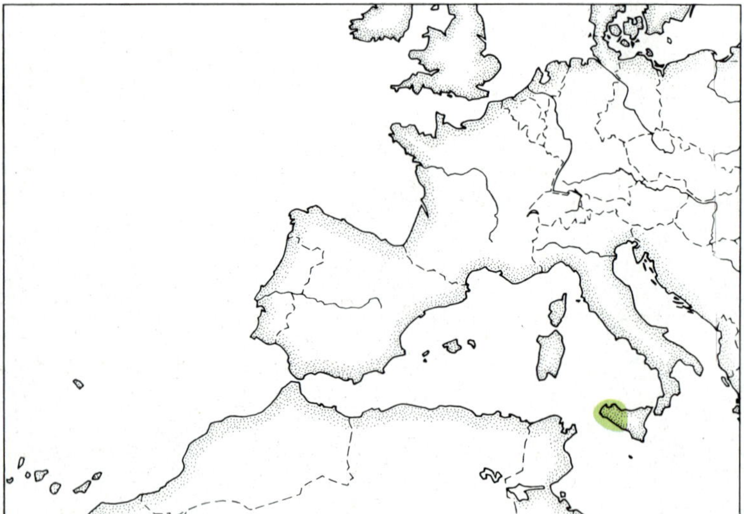

Óphrys reinhóldii H. FLEISCHMANN
Reinholds Ragwurz

Beschreibung: Pflanze 15–40 cm hoch. Laubblätter 5–7, am Grunde rosettig gehäuft, länglich-lanzettlich, spitz, bis zu 12 cm lang, 1,5–2,5 cm breit, das oberste aufrecht, stengelumfassend. Blütenstand bis zu 20 cm lang, locker, 2- bis 8blütig. Tragblätter lanzettlich, zugespitzt, länger als die unteren Blüten. *Sepalen rosaviolett,* selten *weißlich* oder grün, länglich-eiförmig, ziemlich stumpf, 12–16 mm lang, 4–6 mm breit, abstehend bis zurückgeschlagen. *Petalen* dreieckig bis *zungenförmig,* bis zu 7 mm lang, purpurbraun bis violett, dicht papillös, am Rande länger *behaart. Lippe schwarzpurpurn,* im oberen Teil *tief dreilappig. Seitenlappen* länglich, zurückgeschlagen, nach oben ungehöckert bis stumpf gehöckert, *dicht* rötlich bis weißlich *behaart.* Mittellappen oval bis länglich, nach vorne in eine kurze Spitze oder in ein schmales Anhängsel ausgezogen. *Zeichnung weiß, von der Bucht zwischen den Seitenlappen bis zur Mitte der Lippe,* zumeist zwei tropfenförmige Flecken, isoliert oder verbunden.
Blütezeit: Von März bis Mai.
Höhenverbreitung: Von der Küste bis 1200 m.
Standort: Auf Ödland, im Gebüsch, an rasigen Stellen, im Bergtannenwald.
Bastarde: Sehr selten mit *O. attica.*
Bildnachweis: 2. 4. 1970, Trianda (Rhodos), H. Baumann.
Das Bild zeigt die dunkel gefärbte stark dreilappige Lippe. Die Lippenzeichnung erstreckt sich keilförmig von der Ansatzstelle der Seitenlappen nach unten und ist nochmals quer verbunden.

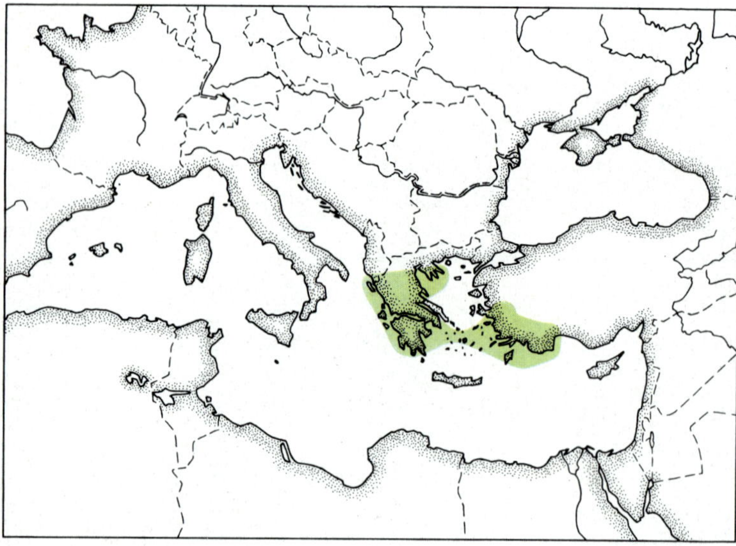

Óphrys schúlzei BORNM. & H. FLEISCHMANN
Schulzes Ragwurz

Beschreibung: Pflanze schlank, 25–65 cm hoch. Laubblätter 4–6, im unteren Teil des Stengels, aufrecht bis abstehend, länglich-lanzettlich, 10–18 cm lang, 2–3,5 cm breit. Blütenstand verlängert, locker, 4- bis 14blütig. Tragblätter lanzettlich, die unteren länger als die Blüten. Sepalen abstehend bis zurückgeschlagen, rosa mit grünen Mittelnerven, lanzettlich bis eiförmig-länglich, 9–11 mm lang, 4–5 mm breit. *Petalen sehr klein,* eiförmig bis dreieckig, *rosa,* 2–2,5 mm lang, 1 mm breit. *Lippe sehr klein,* 6–7 mm lang, tief *dreilappig,* braun mit gelber Zeichnung. *Mittellappen* oval, ziemlich *gewölbt,* plötzlich *in ein großes,* 2–2,5 mm langes, grüngelbes, *abwärts gerichtetes Anhängsel ausgezogen.* Seitenlappen stumpf, breit kegelförmig, innen kahl, hellgelb, außen dicht braunrot behaart. *Zeichnung großflächig,* über den Mittellappen verteilt. Fruchtknoten sehr kurz gestielt, leicht gedreht, kahl.
Blütezeit: Von April bis Juni.
Höhenverbreitung: Von 800 m bis 1700 m.
Standort: Im Gebüsch, in Eichenwäldern und in feuchten Wiesen, bevorzugt auf Kalk.
Bastarde: Kein Nachweis.
Bildnachweis: 4. 5. 1981, Antakya (Südosttürkei), O. Kurze.
Das Bild zeigt die kleinen Blüten mit den stark dreilappigen Lippen. Die Petalen sind extrem kurz. Die Seitenhöcker sind groß und stark behaart, die Lippenzeichnung ausgedehnt und das Anhängsel sehr groß.

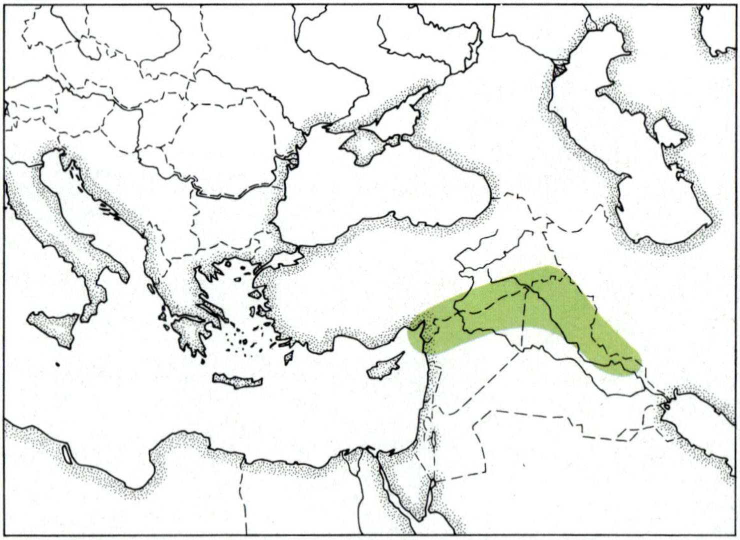

Óphrys scólopax CAV.
Schnepfen-Ragwurz

1. subsp. apifórmis (DESF.) MAIRE & WEILLER – Bienenähnliche Unterart
Beschreibung: Pflanze 13–40 cm hoch. Laubblätter 4–5, am Grunde gedrängt, schmal-lanzettlich, bis 2,5 cm breit, am Grunde verschmälert, sowie 1–2 stengelumfassende Hochblätter. *Blütenstand* verlängert, bis 18 cm lang, locker, *5- bis 13blütig.* Tragblätter schmal-lanzettlich, oft doppelt so lang wie die unteren Blüten. *Sepalen* länglich-eiförmig, stumpf, 7–10 mm lang, *weiß oder blaßrosa,* selten grün, mit grünen Mittelnerven, die seitlichen abstehend bis stark zurückgeschlagen, das mittlere Sepalblatt leicht vorwärts gekrümmt, aufgerichtet, oder stark zurückgeschlagen. *Petalen schmal-lanzettlich,* 2,5–4,5 mm lang, an den Rändern leicht zurückgerollt, meist stark *behaart,* gleich oder dunkler gefärbt als die Sepalen. *Lippe* ziemlich *klein, länglich* bis elliptisch, 6,5–9 mm lang, 4,5–7,5 mm breit, ziemlich *gewölbt,* im oberen Teil tief *dreilappig,* tief purpurn. *Seitenlappen* nur mit einer schmalen Ansatzstelle mit der Lippe verbunden, nach oben *in* steil aufgerichtete, bis 4 mm lange *zugespitzte Höcker verlängert,* innen kahl, gelblichgrün, außen dicht zottig behaart. *Mittellappen im oberen Teil* leicht *eingeschnürt. Anhängsel* ungewöhnlich *breit,* bisweilen dreizipflig, meist aufwärts gekrümmt, gelblichgrün. *Zeichnung* meist *ausgedehnt,* ziemlich variabel.
Blütezeit: Von Anfang April bis Anfang Juni, je nach Höhenlage.
Höhenverbreitung: Von der Küste bis etwa 2000 m Höhe.
Standort: Auf Ödland, an rasigen Stellen, im Gebüsch.
Bastarde: Selten mit *O. lutea* und *O. tenthredinifera.*
Bildnachweis: 15. 4. 1972, Zaghouan (Nordwest-Tunesien), H. Baumann.

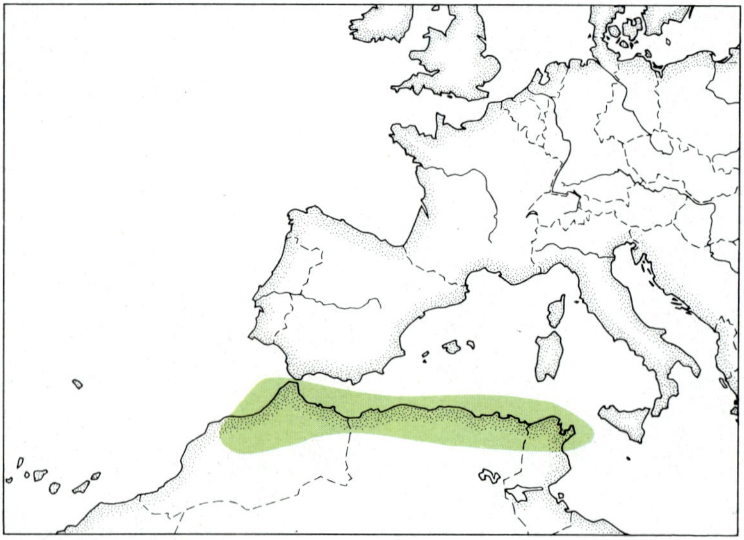

Óphrys scólopax Cav.
Schnepfen-Ragwurz

2. subsp. scólopax – Gewöhnliche Unterart

Beschreibung: Pflanze 10–40 cm hoch. Laubblätter 4–7, am Grunde rosettig gehäuft, länglich-zungenförmig, spitz. *Blütenstand gestreckt,* bis zu 18 cm lang, *locker* bis ziemlich dicht, 3- bis 12blütig. Blüten mittelgroß, ziemlich abstehend. Tragblätter lanzettlich, ziemlich lang zugespitzt, länger als der Fruchtknoten. *Sepalen* länglich eiförmig, gegen die Spitze allmählich verschmälert, stumpflich, 8–12 mm lang, dreinervig, *rosenrot* mit grünen Mittelnerven, die Seitenränder zurückgerollt, *ziemlich stark zurückgeschlagen. Petalen* lineal, stumpflich, 5 mm lang, an den Rändern ziemlich dicht *behaart,* rosa bis violett, selten grünlich-weißlich. *Lippe* oval, 8–12 mm lang, im oberen Teil tief *dreilappig. Seitenlappen* länglich, stumpf, herabgeschlagen, *außen dicht und lang behaart,* nach oben *in* stumpfe bis zugespitzte *Höcker verlängert,* innen kahl, gelblich. *Mittellappen* länglich, ziemlich *gewölbt, Seitenränder stark zurückgeschlagen,* nach vorne etwas verjüngt, mit einem spitz-lanzettlichen Anhängsel, abwärts bis leicht aufwärts gerichtet, bräunlich bis schwarzviolett, dicht samtig, gegen die Ränder kahl, über dem Anhängsel dicht behaart. *Zeichnung* im oberen Teil *ring- und linienförmig,* gelblich.
Blütezeit: Von März bis Mai.
Höhenverbreitung: Von der Küste bis 1400 m.
Standort: Auf Ödland, im Gebüsch, im lichten Wald, bevorzugt auf Kalk.
Bastarde: Mit *O. apifera, arachnitiformis, atrata, bertolonii, bombyliflora, fusca, holosericea, lutea, sphegodes, tenthredinifera, vernixia.*
Bildnachweis: 20. 4. 1974, Ubeda (Südostspanien), H. Baumann.

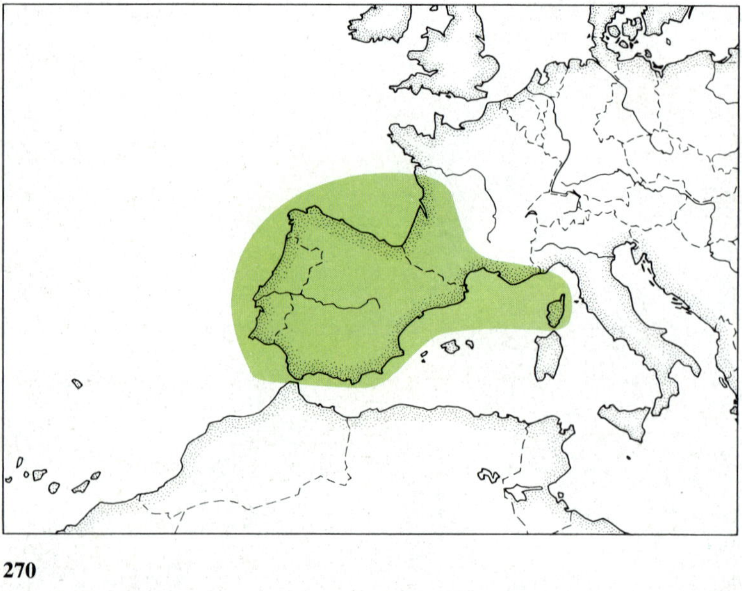

Óphrys sphegódes MILL.
Spinnen-Ragwurz

Beschreibung: Pflanze 10–45 cm hoch. Laubblätter 3–6, am Grunde gehäuft, länglich bis lanzettlich. Blütenstand locker, bis zu 20 cm lang, 3- bis 12blütig. Tragblätter lanzettlich, zugespitzt, länger als der Fruchtknoten. *Sepalen* länglich-eiförmig, 10–14 mm lang, 4–5 mm breit, *gelblichgrün* bis olivgrün, bisweilen bräunlich überlaufen, abstehend. Mittleres Sepal länglich, 10–12 mm lang, an den Rändern meist eingerollt, aufgerichtet. *Petalen zungenförmig,* stumpf, *kahl,* einnervig, am Rande meist gewellt, 5–8 mm lang, 2–3,5 mm breit, gelblichgrün bis dunkelgrün, bisweilen bräunlich überlaufen. *Lippe* vielgestaltig, oval bis länglich oder rundlich, gewölbt, ganzrandig bis schwach dreilappig, zumeist schwach gehöckert *mit kahlen Innenflächen,* 8–16 mm lang, hell- bis dunkelbraun. *Zeichnung* kahl, himmelblau bis violett, *aus zwei parallelen Streifen bestehend,* die zumeist in der Mitte 1- bis 2fach verbunden sind. *Anhängsel fehlend* bis schwach entwickelt.
Blütezeit: Von Februar (im Süden) bis Juni.
Höhenverbreitung: Von der Küste bis 1300 m.
Standort: Auf Ödland, im Magerrasen, im Gebüsch, in lichten Wäldern, auf Kalk.
Naturschutz: Nach Bundesartenschutzverordnung vom Aussterben bedroht.
Bastarde: Mit *O. aesculapii, apifera, arachnitiformis, atrata, araneola, bertolonii, bombyliflora, exaltata, fusca, garganica, ferrum-equinum, doerfleri, holosericea, insectifera, lunulata, lutea, mammosa, oestrifera* subsp. *oestrifera, scolopax* subsp. *scolopax, spruneri, tenthredinifera, vernixia.*
Bildnachweis: 15. 4. 1981, Istrien (Nordjugoslawien), H. Baumann.

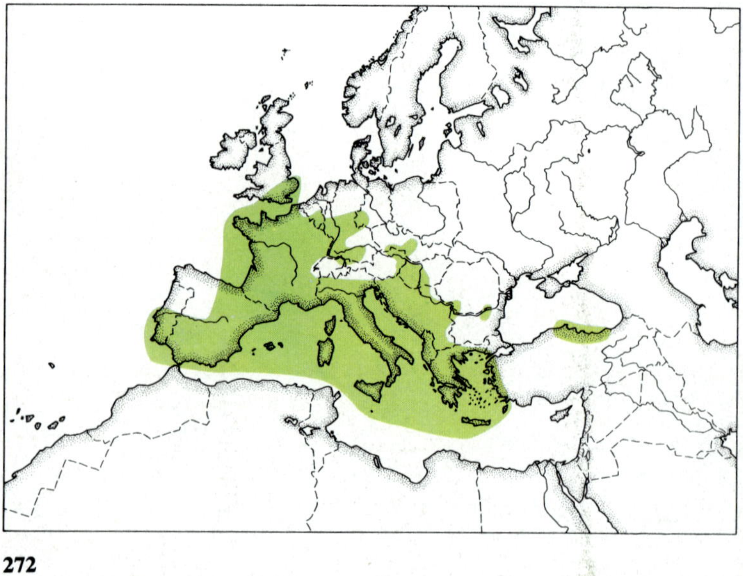

Óphrys sprúneri NYM.
Spruners Ragwurz

Syn: O. sphegodes ssp. spruneri

Beschreibung: Pflanze kräftig. 10–40 cm hoch. Laubblätter 3–6, länglich-lanzettlich, spitz, am Grunde rosettig gehäuft, ziemlich abstehend, 1–2 stengelumfassende Hochblätter. Blütenstand langgestreckt, bis 30 cm lang, locker, 2- bis 8blütig. Tragblätter länglich-eiförmig, abstehend, etwas länger als der Fruchtknoten. *Sepalen* länglich-eiförmig bis schief-lanzettlich, 12–13 mm lang, 3–5 mm breit, das mittlere schmäler, stumpf und aufgerichtet, die seitlichen abstehend, bisweilen schräg abwärts gerichtet, *grün,* zumeist *bei den seitlichen Sepalen die untere Hälfte purpurn überlaufen,* selten rosa oder weiß. *Petalen* breit-lanzettlich bis *zungenförmig,* 5–8 mm lang, stumpflich bis spitz, kurz papillös behaart, besonders am Rande meist dunkler getönt oder purpurn überlaufen. *Lippe* ziemlich groß und langgestreckt, 10–15 mm lang und breit, im oberen Teil zumeist tief *dreilappig, ungehöckert,* dunkelbraun bis schwarzpurpurn, am Rande kurz behaart. *Seitenlappen* eiförmig, gewölbt, *seitlich abstehend* bis abwärts gerichtet, behaart. Mittellappen rundlich bis länglich, die Ränder zumeist herab- bis zurückgeschlagen, nach vorne mit einem spitz zulaufenden Anhängsel. *Zeichnung blauviolett,* weiß umrahmt, zumeist *zwei lange Längsleisten darstellend.*
Blütezeit: Von März bis Mai.
Höhenverbreitung: Von der Küste bis 700 m.
Standort: Auf Ödland, im Gebüsch, an rasigen Stellen.
Bastarde: Mit *O. argolica, delphinensis, mammosa, oestrifera, sphegodes.*
Bildnachweis: 15. 4. 1972, Delphi (Griechenland), H. Baumann.

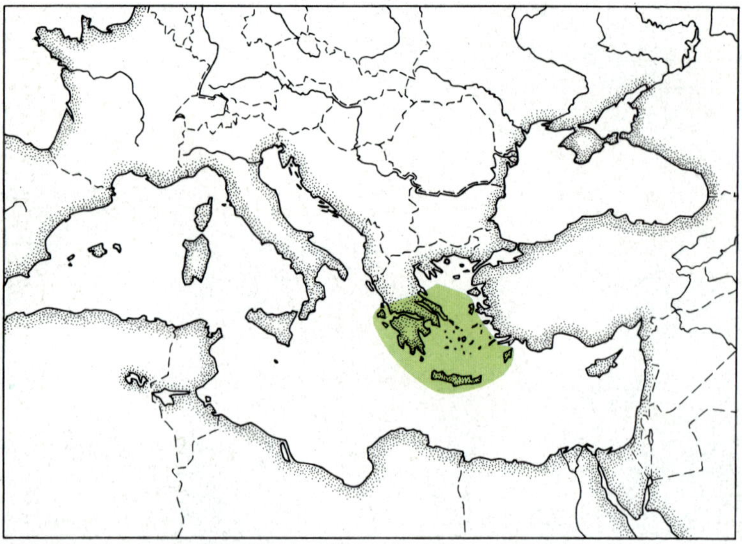

Óphrys stráussii H. FLEISCHMANN & BORNM.
Strauss-Ragwurz

Beschreibung: Pflanze 30–50 cm hoch. Laubblätter 6–9, am Grunde rosettig gehäuft, länglich-lanzettlich, aufrecht bis abstehend, bis zur Mitte des Stengels 2–3 langbescheidete, stengelumfassende Blätter. *Blütenstand* sehr locker, *6- bis 8blütig.* Tragblätter lanzettlich, zugespitzt, länger als die Blüten. *Sepalen* abstehend bis zurückgeschlagen, länglich-elliptisch, 15 mm lang, 6 mm breit, dreinervig, *blaßrosa,* bisweilen grünlichweiß. *Petalen länglich-dreieckig,* 6 mm lang, 1,5 mm breit, einnervig, *behaart. Lippe* mittelgroß, 12–15 mm lang, dunkelbraun, im oberen Teil tief *dreilappig. Seitenlappen* breit-lineal, vorne abgerundet, ungehöckert bis schwach gehöckert, ziemlich *lang hellrot bis weißlich behaart.* Mittellappen aus schmalem Grunde rasch verbreitert, quer-elliptisch, nach vorne in ein unabgeteiltes, vorgestrecktes, gelblichgrünes oder bräunliches Anhängsel ausgezogen, Seitenränder nach vorne stark herabgeschlagen, daher schmal wirkend. *Zeichnung* variabel, zumeist *bläuliche Bogenstücke und Flecken.*
Blütezeit: Von April bis Mai.
Höhenverbreitung: Von 600 m bis 2100 m.
Standort: Auf Ödland, im Gebüsch und im Eichenwald.
Bastarde: Nachgewiesen mit *O. cilicica.*
Bildnachweis: 7. 5. 1981, Mersin (Südosttürkei), O. Kurze.
Das Bild zeigt die reduzierte, weiße Malzeichnung. Die Lippe ist gewölbt und an den Schultern stark behaart. Das Perigon ist bunt.

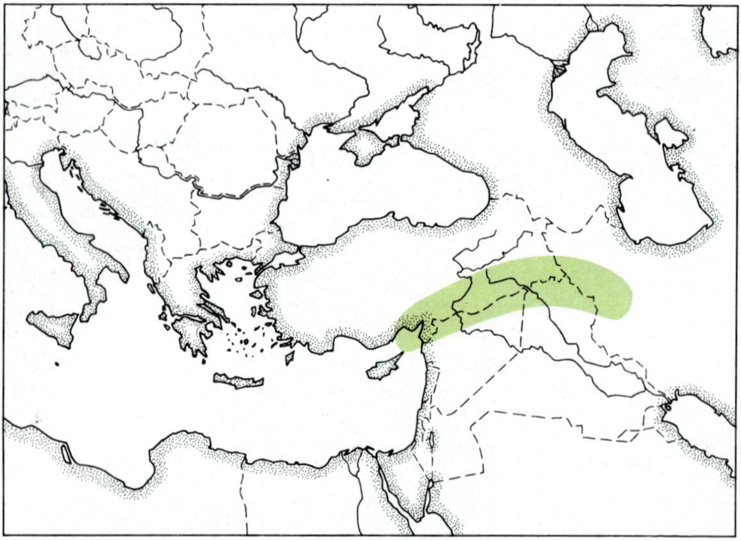

Óphrys tenthredinífera WILLD.
Wespen-Ragwurz

Beschreibung: Pflanze 10–45 cm hoch. Laubblätter 4–6, am Grunde rosettig gehäuft, länglich-lanzettlich, spitz, 4–12 cm lang, nach oben 1–2 stengelumfassende Hochblätter. Blütenstand locker, bis 12 cm lang, 3- bis 8blütig. Tragblätter länglich, länger als der Fruchtknoten. *Sepalen* länglich-lanzettlich bis eiförmig, ziemlich stumpf, 6–12 mm lang, an den Rändern zurückgerollt, *rosa bis violett,* seltener weißlich, seitlich abstehend. *Petalen dreieckig-eiförmig,* 2–4 mm lang, stark *behaart,* zumeist etwas intensiver gefärbt als die Sepalen. *Lippe* verkehrteiförmig bis quadratisch, 11–14 mm lang und breit, ungeteilt, *schwach gehöckert,* etwas gewölbt, in der Mitte kurzbehaart, rotbraun, *in einer breiten Randzone hellgelb* bis grünlich, stark behaart. *Anhängsel* in einer Ausrandung *der Lippe,* gelblichgrün, aufwärts gerichtet, *mit einem dichten Haarbüschel über seiner Ansatzstelle. Zeichnung im oberen Teil, stark reduziert,* schildförmige Umrahmung des Basalfeldes, dunkelblau, gräulich bis braunviolett, weißlich gerändert. *Säule stumpf.*
Blütezeit: Von März bis Mai.
Höhenverbreitung: Von der Küste bis 1200 m.
Standort: Auf Ödland, im Gebüsch, an steinigen Halden, in lichten Wäldern.
Bastarde: Mit *O. argolica, arachnitiformis, atrata, bertolonii, bombyliflora, fusca, candica, garganica, heldreichii, holosericea, iricolor, lutea, oestrifera* subsp. *oestrifera, oxyrrhynchos, scolopax* subsp. *apiformis, scolopax* subsp. *scolopax, sphegodes, vernixia.*
Bildnachweis: 10. 4. 1980, Messina (Sizilien), H. Baumann.

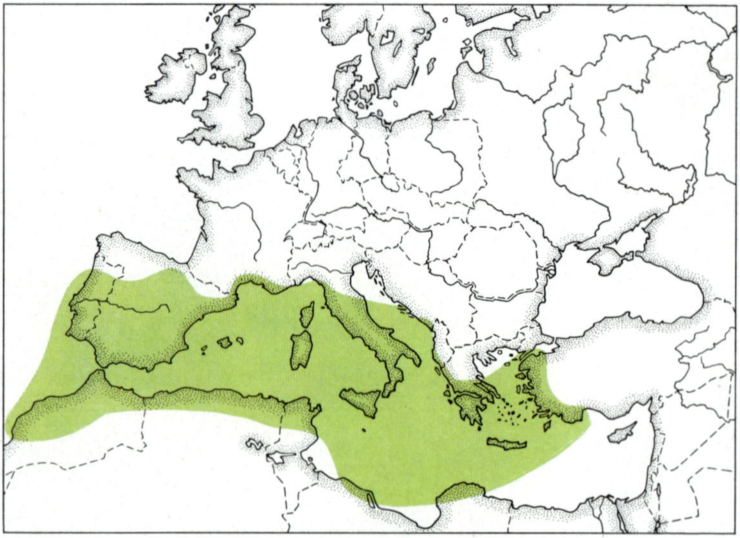

Óphrys transhyrcána CZERNIAK.
Kaspische Ragwurz

Beschreibung: Pflanze kräftig, 30–60 cm hoch. Laubblätter 5–6, ziemlich locker am Stengel verteilt, länglich-lanzettlich, bis zu 20 cm lang, die obersten 1–2 aufrecht, tragblattartig. Blütenstand langgestreckt, locker, 4- bis 10blütig. Tragblätter länger als der Fruchtknoten, lanzettlich. *Sepalen* länglich-eiförmig, auffallend *lang,* bis zu 17 mm, abstehend bis leicht zurückgeschlagen, *grünlich, die untere Hälfte der seitlichen Sepalen* meist *purpurn überlaufen. Petalen zungenförmig* oder lineal, 7–11 mm lang, 2–3 mm breit, fein behaart, am Rande meist gewellt, olivgrün, bisweilen purpurn überlaufen. *Lippe* breit-eiförmig, bis zu 16 mm lang, ziemlich gewölbt, ganzrandig bis leicht dreilappig, *ungehöckert,* nach vorne in eine verschmälerte Spitze ausgezogen, *dunkelbraun,* gegen die Spitze bisweilen gelblich, an den Seiten dicht purpurn behaart. *Zeichnung bläulich parallele Streifen,* die zumeist im oberen Teil verbunden sind. *Anthere mit einem bis zu 3,5 mm langen Fortsatz.*
Blütezeit: Von März bis Mai, je nach Höhenlage.
Höhenverbreitung: Von der Küste bis 2300 m.
Standort: Auf Ödland, im Gebüsch, in Laubwäldern, vor allem in Eichen- und Kiefernwäldern, bevorzugt auf Kalk.
Bastarde: Mit *O. mammosa.*
Bildnachweis: 25. 3. 1978, Har Meron (Nordisrael), H. Baumann.
Das Bild zeigt die braun gefärbte und schwach dreigeteilte Lippe mit einer H-Zeichnung. Die Anthere ist lang ausgezogen.

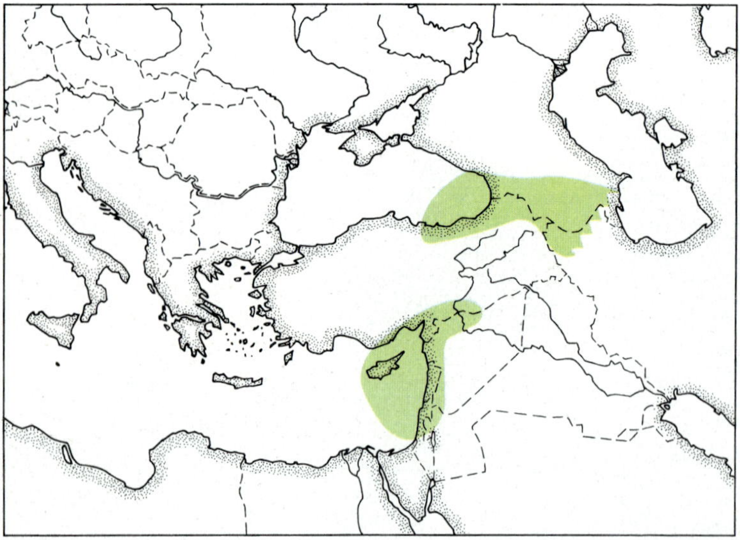

Óphrys umbilicáta DESF.
Nabel-Ragwurz

Beschreibung: Pflanze 10–45 cm hoch. Laubblätter 4–6, die meisten am Grunde gehäuft, länglich-oval, 4–15 cm lang, 1,5–3,5 cm breit, nach oben 1–2 Blätter den Stengel umhüllend. Blütenstand zylindrisch, anfangs gedrängt, 4–15 cm lang, 3–12blütig. Tragblätter länglich-lanzettlich. Blüten ziemlich klein, abstehend. *Perigonblätter grün, grünlich bis weißlich.* Seitliche Sepalen abstehend bis leicht zurückgeschlagen, stumpf, 8–12 mm lang, 5–7 mm breit, das *mittlere Sepal* aufgerichtet bis leicht *nach vorne gekrümmt. Petalen* ziemlich kurz, *dreieckig-*zungenförmig bis dreieckig-lanzettlich, ziemlich stumpf, einnervig, oberseits *behaart,* 4–5 mm lang, 2–3 mm breit. *Lippe* im oberen Teil breit *dreilappig,* bräunlich samtig. *Seitenlappen* klein, abstehend bis zurückgeschlagen, *nach oben in mäßige Höcker verlängert,* an der Seite dicht zottig behaart. Mittellappen aus engkeilförmigem Grunde längsoval bis rundlich, ziemlich gewölbt, Seitenränder herab- bis zurückgeschlagen, vorne zumeist mit einem kurzen, kahlen, gelbgrünen, aufwärts gerichteten Anhängsel. *Zeichnung großflächig und ornamentartig,* aus gelblichen geschwungenen Linien bestehend, die 3–4 nabelförmige Flecken einschließen.
Blütezeit: Von März bis Ende Mai.
Höhenverbreitung: Von der Küste bis 2100 m.
Standort: Auf Ödland, im Gebüsch, an feuchten Stellen, im Eichenwald.
Bastarde: Mit *O. bornmuelleri, elegans.*
Bildnachweis: 22. 3. 1970, Orga (Nordzypern), H. Baumann.

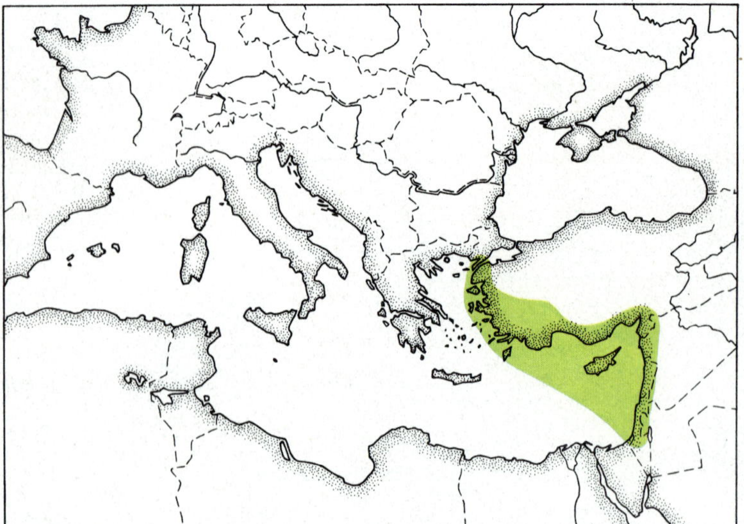

Óphrys verníxia Brot.
Spiegel-Ragwurz

Syn.: O. speculum

Beschreibung: Pflanze gedrängt, 10–25 cm hoch. Laubblätter 4–5, am Grunde rosettig gehäuft, länglich-elliptisch, bläulichgrün, nach oben ein stengelumfassendes Hochblatt. Blütenstand locker, 2- bis 8blütig. Blüten mittelgroß, abstehend. Tragblätter länglich-lanzettlich, länger als der Fruchtknoten. Sepalen länglich-eiförmig, 6–8 mm lang, an den Rändern zurückgerollt, hellgrün, in der Mitte und am unteren Rande braun gestreift, die seitlichen abstehend, das mittlere Sepalblatt kapuzenförmig nach vorne gekrümmt. *Petalen* eiförmig bis lanzettlich, *2–4 mm lang, dunkelbraun* (selten grün), *stark behaart. Lippe* 11–15 mm lang, 8–10 mm breit, im oberen Teil tief dreilappig, *an den Rändern mit langzottigen, purpurbraunen (selten grüngelben) Haaren besetzt.* Seitenlappen schief, länglich und stumpf. *Mittellappen rundlich* bis eiförmig, vorne oft ausgerandet, ziemlich flach, *ungehöckert. Zeichnung auf der ganzen Lippe, ein kahler, glänzender blauer Flecken,* gelbgrün gerändert.
Blütezeit: Von Februar bis Mai.
Höhenverbreitung: Von der Küste bis 800 m.
Standort: Auf Ödland, im Gebüsch, an rasigen Stellen, in lichten Wäldern.
Bastarde: Mit *O. apifera, arachnitiformis, argolica, atrata, bertolonii, bombyliflora, ferrum-equinum, lunulata, fusca, lutea, mammosa, scolopax, sphegodes, tenthredinifera.*
Bildnachweis: Oben links: 15. 4. 1972, Tabarka (Nordwesttunesien). – Oben rechts: 25. 4. 1979, Coimbra (Portugal, abweichende Randsippe). – Unten links: 8. 4. 1970, Rhodos (Südägäische Insel, abweichende Randsippe). – Unten rechts: 6. 4. 1975, Gozo (Maltesische Insel, stark reduzierte Malzeichnung), H. Baumann.

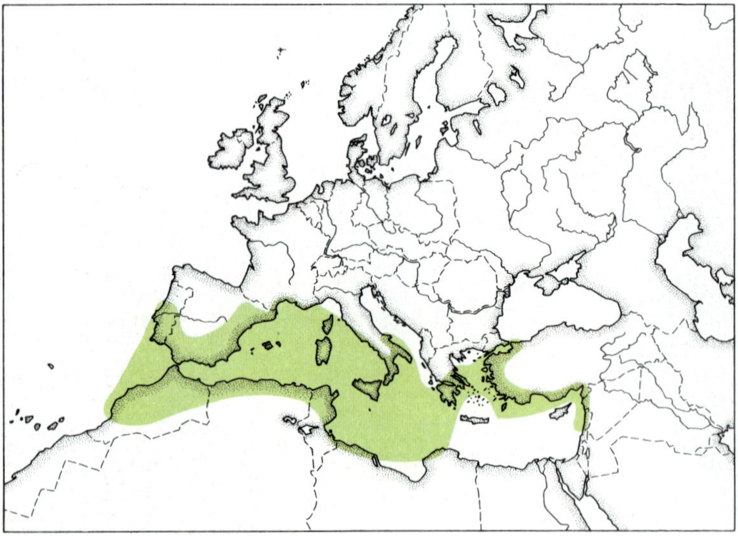

Órchis anatólica Boiss.
Anatolisches Knabenkraut

Beschreibung: Pflanze mittelgroß, 10–40 cm hoch. Stengel aufrecht, leicht hin- und hergebogen, meist rot überlaufen. *Laubblätter* 2–5, am Grunde rosettig gehäuft, lanzettlich und zugespitzt, *gefleckt,* nur selten ungefleckt. Die unteren Grundblätter sind 6–12 cm lang und 0,8–2,3 cm breit, die größte Breite erreichen sie in der Mitte bis im oberen Drittel. Nach oben folgen 1–2 scheidige Stengelblätter. Blütenstand langgestreckt, bis zu 15 cm lang, mit 2–15 sehr locker angeordneten Blüten. Blüten ziemlich groß, hellrosa bis dunkelpurpurn gefärbt, selten reinweiß. Tragblätter häutig und zugespitzt, kürzer als der Fruchtknoten. *Sepalen* eiförmig-lanzettlich, die *seitlichen* in einem *Winkel von 90° ausgebreitet,* 8–10 mm lang und 4 mm breit, das mittlere mit den Petalen zusammenneigend. Lippe aus keilförmigem Grund tief dreilappig, 8–14 mm lang und 8–12 mm breit, der Mittellappen etwas vorgezogen, die Seitenlappen keilförmig. *Lippe* entlang der Mittellinie nach unten *gefaltet.* Malzeichnung aus dunkelroten Streifen oder Punkten bestehend. *Sporn dünn* und lang, *1,5–2,5 cm lang, horizontal* bis leicht aufwärts gebogen, am Ende verjüngt, etwa doppelt so lang wie der Fruchtknoten.
Blütezeit: Von Anfang März bis Ende Mai.
Höhenverbreitung: Von der Küste bis etwa 2400 m.
Standort: Vorwiegend Waldpflanze, aber auch im Gebüsch und auf Ödland.
Naturschutz: Diese Art wird in der Türkei durch Knollengräber dezimiert.
Bastarde: Nachgewiesen mit *O. pauciflora* und *O. quadripunctata.*
Bildnachweis: 25. 5. 1980, Mugla (Südwesttürkei), H. Baumann.

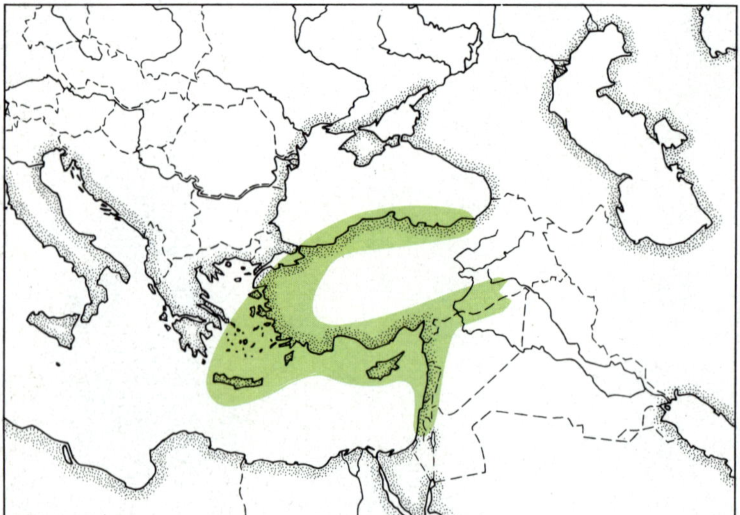

Órchis bóryi REICHENB. fil.
Borys Knabenkraut

Beschreibung: Pflanze niedrig bis mittelgroß, 10–30 cm hoch. Blätter 4–6, am Grunde rosettig gehäuft. Die grundständigen Blätter sind länglich-lanzettlich, hellgrün und schmal, lang zugespitzt, 5–8 cm lang und 0,5–1,0 cm breit. Nach oben folgen 2–3 langscheidige Stengelblätter. Der Blütenstand ist relativ kurz und trägt 5–15 sehr locker angeordnete Blüten. Die Tragblätter sind violett gefärbt, dem Fruchtknoten anliegend und etwa halb so lang wie dieser. *Die Blüten* sind mittelgroß und *blühen von oben nach unten auf. Die Sepalen und Petalen bilden einen lockeren,* leicht geöffneten *Helm,* der violett gefärbt ist und dessen Nervatur dunkler hervortritt. Die Sepalen sind 7–10 mm lang und 4–6 mm breit, die Petalen nur 5–7,5 mm lang und 2,5–3,5 mm breit. *Die Lippe ist schwach dreilappig,* 8–10 mm lang und 9,5–11,5 mm breit. Sie ist hellrosa gefärbt, die äußeren Ränder sind violett gezeichnet. *Am Lippengrunde befinden sich 4–6 kleine violette Punkte. Der Sporn ist dünn* und lang, *violett gezeichnet und waagerecht,* 13–17 mm lang und *kaum kürzer als der Fruchtknoten.*
Blütezeit: Anfang April bis Ende Mai, je nach Höhenlage.
Höhenverbreitung: Von der Küste bis 1200 m.
Standort: Pflanze lichter Gebüsche und Wälder, auch auf Ödland. Gerne auf Schiefer.
Naturschutz: Durch landwirtschaftliche Maßnahmen gefährdet.
Bastarde: Mit *O. papilionacea* nachgewiesen.
Bildnachweis: 3. 5. 1980, Raptopulo (Peloponnes), E. Willing.

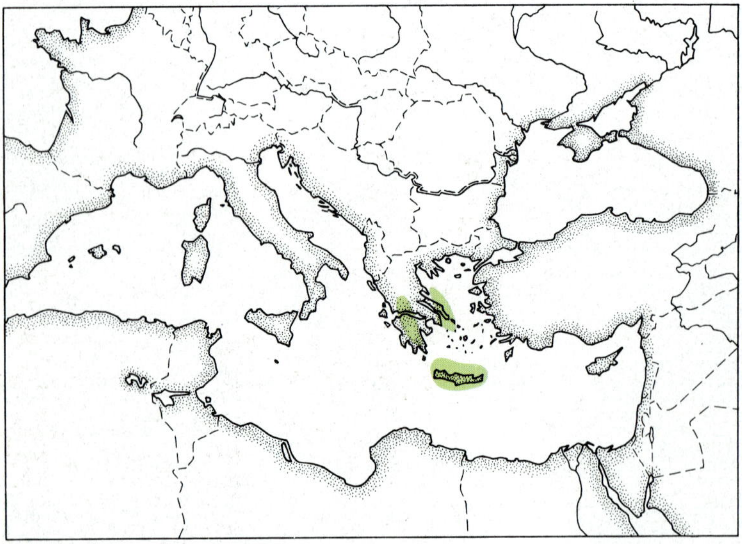

Órchis brancifórtii BIV.-BERN.
Brancifortis Knabenkraut

Beschreibung: Pflanze zierlich bis mittelgroß, 10–25 cm hoch. Laubblätter 4–6, am Grunde rosettig gehäuft. Die 2–4 Grundblätter sind schmal-linealisch, 6–10 cm lang und 1–1,5 cm breit und ungefleckt. Nach oben folgen 1- bis 2 scheidige Stengelblätter. Der Blütenstand ist eiförmig-zylindrisch, dunkelbraunrot überlaufen und trägt zahlreiche, locker angeordnete Blüten. Die Tragblätter sind 2/3 so lang wie der Fruchtknoten und rotbraun gefärbt. Die *Blüten* sind *sehr klein* und rosa bis hellrot gefärbt. *Alle* 3 *Sepalen* sind seitlich *abstehend,* aber nicht vollständig zurückgeschlagen und an der Spitze *abgerundet.* Die Petalen wölben sich über das Säulchen. Die Sepalen sind nur 3–5 mm lang, die Petalen kleiner. Auffällig ist vor allem die *winzige Lippe,* die *tief dreigeteilt* ist. Der *Mittellappen* ist *größer* und breiter *als* die kleinen keilförmigen *Seitenlappen.* Die Lippe ist hellrot bis rosa gefärbt, die Basis ist heller und mit zwei dunkelroten Punktpaaren besetzt, die oft zu einem verwaschenen Fleck verschmolzen sind. Der *Sporn* ist *lang und dünn,* waagrecht bis leicht abwärts gerichtet und etwa *so lang wie* der *Fruchtknoten.*
Blütezeit: Anfang April bis Ende Mai, je nach Höhenlage.
Höhenverbreitung: Von 200 m bis 1200 m.
Standort: Pflanze lichter Gebüsche und steiniger Abhänge, auf Kalk.
Naturschutz: Pflanze mit kleinem Verbreitungsgebiet, nur wenige Standorte bekannt und daher gefährdet.
Bastarde: Keine sicheren Nachweise.
Bildnachweis: 13. 4. 1980, Westsardinien, O. Kurze.

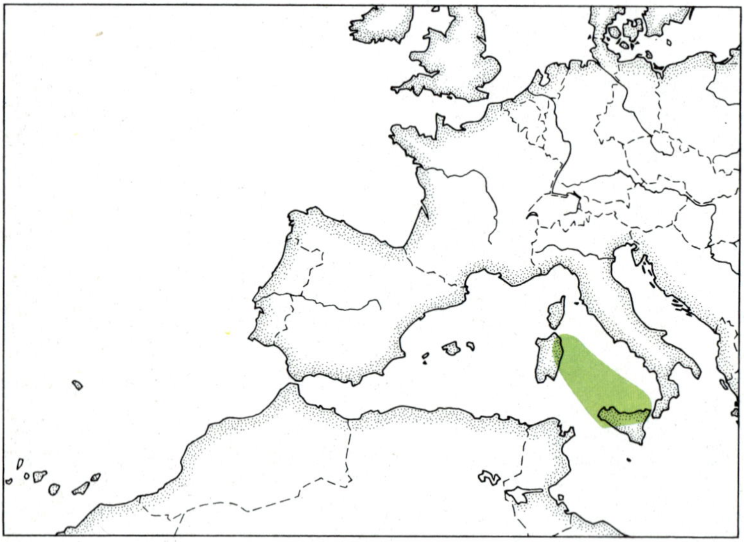

Órchis champagneūxii BARNÉOUD
Dreiknollen-Knabenkraut

Beschreibung: *Pflanze* klein und zierlich, 12–25 cm hoch, nicht einzeln, sondern in kleinen oder größeren *Gruppen wachsend* infolge vegetativer Vermehrung (3 Knollen). Blätter 6–9, am Grunde rosettig gehäuft. Die grundständigen Blätter sind schmal-länglich, 3,5–7,5 cm lang und 0,8–1,5 cm breit. Nach oben folgen 2–3 scheidige Stengelblätter. Alle Blätter sind grün und ungefleckt. Der *Blütenstand* ist 2,5–5,5 cm lang und trägt nur *wenige* (3–10) *Blüten,* die *rosa* bis blaßviolett *gefärbt* sind. Alle Perigonblätter neigen helmförmig zusammen. Die seitlichen Sepalen sind 7–10 mm lang und 4–5 mm breit, die Petalen sind kleiner (6–7 mm lang und 3 mm breit). Die Nervatur des Helmes tritt dunkler hervor. Die Lippe ist schwach dreilappig mit gestutztem Mittellappen, die Seitenlappen sind vorgezogen. Die Lippe ist insgesamt 6–9 mm lang und 6–11 mm breit, rosa bis blaßviolett gefärbt. Die Mitte der *Lippe* ist auf der ganzen Länge hell bis fast weiß gefärbt und besitzt *keine Zeichnung.* Der Sporn ist so lang wie oder etwas kürzer als der Fruchtknoten und leicht nach oben gebogen.
Blütezeit: Anfang April bis Mitte Juni.
Höhenverbreitung: Von der Küste bis 1500 m.
Standort: Pflanze lichter Wälder und Gebüsche, auch in höhergelegenen ungedüngten Gebirgswiesen.
Bastarde: Mit *O. morio, papilionacea,* selten mit *Serapias neglecta* subsp. *neglecta.*
Bildnachweis: 15. 4. 1979, Hyères (Südfrankreich), H. Baumann.

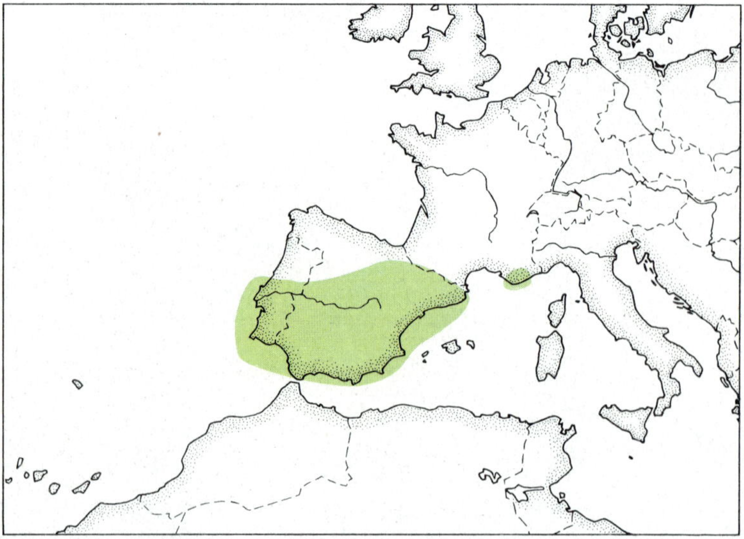

Órchis collína BANKS & SOLAND. ex RUSSEL
Hügel-Knabenkraut

Beschreibung: Pflanze klein bis mittelgroß, 10–30 cm hoch. *Stengel* steif aufrecht und *dick*. Laubblätter 3–7, die meisten am Grunde gehäuft. Die Grundblätter länglich-eiförmig und ausgebreitet, 3–12 cm lang und bis zu 3 cm breit, die größte Breite etwa in der Mitte, dunkelgrün glänzend. Die Stengelblätter kleiner und den Stengel scheidig umhüllend. Blütenstand langgestreckt und zylindrisch, 6–15 cm lang, mit 4–14 locker angeordneten Blüten. Blüten ziemlich groß, Blütenfarbe variabel von olivgrün bis dunkelviolett. Tragblätter lanzettlich und zugespitzt, die unteren etwas länger als der Fruchtknoten, die oberen etwa so lang, meist rotbraun gefärbt. Sepalen eiförmig-länglich, die seitlichen vollständig zurückgeschlagen, 9–12 mm lang und 3–4 mm breit, das mittlere mit den Petalen zusammenneigend. Petalen länglich und stumpf, 7–10 mm lang. *Lippe ungeteilt,* im Umriß rundlich und kaum gewellt, 9–12 mm lang und 9–11 mm breit, an den *Rändern zurückgeschlagen,* dunkelgrün bis rotbraun gefärbt, an der Basis hell, *ohne Fleckung. Sporn kurz,* sackförmig *dick,* am Ende verjüngt, steil *abwärts* gerichtet, 5–7 mm lang, halb so lang wie der Fruchtknoten, hell gefärbt.
Blütezeit: Von Anfang Februar bis April, eine der frühesten *Orchis*-Arten.
Höhenverbreitung: Von der Küste bis etwa 2200 m.
Standort: Auf kalkreichen Standorten in lichten Wäldern oder Ödland.
Bastarde: Nachgewiesen mit *O. coriophora* und *papilionacea.*
Bildnachweis: 20. 2. 1979, Zefat (Nordisrael), H. Baumann.

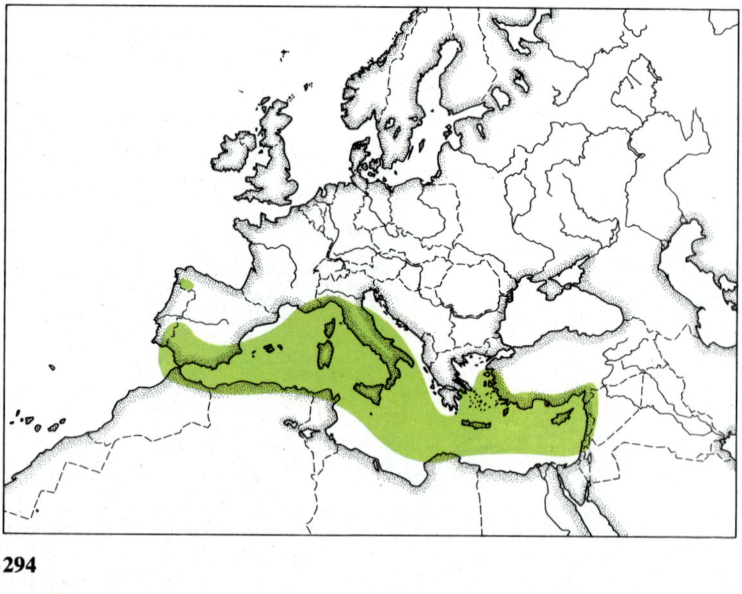

Órchis corióphora L.
Wanzen-Knabenkraut

Beschreibung: Pflanze zierlich bis mittelgroß, 12–50 cm hoch. Stengel aufrecht und dünn. Laubblätter 4–10, die meisten am Grunde rosettig gehäuft. Die *Grundblätter schmal* und lanzettlich, zugespitzt, 5–15 cm lang und 0,8–2,0 cm breit, gefaltet und ungefleckt. Nach oben folgen 2- bis 4 scheidige Stengelblätter. Blütenstand zylindrisch, 5–15 cm lang, dicht- und reichblütig. *Blüten* relativ *klein,* grün bis dunkel rotbraun gefärbt. Tragblätter lanzettlich und zugespitzt, etwa so lang wie der Fruchtknoten. Seitliche *Sepalen* eiförmig-lanzettlich und *zugespitzt,* 7–10 mm lang und 3–4 mm breit. Petalen 4–6 mm lang und 1–2 mm breit, zugespitzt. Alle Perigonblätter helmförmig zusammenneigend. *Lippe* dreilappig, 5–7 mm lang und 7 mm breit, flach, nach rückwärts *umgebogen,* der Mittellappen vorgezogen. Lippe grün bis dunkel rotbraun gefärbt, an der Basis heller, mit roten Punkten oder Strichen gezeichnet. *Sporn kurz* und konisch, an der Basis breit und am Ende zugespitzt, 5–6 mm lang, *abwärts* gerichtet. *Wanzenähnlicher Geruch der Blüten.*
Blütezeit: Von April bis Juni, relativ spätblühend.
Höhenverbreitung: Von der Küste bis etwa 2200 m.
Standort: Auf feuchten Standorten, im Mittelmeergebiet auch auf trockeneren Böden wachsend.
Naturschutz: Nach der Bundesartenschutz-Verordnung vom Aussterben bedroht.
Bastarde: Nachgewiesen mit *O. collina, laxiflora, morio, palustris* und *tridentata, A. pyramidalis, S. vomeracea* subsp. *vomeracea.*
Bildnachweis: 20. 6. 1970, Kitzingen (Unterfranken), H. Baumann

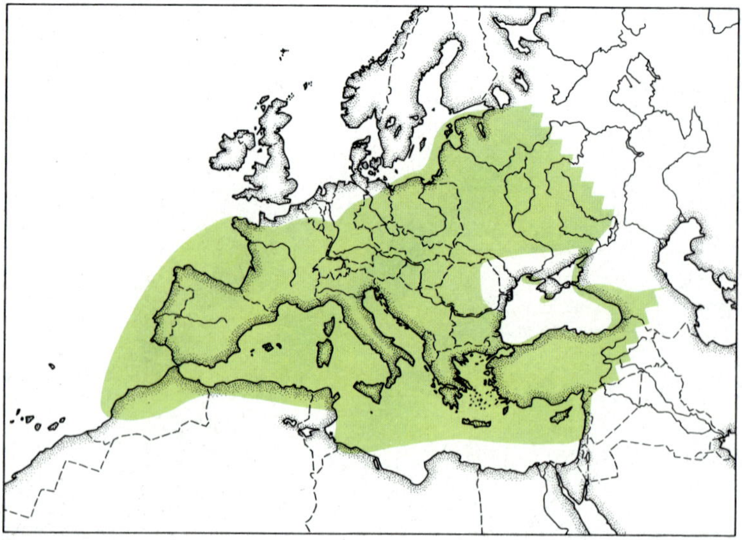

Órchis dinsmórei (R. SCHLECHTER) H. BAUMANN & DAFNI
Dinsmores Knabenkraut

Beschreibung: *Pflanze* aufrecht und *groß,* 45–70 cm hoch. Laubblätter 5–8, am Stengel verteilt. Die unteren Grundblätter sind 18–27 cm lang und 2–3 cm breit, ungefleckt. Die nach oben folgenden Stengelblätter nehmen an Größe ab. Alle Blätter sind schräg aufwärts gerichtet und rinnig gefaltet. Der *Blütenstand* ist *lang,* gestreckt, 13–28 cm lang und trägt 15–35 *locker* angeordnete *Blüten.* Die Blüten sind rotviolett gefärbt. Die beiden seitlichen Sepalen sind vollständig zurückgeschlagen und abgerundet, ihre Länge beträgt 9–11 mm und ihre Breite 4–5 mm. Das mittlere Sepal und die Petalen wölben sich über das Säulchen. Die Petalen sind 8–9 mm lang und 4–6 mm breit. Die Tragblätter sind rotbraun gefärbt und 20–25 mm lang, so lang wie oder etwas länger als der Fruchtknoten. Die *Lippe* ist fast *ganzrandig,* die seitlichen *Ränder* sind stark nach *rückwärts geschlagen.* Die helle Lippenbasis trägt dunklere Punkte oder Striche. Die *Lippe* ist *klein, 7–8 mm lang und 10–13 mm breit.* Der *Sporn* ist schwach *bogig aufwärts* gerichtet und *10–13 mm lang* und erreicht nicht ganz die Fruchtknotenlänge.
Blütezeit: Mitte Februar bis Ende Mai, je nach Höhenlage.
Höhenverbreitung: Von der Küste bis etwa 1000 m.
Standort: Sumpfwiesen und andere geeignete Feuchtbiotope.
Naturschutz: Infolge des kleinen Areals und der starken Bindung an Feuchtigkeit besonders gefährdet.
Bastarde: Keine Nachweise bekannt.
Bildnachweis: 20. 3. 1978, Zefat (Nördliches Israel), H. Baumann.

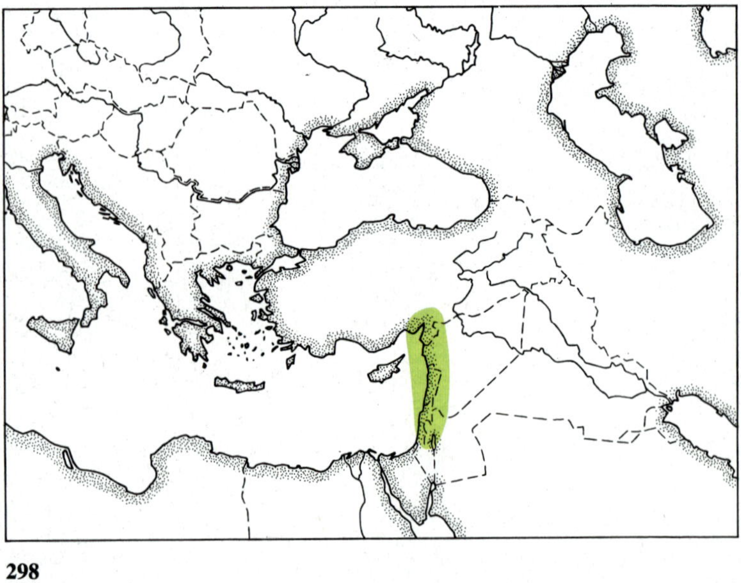

Órchis galilaea (BORNM. & M. SCHULZE) R. SCHLECHTER
Galiläa-Knabenkraut

Beschreibung: Pflanze mittelgroß, 20–50 cm hoch. Blätter 4–6, am Grunde rosettig gehäuft. Die grundständigen Blätter sind länglich-lanzettlich, hellgrün glänzend, ungefleckt und 6–12 cm lang und 2,5–5 cm breit. Nach oben folgen 1- bis 2 scheidige Stengelblätter. Der Blütenstand ist 4–12 cm lang und trägt 15–30 mäßig dicht stehende Blüten. Die *Tragblätter* sind häutig, sehr *kurz* und nur 1/4 so lang wie der Fruchtknoten. Die *Blüten* sind mittelgroß und *gelbgrün,* grün oder *rosa* gefärbt. Sie *blühen von oben* nach unten *auf.* Die Sepalen und Petalen bilden einen lockeren Helm, der auf der Außenseite gelbgrün bis rosa gefärbt ist, die Nerven (besonders auf der Innenseite) sind dunkel purpurn gezeichnet. Die Sepalen sind 9–10 mm lang. Die *Lippe* ist *tief dreilappig,* der *Mittellappen* wesentlich länger und nochmals *geteilt.* Die Lippe ist 10 mm lang und breit, in der Mitte hell gefärbt und in diesem Bereich mit purpurnen Punkten oder Strichen besetzt. Die Seitenlappen und die beiden Teillappen des Mittellappens sind lang und schmal, am Ende abgerundet und grüngelb bis dunkelrot gefärbt. Der Mittellappen besitzt am Grunde ein Zähnchen. Der *Sporn* ist zylindrisch, nach unten gebogen und mit *4 mm Länge* etwa 1/3 so lang wie der Fruchtknoten.
Blütezeit: Von Anfang Februar bis Ende April.
Höhenverbreitung: Von 300 m bis 900 m.
Standort: Pflanze lichter Gebüsche und Wälder auf kalkhaltigem Boden.
Naturschutz: Seltene orientalische Art mit kleiner Verbreitung, gefährdet.
Bastarde: Keine sicheren Nachweise bekannt.
Bildnachweis: 20. 2. 1979, Haifa (Israel), H. Baumann.

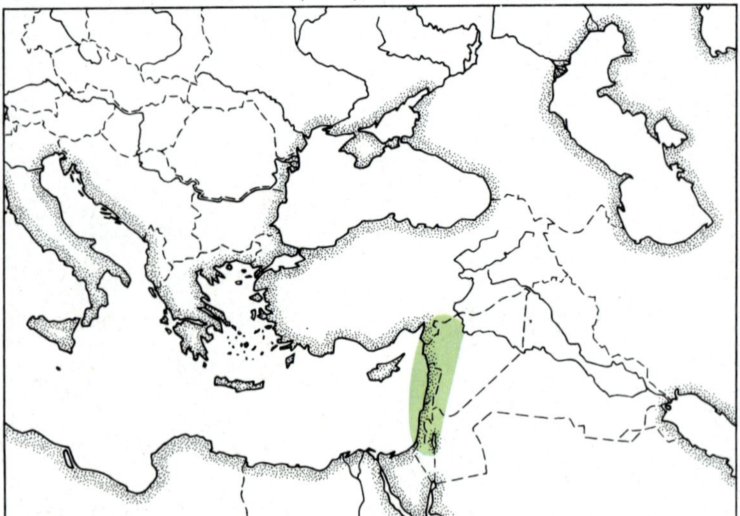

Órchis israelítica H. BAUMANN & DAFNI
Israelisches Knabenkraut

Beschreibung: Pflanze zierlich bis mittelgroß, 15–30 cm hoch. Laubblätter 5–10, die meisten am Grunde rosettig gehäuft. Die lanzettlichen und zugespitzten Grundblätter sind 6–12 cm lang und 1,5–2,0 cm breit und ungefleckt. Nach oben folgen 2- bis 3 scheidige Stengelblätter. Der zylindrische Blütenstand besteht aus 10–20 locker angeordneten Blüten. Die *Blüten* sind *klein* und von heller Grundfarbe. Die häutigen Tragblätter sind lanzettlich, am Ende stumpf und unregelmäßig gezähnt, dem Fruchtknoten anliegend und etwa 2/3 so lang wie dieser. Die Sepalen und Petalen bilden einen lockeren Helm, der innen und außen an den Rändern rosa, im mittleren Teil grün gefärbt ist. Die seitlichen Sepalen sind konkav, 6–8 mm lang und 3–4 mm breit, die Nerven sind grün gefärbt. Die Petalen sind 5–6 mm lang und 2–3 mm breit. Die *Lippe* ist *dreilappig,* 6–8 mm lang und 8–10 mm breit, *weißlich* bis rosa gefärbt. Die Seitenlappen sind schmaler als der Mittellappen, und an der Lippenbasis befinden sich zwei rote Punktpaare. Die *Aufblühfolge* verläuft *von oben* nach unten. Der *dünne Sporn* ist *waagerecht* bis leicht nach unten gebogen und am freien Ende zugespitzt, *11–13 mm lang,* so lang wie der Fruchtknoten.
Blütezeit: Februar bis Anfang März.
Höhenverbreitung: Von 400 m bis 800 m.
Standort: Kalkliebende Art lichter Gebüsche, auch auf Ödland.
Naturschutz: Endemit Israels, nur wenige Standorte bekannt, stark gefährdet.
Bastarde: Nachgewiesen mit *O. papilionacea.*
Bildnachweis: 20. 2. 1979, Haifa (Nordisrael), H. Baumann.

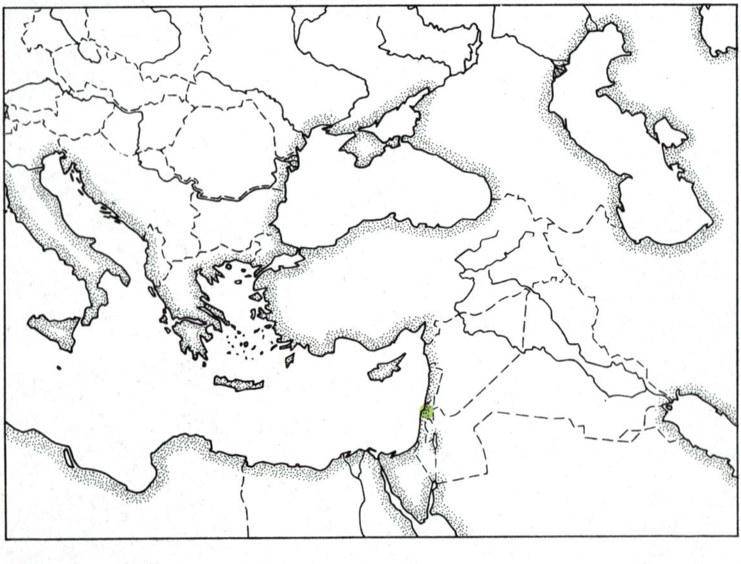

Órchis itálica Poir.
Italienisches Knabenkraut

Beschreibung: Pflanze mittelgroß, 20–40 cm hoch. Stengel aufrecht und dick. Laubblätter 5–8, die meisten am Grunde rosettig gehäuft. Die *Grundblätter* sind länglich-eiförmig, 5–11 cm lang und 1,5–2,5 cm breit, am Rande deutlich *gewellt.* Nach oben folgen 2- bis 3 scheidige Stengelblätter. Der zylindrische Blütenstand ist dicht- und vielblütig, 3,5–6,5 cm lang. Die Tragblätter sind klein und häutig, 3–4mal kürzer als der Fruchtknoten. Die Sepalen und Petalen bilden einen Helm, der blaß bis hellrot gefärbt ist, die Nerven sind purpurrot. Die seitlichen Sepalen sind lanzettlich und lang zugespitzt, etwa 9–12 mm lang. Die Petalen sind kleiner. Die *Lippe* ist tief *dreigeteilt,* der Mittellappen nochmals zweigeteilt. Die *Seitenlappen* und die *beiden Teillappen* des Mittellappens, die ein Zähnchen einschließen, sind 1,3–1,6 cm lang, enden spitz und sind leicht *nach oben gebogen.* Die Lippe ist hell bis rosaviolett gefärbt und mit dunkleren Saftmalen gezeichnet. Der dünne *Sporn* ist *abwärts* gerichtet, etwa halb so lang wie der Fruchtknoten, *6 mm lang.*
Blütezeit: Anfang März bis Mitte Mai.
Höhenverbreitung: Von der Küste bis etwa 1300 m.
Standort: Die kalkliebende Art wächst auf Ödland und in lichtem Gebüsch.
Bastarde: Nachgewiesen mit *O. simia,* besonders farbenprächtig sind Gattungsbastarde mit *Aceras.*
Bildnachweis: 22. 4. 1974, Umgebung von Tunis, H. Baumann.

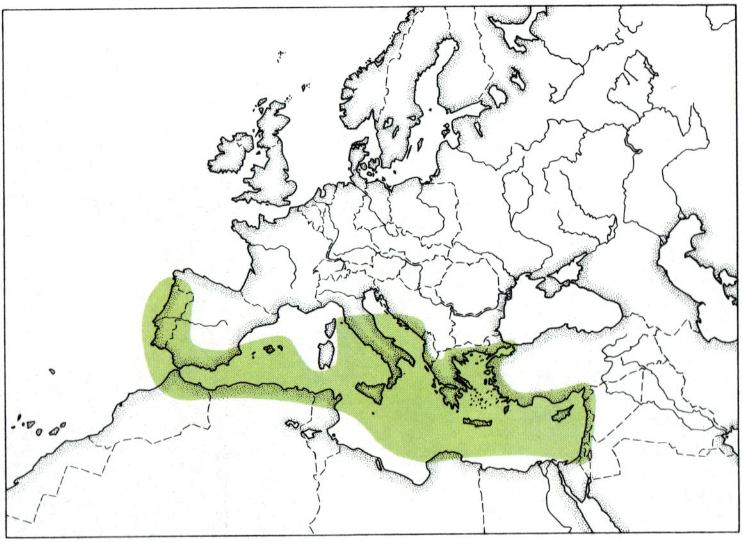

Órchis láctea POIR.
Milchweißes Knabenkraut

Beschreibung: *Pflanze niedrig,* 7–20 cm hoch. Stengel aufrecht und kräftig. Laubblätter 5–8, die meisten am Grunde rosettig gehäuft. Die Grundblätter sind breit eiförmig, 4–9 cm lang und 1,5–2,5 cm breit, hellgrün gefärbt. Nach oben folgen 2- bis 3 scheidige Stengelblätter. Der zylindrische Blütenstand ist locker bis reichblütig, 2,5–5 cm lang. Die Tragblätter sind häutig, dem Fruchtknoten anliegend und etwa so lang wie dieser, lang zugespitzt. Die Sepalen und Petalen bilden einen *Helm,* der *weißlich* bis blaßrosa gefärbt ist, die Nerven sind dunkelrot. Die seitlichen *Sepalen* sind 7–9 mm lang und am Ende lang *zugespitzt* und *nach außen umgebogen.* Die Petalen sind schmaler und kürzer, 5–7 mm lang. Die Lippe ist tief dreigeteilt, der Mittellappen größer und breiter als die Seitenlappen. Die Lippe ist ausgebreitet und an den Rändern leicht nach hinten gewölbt, 6–8 mm lang und etwa 8 mm breit. Die Lippe ist weißlich bis dunkelrosa gefärbt und mit purpurnen Flecken besetzt, die am Rande oft größere Flächen bedecken. Der *Sporn* ist zylindrisch, dick und am Ende zugespitzt, *6 mm lang,* etwa halb so lang wie der Fruchtknoten.
Blütezeit: Von Mitte Februar bis Ende April.
Höhenverbreitung: Von der Küste bis etwa 1400 m.
Standort: Die kalkliebende Art wächst in lichten Wäldern und Trockenrasen.
Bastarde: Keine sicheren Nachweise bekannt.
Bildnachweis: 18. 4. 1979, Lissabon (Südportugal), H. Baumann.
Das Bild zeigt den halbkugeligen Blütenstand mit den hellen Blüten. Die Perigonblätter neigen helmförmig zusammen und sind lang zugespitzt.

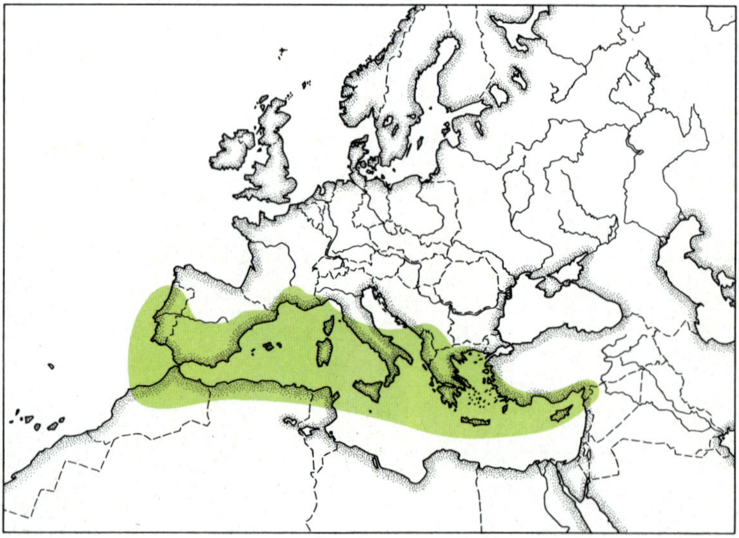

Órchis lǣta STEINHEIL
Algerisches Knabenkraut

Beschreibung: Pflanze mittelgroß, 15–25 cm hoch. Laubblätter 4–9, am Grunde rosettig gehäuft. Die Grundblätter sind lanzettlich und zugespitzt, 6–10 cm lang und 1,5–2,0 cm breit, ungefleckt. Nach oben folgen 2- bis 3 scheidenartige Stengelblätter. Der zylindrische Blütenstand ist locker und nicht allzu reichblütig, 4–7 cm lang und trägt 5–10 Blüten. Die Tragblätter sind häutig und hellgrün, etwa so lang wie der Fruchtknoten (15–20 mm lang). Die Blüten sind relativ groß. Die seitlichen Sepalen sind eiförmig und kaum zugespitzt, 9–13 mm lang und 5–7 mm breit, vollständig zurückgeschlagen. Das mittlere Sepalum neigt sich über die beiden Petalen. Die Petalen sind 7–10 mm lang und 4–6 mm breit, länglich-oval. Die Lippe ist dreigeteilt mit vorgezogenem Mittellappen, 9–13 mm lang und 12–17 mm breit. Die *Lippe* ist ausgebreitet und an den Rändern etwas nach hinten gewölbt, *hellgelb gefärbt* und im zentralen Teil *mit roten Punkten* besetzt. Der *Sporn* ist relativ dünn und *sehr lang,* mit *20–30 mm* doppelt so lang wie der Fruchtknoten.
Blütezeit: Ende Februar bis Ende März.
Höhenverbreitung: Von 300 m bis 1500 m.
Standort: Als schattenliebende Pflanze wächst sie in Eichen- und Zedernwäldern.
Naturschutz: Endemit Nordwestafrikas, nur wenige Standorte bekannt und daher stark gefährdet.
Bastarde: Nachgewiesen mit *O. olbiensis.*
Bildnachweis: 20. 4. 1976, El Kseur (Nordalgerien), H. Baumann.
Das Bild zeigt die hellgelben Blüten mit dem extrem langen Sporn.

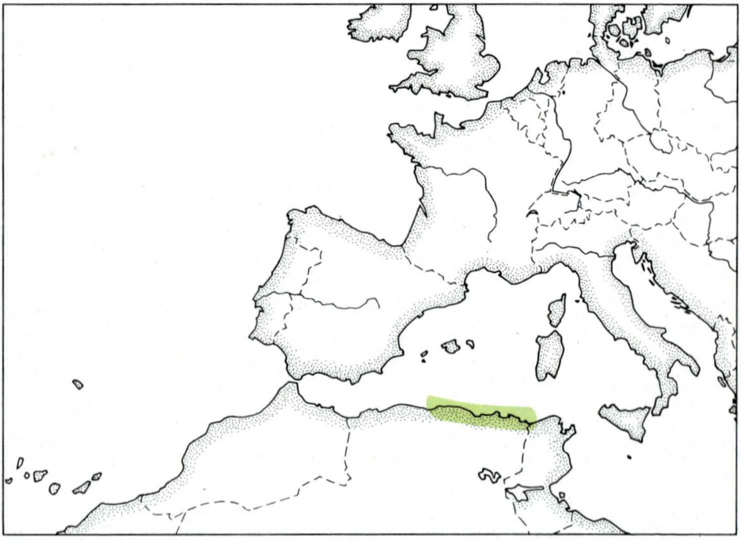

Órchis lángei K. Richter
Langes Knabenkraut

Beschreibung: Pflanze hochwüchsig, 30–40 cm hoch. Laubblätter 5–10, am Grunde rosettig gehäuft. Die *Grundblätter* sind lanzettlich und zugespitzt, 10–15 cm lang, *1,5–2,0 cm breit, gefleckt.* Nach oben folgen 2- bis 4 scheidenartige Stengelblätter. Der zylindrische *Blütenstand* ist *locker* und reichblütig mit 10–30 Blüten. Die Tragblätter sind häutig und 15–20 mm lang, etwa so lang wie der Fruchtknoten. Die Blüten sind relativ groß und hellpurpurrot gefärbt. *Die seitlichen Sepalen sind* eiförmig-länglich, nur wenig zugespitzt, 9–13 mm lang und 4–6 mm breit, *seitlich ausgebreitet* und nicht vollständig zurückgeschlagen. Das mittlere Sepalum neigt sich über die beiden Petalen. Die Petalen sind 7–10 mm lang und 3–5 mm breit, länglich-eiförmig. Die *Lippe* ist dreigeteilt mit vorgezogenem Mittellappen, von der Seite gesehen *schafsnasenartig gewölbt,* 9–13 mm lang und 10–18 mm breit. Die Seitenlappen der Lippe sind nach hinten geschlagen. Lippe im zentralen Teil hell gefärbt, mit oder ohne Zeichnung. Der Sporn ist leicht aufwärts gerichtet, 11–15 mm lang, am Ende abgestumpft, etwas kürzer als der Fruchtknoten.
Blütezeit: April bis Juni.
Höhenverbreitung: Von 500 m bis 1500 m.
Standort: In Eichen- und Kiefernwäldern.
Naturschutz: Gefährdet infolge Waldbeweidung und Ausstockung der Wälder.
Bastarde: Nachgewiesen mit *O. spitzelii* und *O. mascula.*
Bildnachweis: 23. 5. 1980, Siles (Sierra de Segura, Südostspanien). H. Baumann.

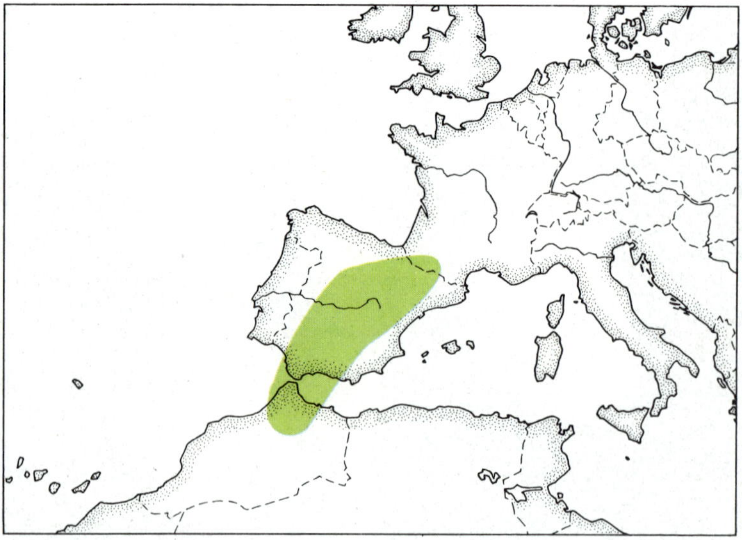

Órchis laxiflóra LAM.
Lockerblütiges Knabenkraut

Beschreibung: Pflanze hochwüchsig, 30–60 cm hoch. Stengel steif aufrecht, etwas hin- und hergebogen, im oberen Teil purpurn überlaufen. *Laubblätter 5–8, am Stengel verteilt* und keine Rosette bildend. Grundständige Blätter bis 25 cm lang und 1,3–2,0 cm breit, stark gefaltet, ungefleckt. Blätter nach oben kleiner werdend, aus breiter Basis zur Spitze verschmälert. Der *Blütenstand* ist sehr *langgestreckt* und *lockerblütig,* bis zu 20 cm lang. Die Tragblätter sind purpurn überlaufen, die unteren etwas länger als der Fruchtknoten, die oberen etwa gleich lang. Die *Blüten* sind relativ groß und mit Ausnahme der hellen Lippenmitte *violettrot* gefärbt. Die seitlichen Sepalen sind vollständig zurückgeschlagen, 11–14 mm lang und 5–6 mm breit. Die Lippe ist deutlich gelappt, die *Seitenlappen* sind *länger* als der Mittellappen und *stark nach hinten zurückgeschlagen.* Die Lippe ist 9–12 mm lang und 14–18 mm breit. Der *Sporn* ist *aufwärts* gebogen und *12–14 mm* lang, etwas kürzer als der Fruchtknoten, am Ende oft geteilt.
Blütezeit: Anfang April bis Mitte Juni
Höhenverbreitung: Von der Küste bis etwa 1500 m.
Standort: Naßwiesen und andere geeignete Feuchtbiotope.
Naturschutz: Im Mittelmeergebiet durch Trockenlegung von Feuchtbiotopen stark zurückgehend.
Bastarde: Nachgewiesen mit *O. coriophora, longicornu, morio* und *palustris,* sehr selten sind Gattungsbastarde mit *Serapias cordigera, lingua, neglecta, vomeracea* und *A. pyramidalis.*
Bildnachweis: 15. 4. 1979, Tarbes (Südfrankreich), H. Baumann.

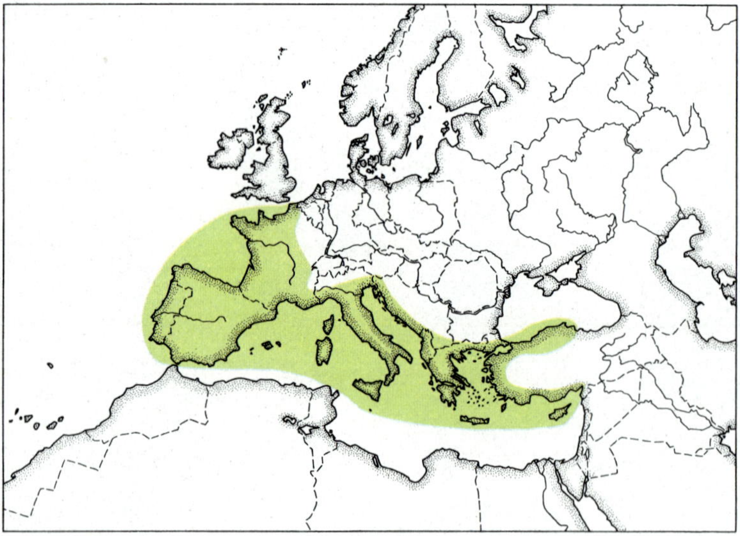

Órchis longicórnu Poir.
Langsporniges Knabenkraut

Beschreibung: Pflanze klein bis mittelgroß, 10–30 cm hoch. Laubblätter 6–9, am Grunde rosettig gehäuft. Die 5–7 Grundblätter sind länglich-eiförmig, 3–12 cm lang und bis 1,5 cm breit. Nach oben folgen 2- bis 3 scheidenartige Stengelblätter, die kleiner sind. Der Stengel ist oben dunkel purpurn überlaufen. Der Blütenstand ist zylindrisch und kurz, bis 8 cm lang und trägt 5–15 locker angeordnete Blüten. Die Tragblätter sind häutig und liegen dem Fruchtknoten an, sie sind etwa so lang wie dieser. Die Blüten sind mittelgroß und violettrot gefärbt. Die Sepalen und Petalen bilden einen Helm mit grünen Nerven. Die Sepalen sind eiförmig und abgerundet, etwa 7 mm lang und 3 mm breit, die Petalen kürzer und schmäler. Die Lippe ist dreigeteilt, der *Mittellappen kürzer* als die relativ großen Seitenlappen, 7 mm lang und 12 mm breit. Die *Seitenlappen* der Lippe sind *stark zurückgeschlagen* und *dunkelblau* bis rotviolett gefärbt. Der *Sporn* ist *aufwärts gebogen, 16 mm lang* und etwas länger als der Fruchtknoten, am Ende stumpf und schwach zweiteilig.
Blütezeit: Anfang Februar bis Mitte Mai.
Höhenverbreitung: Von der Küste bis etwa 1200 m.
Standort: Kurzrasige Biotope, die nicht zu trocken sind.
Bastarde: Nachgewiesen mit *O. laxiflora, morio* und *papilionacea.*
Bildnachweis: 17. 4. 1980, Gela (Sizilien), H. Baumann.
Das Bild zeigt den lockeren Blütenstand. Seitenlappen der Lippe violett und stark zurückgeschlagen, länger als der gestutzte Mittellappen.

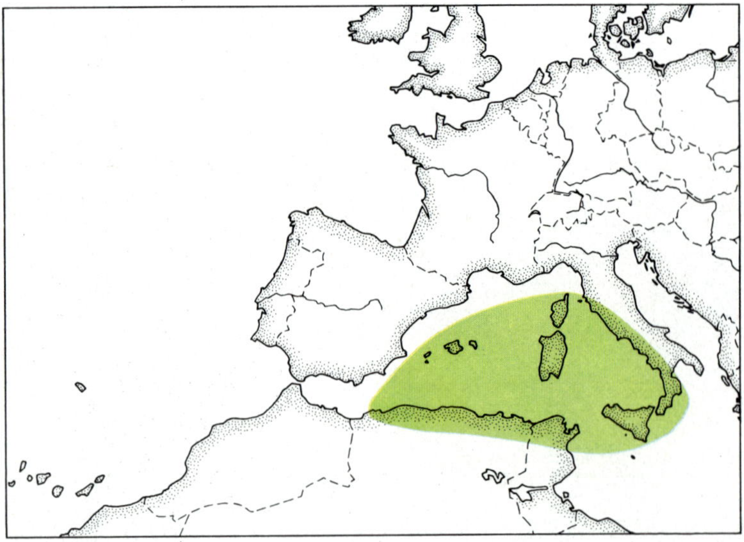

Órchis máscula (L.) L.
Männliches Knabenkraut

Beschreibung: Pflanze mittelgroß bis groß, 20–55 cm hoch. Laubblätter 4–8, am Grunde rosettig gehäuft. Die 3–5 Grundblätter sind länglich-eiförmig, 7–22 cm lang und 1,5–3,5 cm breit, braun gestrichelt oder gefleckt oder ganz ungefleckt. Nach oben folgen 2–3 scheidenartige Stengelblätter. Der Stengel ist steif aufrecht, im unteren Teil oft braunrot gestrichelt. Der Blütenstand ist zylindrisch, dicht- und reichblütig, bis zu 18 cm lang. Die Tragblätter sind braunrot und zugespitzt, etwa so lang wie der Fruchtknoten. Die Blüten sind mittelgroß. Die Blütenfarbe variiert zwischen hellrosa bis purpurviolett, die dunkler gefärbten Pflanzen überwiegen jedoch. Die *seitlichen Sepalen* sind vollständig *zurückgeschlagen,* 7–9 mm lang und 3–4 mm breit, am Ende meist etwas *zugespitzt.* Das mittlere Sepal und die Petalen wölben sich über das Säulchen. Die Lippe ist dreilappig, 7–8 mm breit und 8–9 mm lang, der Mittellappen vorgezogen. Die Seitenlappen sind zurückgeschlagen. Der *Sporn* ist *aufwärts gebogen,* am Ende abgestumpft, 11–12 mm lang, etwas länger als der Fruchtknoten.
Blütezeit: Anfang Mai bis Ende Juni.
Höhenverbreitung: Von der Ebene bis in höhere Gebirgslagen aufsteigend, vor allem im Süden (bis etwa 3000 m).
Standort: Im Süden Waldpflanze, in Mitteleuropa auch auf ungedüngten Wiesen.
Bastarde: Mit *O. langei, morio, olbiensis, pallens, pauciflora, provincialis, purpurea, spitzelii, tridentata.*
Bildnachweis: 18. 5. 1977, Wiesensteig (Baden-Württemberg), H. Baumann.

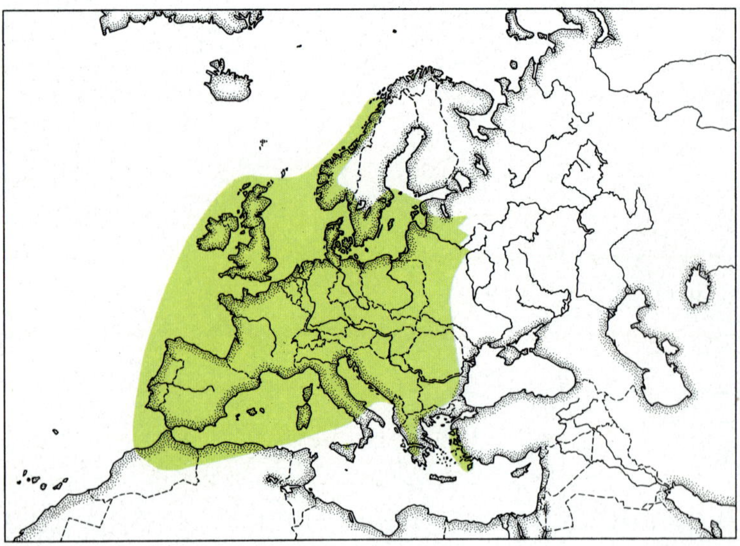

Órchis militáris L.
Helm-Knabenkraut

Beschreibung: Pflanze mittelgroß, 25–45 cm hoch. Laubblätter 4–6, am Grunde rosettig gehäuft. Die 3–5 Grundblätter sind eiförmig-länglich, 8–14 cm lang und 2,0–4,5 cm breit, glänzend hellgrün. Nach oben folgen 1–2 scheidenartige Stengelblätter. Der Blütenstand ist zylindrisch, nicht sehr dicht, aber reichblütig. Die Tragblätter sind häutig, blaß gefärbt, 3–4mal kürzer als der Fruchtknoten. Die Blüten sind mittelgroß. Die Sepalen und Petalen bilden einen *Helm,* der auf der *Außenseite* blaßrosa bis fast *weiß* gefärbt ist, auf der Innenseite aber dunkler getönt ist. Die Sepalen sind 10–14 mm lang und deutlich zugespitzt. Die Petalen sind kürzer und schmaler als die Sepalen. Die *Lippe* ist tief *dreigeteilt,* der *Mittellappen* nochmals *zweispaltig.* Die *langen* und schmalen *Seitenlappen stehen seitlich ab* und sind etwas nach oben gekrümmt. Die Lippe ist rosaviolett bis purpurviolett gefärbt, der zentrale Teil jedoch heller und mit purpurroten Saftmalen besetzt. Die Lippe ist insgesamt 10–15 mm lang und 8–12 mm breit. Der Sporn ist zylindrisch, am Ende stumpf, abwärts gerichtet und 6–7 mm lang, etwa halb so lang wie der Fruchtknoten.
Blütezeit: April bis Ende Juni.
Höhenverbreitung: Von der Ebene bis etwa 1800 m.
Standort: Kalkliebende Art, die Halbtrockenrasen und lichte Wälder besiedelt.
Bastarde: Nachgewiesen mit *O. italica, purpurea, simia, tridentata, ustulata* und mit *Aceras.*
Bildnachweis: 4. 6. 1979, Wiesensteig (Baden-Württemberg), W. Hiller.

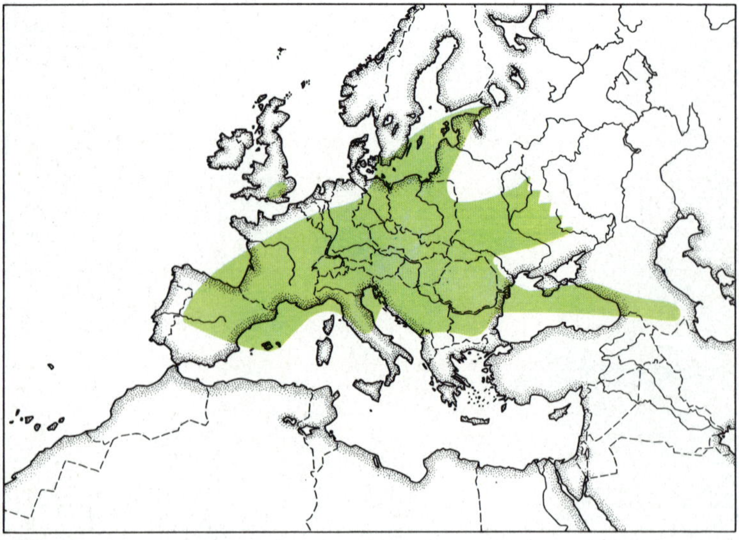

Órchis mório L.
Kleines Knabenkraut

Beschreibung: *Pflanze klein,* 8–30 cm hoch. Laubblätter 6–9, am Grunde rosettig gehäuft. Die 4–6 Grundblätter sind ungefleckt, werden bereits im Herbst gebildet und überwintern. Sie sind bis zu 14 cm lang und bis zu 2 cm breit. Nach oben folgen 3–4 scheidenartige Stengelblätter. Der Blütenstand ist kurz und wenigblütig, er trägt 5–25 locker angeordnete Blüten. Die Tragblätter sind so lang wie der Fruchtknoten. Die Blüten sind mittelgroß, die Sepalen und Petalen bilden einen *Helm,* die *Nerven* auf der Außenseite sind deutlich *grün* gefärbt. Die seitlichen Sepalen sind 6–8 mm lang. Die Lippe ist mehr oder weniger stark dreigelappt, die Seitenlappen sind größer als der Mittellappen. Die Lippe ist insgesamt 9–13 mm breit, die Seitenlappen sind ausgebreitet bis zurückgeschlagen. Die Blütenfarbe ist variabel und reicht von rein weißen Blüten bis zu tief dunkelpurpurn gefärbten Exemplaren. Der hellere Mittelteil der Lippe ist mit dunklen Saftmalen besetzt. Der *Sporn* ist *aufwärts* gebogen, *8–11 mm lang,* etwas kürzer als der Fruchtknoten.
Blütezeit: Anfang März bis Ende Mai.
Höhenverbreitung: Von der Küste bis etwa 1800 m.
Standort: Auf schwach saurer bis basischer Bodenunterlage, in Trockenrasen, lichten Wäldern und auf ungedüngten Wiesen.
Naturschutz: In Mitteleuropa in den letzten Jahrzehnten sehr stark zurückgegangen.
Bastarde: Mit *O. champagneuxii, coriophora, laxiflora, longicornu, mascula, palustris, papilionacea, tridentata, ustulata, A. pyramidalis, S. lingua, neglecta, vomeracea* subsp. *laxiflora* und subsp. *vomeracea.*
Bildnachweis: 1.5.1976, Istrien bei Koper (Nordjugoslawien), H. Baumann.

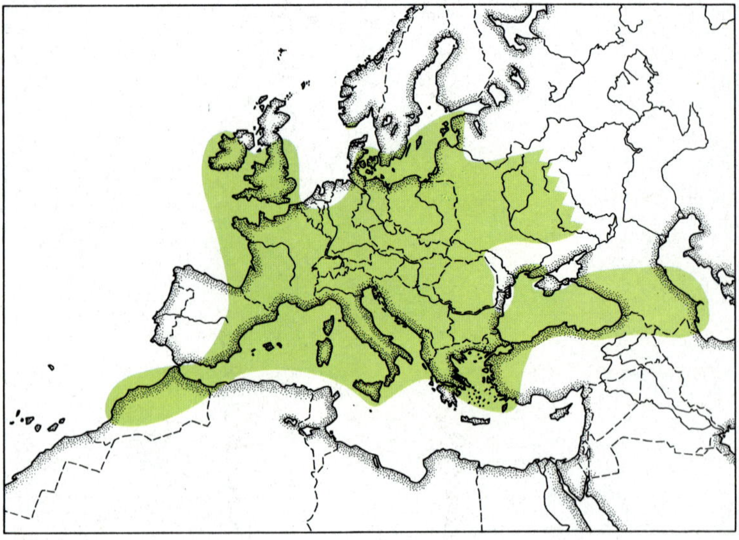

Órchis olbiénsis REUTER ex BARLA
Südfranzösisches Knabenkraut

Syn: O. mascula ssp. olbiensis

Beschreibung: *Pflanzen niedrig,* 10–25 cm hoch. Laubblätter 4–8, am Grunde rosettig gehäuft. Die *Grundblätter* sind lanzettlich und zugespitzt, 5–10 cm lang und *1,0–2,0 cm breit,* gefleckt oder ungefleckt. Nach oben folgen 2–3 scheidenartige Stengelblätter. Der zylindrische Blütenstand ist kurz, 5–10 cm lang, und trägt nur 10–20 Blüten. Die Tragblätter sind häutig und 13–25 mm lang, etwas kürzer als der Fruchtknoten. Die Blüten sind mittelgroß, die Farbe schwankt von fast rein weiß bis rot. Die seitlichen *Sepalen* sind 8–12 mm lang und 4–6 mm breit, *eirund* und nicht zugespitzt, vollständig *zurückgeschlagen.* Das mittlere Sepal neigt sich über die beiden Petalen. Die Petalen sind 6–8 mm lang und 4–5 mm breit, kaum zugespitzt. Die Lippe ist dreigeteilt mit vorgezogenem Mittellappen, die Seitenlappen sind zurückgeschlagen. Lippe mit roten Punkten besetzt, 8–12 mm lang und 11–16 mm breit. Der *Sporn* ist *aufwärts* gerichtet, *14–19 mm lang,* etwa so lang wie der Fruchtknoten, am Ende stumpf.
Blütezeit: Von Anfang März bis Anfang Mai.
Höhenverbreitung: Von der Küste bis etwa 1800 m.
Standort: Auf kalkreichem felsigen Gelände im Halbschatten.
Bastarde: Nachgewiesen mit *O. laeta* und *O. mascula.*
Bildnachweis: 15. 4. 1979, Toulon (Südfrankreich), H. Baumann.
Das Bild zeigt den lockeren, wenigblütigen Blütenstand. Seitliche Sepalen eirund und vollständig zurückgeschlagen, Sporn aufwärts gerichtet.

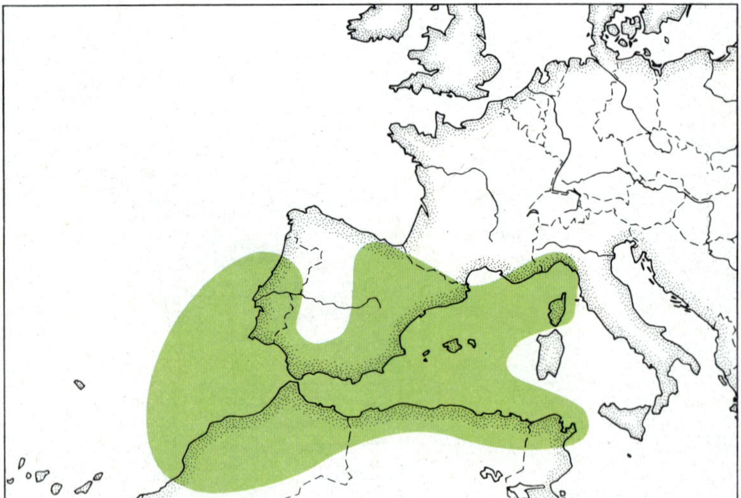

Órchis pállens L.
Blasses Knabenkraut

Beschreibung: Pflanze mittelgroß, 15–40 cm hoch. Laubblätter 4–6, am Grunde rosettig gehäuft. Die 3–5 Grundblätter sind ungefleckt und glänzend, 6–11 cm lang und 1,5–4 cm breit. Nach oben folgen 1–2 scheidenartige Stengelblätter. Der Blütenstand ist 4–7 cm lang und besitzt zahlreiche, mäßig dicht stehende Blüten. Die Tragblätter sind häutig und hellgelb gefärbt, etwa so lang wie der Fruchtknoten. Die *Blüten* sind relativ groß und *hellgelb* gefärbt, *ohne* jede *Zeichnung.* Rosa oder rot gefärbte Blüten zeigen einen Hybridisierungseinfluß mit Orchis mascula an. Die *seitlichen Sepalen* sind vollständig *zurückgeschlagen, eirund* und nicht zugespitzt, 8–9 mm lang. Die Petalen sind 5–6 mm lang und wölben sich mit dem mittleren Sepal über das Säulchen. Die Lippe ist dreilappig mit vorgezogenem Mittellappen, flach ausgebreitet oder an den Rändern leicht zurückgeschlagen, 6–7 mm lang und 7–8 mm breit. Der *Sporn* ist leicht *aufwärts* gebogen, am Ende *stumpf, 12–14 mm lang* und etwas länger als der Fruchtknoten. Die Blüten riechen unangenehm.
Blütezeit: Von Anfang April bis Ende Mai, eine der frühesten Arten in Mitteleuropa.
Höhenverbreitung: Von der Ebene bis etwa 2300 m.
Standort: Waldpflanze in Buchen-, Kiefern- und Tannenwäldern auf kalkhaltigen Böden.
Naturschutz: In Mitteleuropa selten und gefährdet.
Bastarde: Häufig mit *O. mascula,* selten mit *O. provincialis.*
Bildnachweis: 30. 4. 1978, Tripolis (Peloponnes), E. Willing.

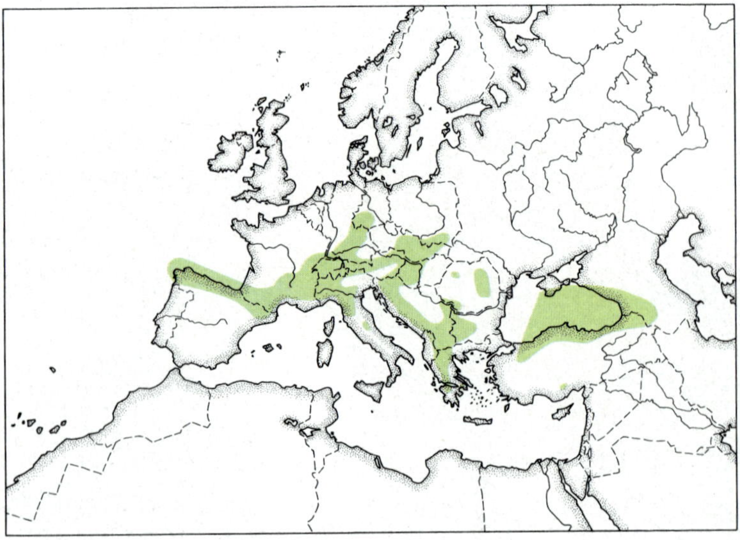

Órchis palústris JACQ.
Sumpf-Knabenkraut

Beschreibung: Pflanze groß und hochwüchsig, 20–60 cm hoch. *Laubblätter* 3–5, *am Stengel verteilt* und keine Rosette bildend. Die unteren Blätter sind bis zu 15 cm lang und 1 cm breit, gefaltet und werden nach oben kleiner. Der *Blütenstand* ist langgestreckt und *lockerblütig*. Der Stengel ist steif aufrecht und im oberen Teil oft braunrot überlaufen. Die Tragblätter sind lang und zugespitzt, die unteren etwas länger als der Fruchtknoten, die oberen meist gleich lang. Die Blüten sind groß, violettrosa bis dunkelrot gefärbt und im helleren Mittelteil der Lippe mit dunklen Saftmalen besetzt. Die seitlichen Sepalen sind vollständig zurückgeschlagen, länglich oval, 8–9 mm lang und 3–4 mm breit. Das mittlere Sepal und die Petalen wölben sich über das Säulchen. Die *Lippe* ist *dreilappig*, 9–10 mm lang und 8–10 mm breit, *mit vorgezogenem Mittellappen*, die *Seitenlappen* sind *flach* ausgebreitet. Der *Sporn* ist *horizontal* bis aufwärts gerichtet, *9–10 mm lang*, am Ende nicht geteilt und halb so lang wie der Fruchtknoten. Diese Art ist innerhalb ihres großen Verbreitungsgebietes sehr variabel.
Blütezeit: Von Anfang April im Süden bis Ende Juli, später als *O. laxiflora*.
Höhenverbreitung: Von der Küste bis etwa 800 m.
Standort: Küstensümpfe, Flachmoore und andere geeignete Feuchtbiotope.
Naturschutz: Nach der Bundesartenschutz-Verordnung vom Aussterben bedroht.
Bastarde: Mit *O. coriophora, laxiflora, morio, A. pyramidalis* und *S. neglecta* subp. *neglecta.*
Bildnachweis: 6. 7. 1975, Oberbayern, M. Kalteisen.

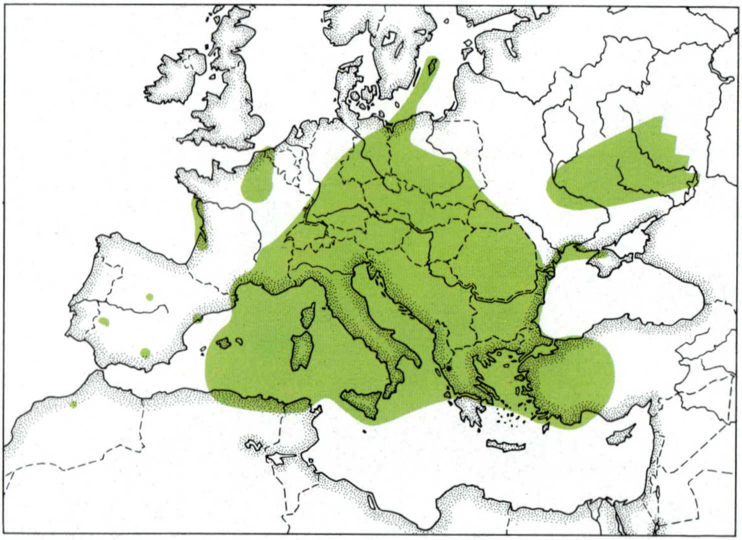

Órchis papilionácea L.
Schmetterlings-Knabenkraut

Beschreibung: Pflanze mittelgroß, 20–40 cm hoch. Stengel steif aufrecht, im oberen Teil braunrot überlaufen. Laubblätter 6–10, am Grunde rosettig gehäuft. Die 3–7 Grundblätter sind 4–13 cm lang und 0,5–2,5 cm breit. Nach oben folgen 2–3 scheidenartige Stengelblätter. Der *Blütenstand* ist *kopfig* und trägt 3–15 große Blüten. Die Tragblätter sind kräftig, braunrot gefärbt, etwa so lang wie der Fruchtknoten. Die Sepalen und Petalen bilden einen lockeren Helm, dessen Nerven deutlich hervortreten. Die Sepalen sind 9–14 mm lang und zugespitzt, wie die kürzeren Petalen braunrot gefärbt. *Die Lippe ist ganzrandig, halbkreisförmig, am Rande gezähnelt und flach.* Sie ist 13–25 mm lang und 11–20 mm breit, heller oder stärker rosaviolett gefärbt, mit purpurroten Strichen oder Punkten besetzt. *Der Sporn ist horizontal* und *etwas kürzer als der Fruchtknoten.* Die Art kann in vier verschiedene Kleinarten aufgespalten werden.
Blütezeit: Anfang Februar (Israel) bis Ende Mai (Südfrankreich).
Höhenverbreitung: Von der Küste bis 1800 m (Algerien).
Standort: Lichte Wälder und Gebüsche, Trockenrasen, auf kalkhaltigen Böden.
Bastarde: Mit *Orchis boryi, israelitica, longicornu, morio,* selten sind Gattungsbastarde mit *Serapias cordigera, lingua, neglecta* und *vomeracea* subsp. *vomeracea.*
Bildnachweis: Oben links: 20. 4. 1974, Moulay Idriss (Marokko, typische Sippe). – Oben rechts: 1. 5. 1981, Pula (Nordjugoslawien, = *O. rubra* JACQ.), alle H. Baumann. – Unten links: 11. 4. 1978, Hania (Peloponnes, mittelgroße östliche Sippe), E. Willing. – Unten rechts: 25. 2. 1979, Haifa (Israel, = *O. caspia* TRAUTV.), H. Baumann.

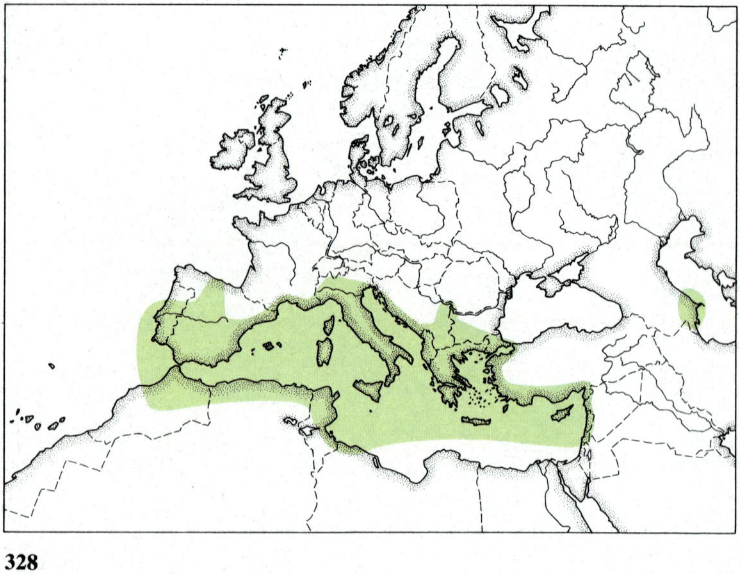

Órchis pátens DESF.
Atlas-Knabenkraut

Beschreibung: Pflanze mittelgroß bis groß, 25–70 cm hoch. Laubblätter 5–8, am Grunde rosettig gehäuft. Die 3–5 Grundblätter sind lanzettlich, 7–14 cm lang und 1,3–2,5 cm breit, schwach gefleckt oder ungefleckt. Nach oben folgen 2–3 scheidenartige Stengelblätter. Der Blütenstand ist zylindrisch, 6–30 cm lang und trägt 7–40 locker angeordnete Blüten. Die Tragblätter sind kürzer als der Fruchtknoten. Die Blüten sind relativ groß und hellrot bis dunkelrot gefärbt. Die seitlichen *Sepalen* sind *eiförmig* und am Ende stumpf, 8–10 mm lang und *ausgebreitet,* aber nicht vollständig zurückgeschlagen. Auf der *Innenseite* besitzen sie ein rötlich umrandetes, *grünes Feld,* das mit dunkelroten Punkten besetzt ist. Das mittlere Sepal und die Petalen wölben sich über das Säulchen. Die Lippe ist stark dreigeteilt mit vorgezogenem Mittellappen und kleineren Seitenlappen. Sie ist entlang der Mittellinie nach hinten gefaltet. An den *Seitenrändern der Narbenhöhle* befinden sich *zwei deutliche Schwielen.* Die Lippe ist im zentralen Teil heller und mit dunkelroten Punkten gezeichnet. *Sporn sackförmig,* waagerecht bis abwärts gerichtet, *extrem kurz,* 1/3 so lang wie der Fruchtknoten.
Blütezeit: Mitte April bis Mitte Juni.
Höhenverbreitung: Von 400 m bis 1600 m.
Standort: In Kastanien-, Eichen- und Zedernwäldern auf kalkreichem Gestein.
Naturschutz: Stark gefährdet, da nur wenige Standorte vorhanden sind.
Bastarde: Nachgewiesen mit *O. mascula, provincialis* und *spitzelii.*
Bildnachweis: 20. 4. 1976, El Kseur (Nordalgerien), H. Baumann.

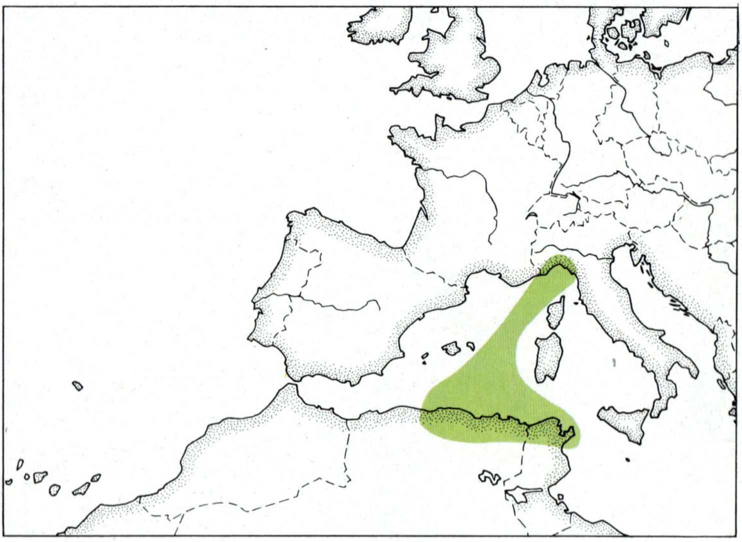

Órchis pauciflóra TEN.
Wenigblütiges Knabenkraut

Beschreibung: *Pflanzen niedrig,* 10–20 cm hoch. Laubblätter 4–9, am Grunde rosettig gehäuft. Die *Grundblätter* sind länglich-eiförmig, 4–7 cm lang und *0,8–1,5 cm breit* und ungefleckt. Nach oben folgen 2–3 scheidenartige Stengelblätter. Der *Blütenstand* ist kurz, 3–5 cm lang und besitzt nur *2–8 Blüten.* Die Tragblätter sind häutig und 11–20 mm lang, etwas länger als der Fruchtknoten. Die Blüten sind relativ groß und hellgelb gefärbt. Der *zentrale Teil der Lippe* ist *dottergelb* und besitzt kleine *braune Punkte.* Die seitlichen Sepalen sind 10–15 mm lang und 6–10 mm breit und vollständig zurückgeschlagen. Das mittlere Sepal und die Petalen bilden einen Helm. Die Petalen sind kleiner als die Sepalen, 7–10 mm lang und 4–6 mm breit. Die Lippe ist dreigeteilt mit vorgezogenem Mittellappen, 10–15 mm lang und 13–19 mm breit, die Seitenlappen sind zurückgeschlagen. Der *Sporn* ist *aufwärts* gebogen und *14–25 mm lang,* 1 1/2mal so lang wie der Fruchtknoten, am Ende stumpf.
Blütezeit: Ende März bis Ende April.
Höhenverbreitung: Von der Küste bis etwa 1700 m.
Standort: Auf kalkreichem felsigen Gelände.
Bastarde: Nachgewiesen mit *O. anatolica, mascula, provincialis* und *quadripunctata.*
Bildnachweis: 18. 4. 1977, Mte. Faito bei Neapel (Süditalien), H. Baumann.
Das Bild zeigt den wenigblütigen Blütenstand mit den großen, gelben Blüten. Das Lippenzentrum ist dunkler gefärbt und besitzt braune Saftmale. Die seitlichen Sepalen sind vollständig zurückgeschlagen, der Sporn ist aufwärts gebogen.

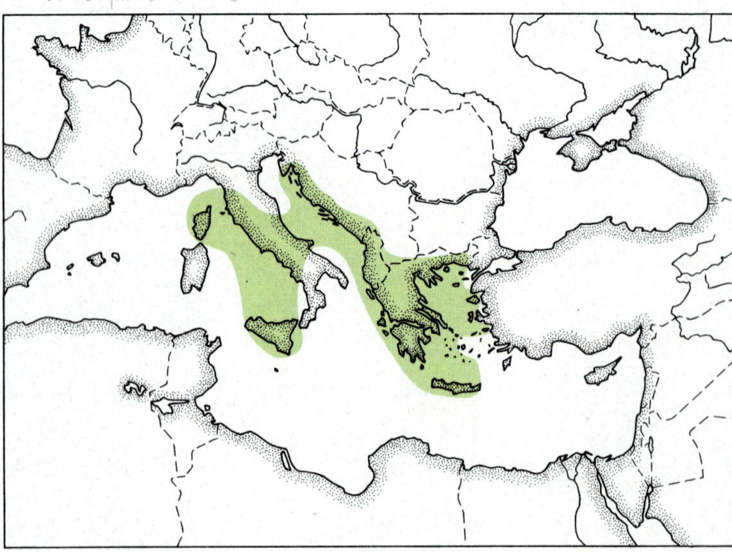

Órchis pinetórum Boiss. & Kotschy
Kiefernwald-Knabenkraut

Beschreibung: Pflanze mittelgroß, 25–45 cm hoch. Blätter 5–7, am Grunde rosettig gehäuft, gefleckt oder seltener ungefleckt. Die grundständigen Blätter sind länglich lanzettlich und 10–15 cm lang und 2–3,5 cm breit. Nach oben folgen 2–3 scheidige Stengelblätter. Der Blütenstand ist 7–13 cm lang, zylindrisch und trägt 15–35 relativ locker angeordnete Blüten. Die Tragblätter sind zugespitzt, dem Fruchtknoten anliegend und fast so lang wie dieser. Die Blüten sind relativ groß und hellrot bis dunkelrot gefärbt. Die beiden *seitlichen Sepalen* sind *ausgebreitet* hochstehend, aber nicht vollständig zurückgeschlagen. Das mittlere Sepal und die beiden Petalen bilden einen lockeren Helm. Die Sepalen sind eiförmig und zugespitzt, 10–13 mm lang und 4–5 mm breit, die Petalen kleiner und 7–9 mm lang. Die *Lippe* ist dreilappig mit vorgezogenem Mittellappen und von der Seite gesehen *schafsnasenartig gewölbt*. Sie ist hellrot bis dunkelrot gefärbt, die hellere Lippenbasis ist mit spärlichen roten Punkten besetzt. Die beiden Seitenlappen sind zurückgeschlagen. Der *Sporn* ist lang und schmal, waagerecht bis *aufwärts* gerichtet und etwa *so lang wie der Fruchtknoten* (12 mm).
Blütezeit: Ende März bis Ende Juni, je nach Höhenlage.
Höhenverbreitung: Von 200 m bis 2500 m.
Standort: Waldpflanze in Buchen-, Kiefern-, Tannen- und Zedernwäldern.
Naturschutz: Durch Waldrodung und übermäßige Beweidung gefährdet.
Bastarde: Keine Nachweise bekannt.
Bildnachweis: 30. 5. 1981, Erzincan (Nordosttürkei), H. Baumann.

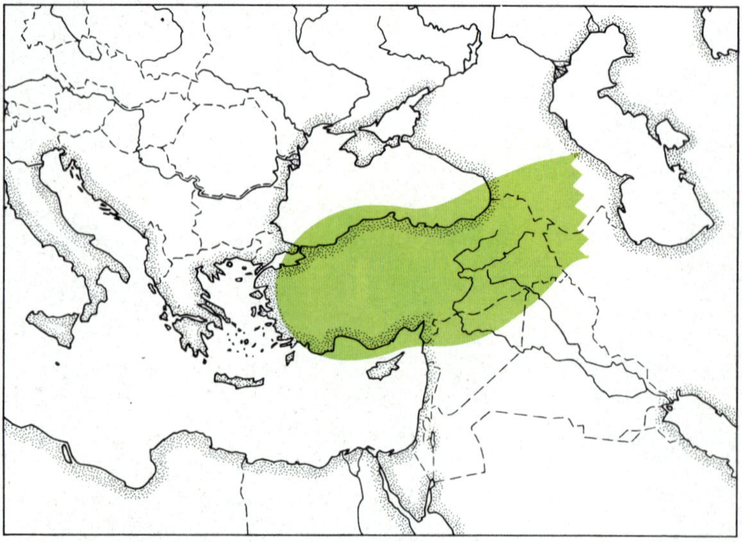

Órchis provinciális BALBIS ex LAM. & DC.
Provence-Knabenkraut

Beschreibung: Pflanze mittelgroß, 20–30 cm hoch. Laubblätter 5–8, am Grunde rosettig gehäuft. Die 3–5 *Grundblätter* sind länglich-lanzettlich, 10–12 cm lang und 1,3–2,0 cm breit, deutlich *gefleckt.* Nach oben folgen 2–3 scheidenartige Stengelblätter. Der Blütenstand ist zylindrisch, 5–7 cm lang und trägt 6–12 locker angeordnete Blüten. Die Tragblätter sind häutig und 11–19 mm lang, etwa so lang wie der Fruchtknoten. Die *Blüten* sind relativ groß und *hellgelb* gefärbt, der *zentrale Teil* ist mit *roten Punkten* besetzt. Die seitlichen Sepalen sind vollständig zurückgeschlagen, 9–14 mm lang und 4–6 mm breit. Das mittlere Sepal und die Petalen bilden einen Helm. Die Petalen sind breit und eirund, 7–10 mm lang und 4–7 mm breit. Die *Lippe* ist dreigeteilt mit etwas vorgezogenem Mittellappen, von der Seite gesehen *schafsnasenartig gewölbt,* 8–13 mm lang und 11–18 mm breit, die Seitenlappen sind zurückgeschlagen. Der *Sporn* ist *aufwärts* gebogen, *13–18 mm lang,* etwa so lang wie der Fruchtknoten.
Blütezeit: Von März bis Juni.
Höhenverbreitung: Von der Küste bis etwa 1500 m.
Standort: Waldpflanze auf Schiefer oder basischem Gestein.
Bastarde: Nachgewiesen mit *O. mascula, pallens, pauciflora* und *spitzelii.*
Bildnachweis: 15. 4. 1979, Hyères (Südfrankreich), H. Baumann.
Das Bild zeigt den lockeren Blütenstand mit den hellgelben Blüten, die Lippe ist von der Seite gesehen schafsnasenartig vorgewölbt.

→ s. O. pauciflora

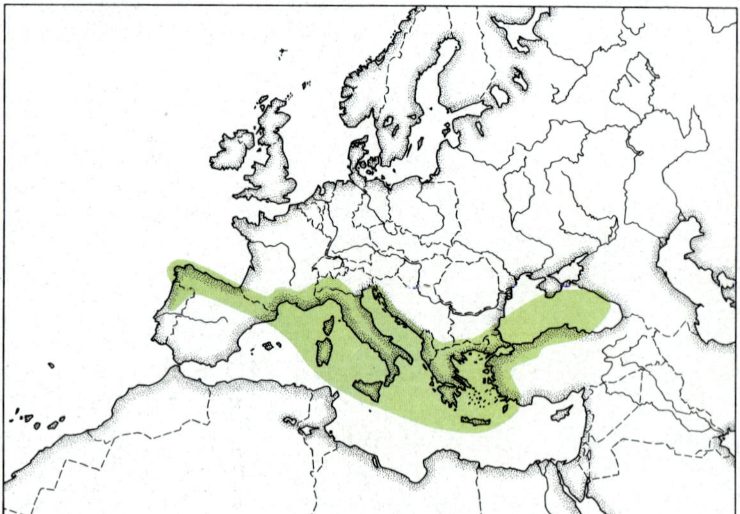

Órchis pseudolaxiflóra CZERNIAK.
Reichblütiges Knabenkraut

Beschreibung: *Pflanze hochwüchsig,* 35–50 cm hoch. Laubblätter 4–6, am Stengel verteilt. Die unteren Grundblätter sind 15–25 cm lang und 1,5–2,5 cm breit, ungefleckt und rinnig gefaltet. Die nach oben folgenden Stengelblätter nehmen an Größe ab. Der *Blütenstand* ist *langgestreckt* und trägt *zahlreiche* (15–30), *locker* angeordnete *Blüten.* Die Blüten sind dunkelrot bis rotviolett gefärbt. Die beiden seitlichen Sepalen sind vollständig zurückgeschlagen und 9–12 mm lang und 4–5 mm breit. Das mittlere Sepal bildet mit den Petalen einen Helm. Die Petalen sind kleiner und 7–9 mm lang und 4–5 mm breit. Die Tragblätter sind 15–25 mm lang und so lang wie oder etwas länger als der Fruchtknoten. Die *Lippe* ist fast *ganzrandig* bis angedeutet dreilappig, *flach* ausgebreitet und an den Rändern kaum zurückgeschlagen. Sie ist 10–11 mm lang und 12–15 mm breit. Die helle Lippenbasis ist mit dunkleren Punkten besetzt. Der *Sporn* ist *waagerecht* bis aufwärts gebogen, *10–12 mm lang* und etwas kürzer als der Fruchtknoten (15–20 mm).
Blütezeit: Anfang Mai bis Ende Juli.
Höhenverbreitung: Von etwa 1200 m bis 2200 m.
Standort: Quellhorizonte, Sumpfwiesen und Feuchtwiesen entlang von Bächen.
Naturschutz: Diese Art ist in der mittleren und östlichen Türkei noch weit verbreitet. Eine akute Gefährdung besteht derzeit noch nicht.
Bastarde: Nachgewiesen mit *O. coriophora.*
Bildnachweis: 29. 5. 1981, Gölbasi (Südosttürkei), H. Baumann.

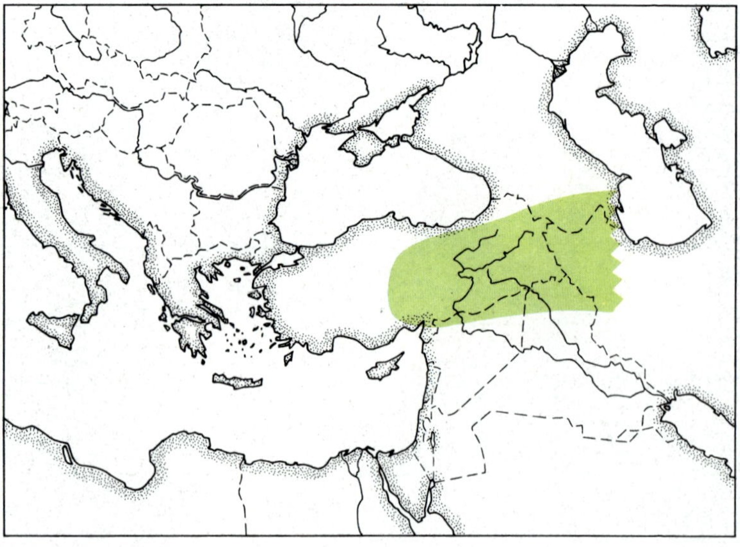

Órchis punctuláta STEVEN ex LINDL.
Punktiertes Knabenkraut

Beschreibung: *Pflanze stattlich* und groß, 25–70 cm hoch. Laubblätter 5–10, am Grunde rosettig gehäuft. Die 4–8 *Grundblätter* gehören zu den *größten* der Gattung. Sie sind 12–25 cm lang und 3,5–5,5 cm breit, grün und glänzend. Nach oben folgen 1–2 scheidige Stengelblätter. Der *Blütenstand* ist außergewöhnlich *langgestreckt,* bis zu 15 cm lang und sehr *reichblütig.* Die Tragblätter sind häutig, halb so lang wie der Fruchtknoten. Die *Blüten* sind mittelgroß und *grüngelb* bis gelb gefärbt. Die Perigonblätter bilden einen lockeren Helm, der auf der Außenseite hellgrün bis grüngelb, auf der Innenseite deutlich dunkler hervortretende Nerven besitzt. Die Sepalen sind 9–13 mm lang und 4 mm breit, die Petalen kleiner. Die *Lippe* ist tief *dreigelappt,* der *Mittellappen* nochmals *zweigeteilt.* Er weist zusätzlich ein Zähnchen auf. Die Lippe ist im zentralen Teil grüngelb bis gelb gefärbt, in diesem Bereich ist sie mit dunkleren Punkten gezeichnet, die äußeren Lippensegmente sind dunkler gefärbt. Der *Sporn* ist *6 mm lang,* am Ende stumpf und *nach unten gekrümmt,* etwa halb so lang wie der Fruchtknoten.
Blütezeit: Anfang Februar bis Ende Mai.
Höhenverbreitung: Von der Küste bis etwa 1200 m.
Standort: Schattenliebende Waldpflanze in Eichen- und Kiefernwäldern.
Naturschutz: Die seltene orientalische Art wird besonders in der Türkei durch Knollengräber geschädigt.
Bastarde: Keine sicheren Nachweise bekannt.
Bildnachweis: 20. 3. 1978, Akko (Nordisrael), H. Baumann.

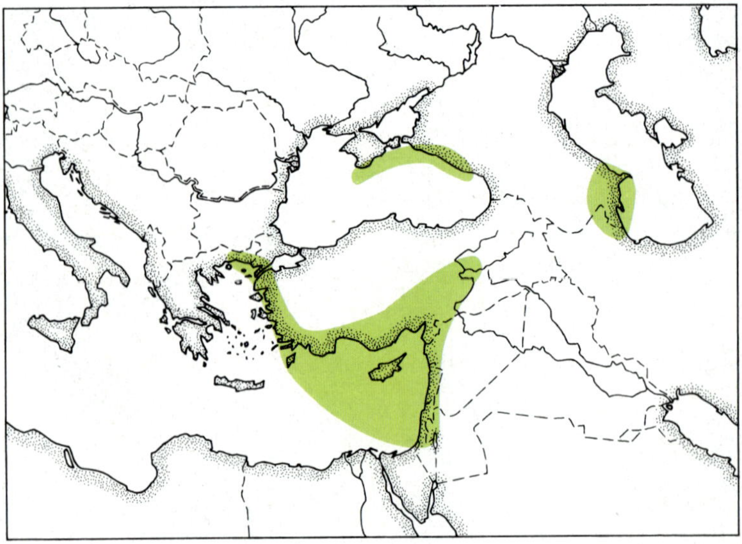

Órchis purpúrea HUDS.
Purpur-Knabenkraut

Beschreibung: *Pflanze groß* und kräftig, 25–80 cm hoch. Laubblätter 4–8, am Grunde rosettig gehäuft. Die 3–6 *Grundblätter* gehören zu den *größten* der Gattung. Sie sind 6–17 cm lang und 2–6 cm breit, dunkelgrün glänzend. Nach oben folgen 1–2 scheidige Stengelblätter. Der *Blütenstand* ist *groß und breit,* 5–20 cm lang und reichblütig. Die Tragblätter sind häutig und nur 1/3 so lang wie der Fruchtknoten. Die Blüten gehören zu den größten der Gattung. Die Sepalen und Petalen bilden einen dichten *Helm,* der auf der *Außenseite purpurn* gefärbt ist, die Innenseite ist etwas heller. Die Sepalen sind 13 mm lang, die Petalen kleiner. Die Lippe ist tief dreigeteilt, der Mittellappen nochmals zweigeteilt. Der *Mittellappen ist 4–5mal größer als die schmalen Seitenlappen,* in der Form sehr variabel. Die *Lippe* ist hell gefärbt, 10–14 mm lang und 12–13 mm breit und *mit* zahlreichen *purpurnen Papillen besetzt.* Der Sporn ist 4 mm lang, 1/3 so lang wie der Fruchtknoten und abwärts gerichtet.
Blütezeit: Mitte April bis Anfang Juni.
Höhenverbreitung: Von der Küste bis 1500 m.
Standort: Schattenliebende Pflanze lichter Wälder und Gebüsche, auf kalkreichem Boden.
Naturschutz: Die stattliche Pflanze ist im gesamten Areal meist selten.
Bastarde: Nachgewiesen mit *O. mascula, militaris* und *simia, tridentata* und *Aceras.*
Bildnachweis: 3. 5. 1981, Triest (Nordostitalien), H. Baumann.

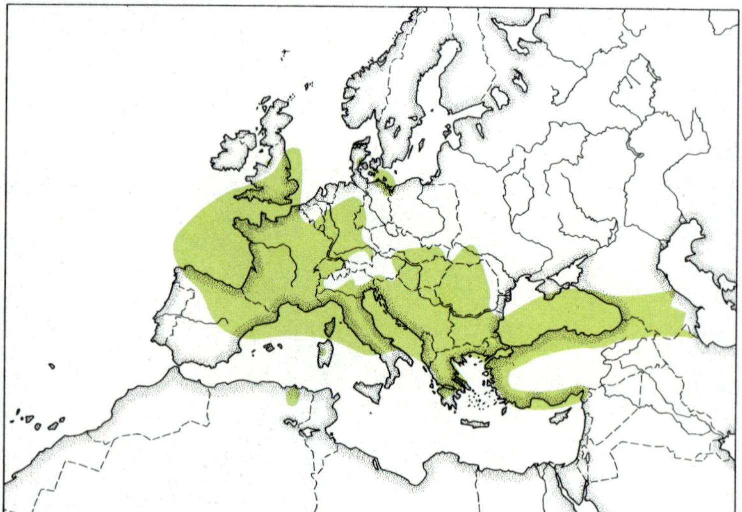

Órchis quadripunctáta CYR. ex TEN.
Vierpunkt-Knabenkraut

Beschreibung: Pflanze klein bis mittelgroß, 10–30 cm hoch. Laubblätter 3–6, am Grunde rosettig gehäuft. Die 2–4 Grundblätter sind gefleckt oder ungefleckt, länglich-lanzettlich, 5–12 cm lang und nur 0,7–1,5 cm breit. Nach oben folgen 1–2 scheidige Stengelblätter. Der Blütenstand ist lang gestreckt, bis zu 10 cm lang und trägt 8–35 locker angeordnete Blüten. Die Tragblätter sind etwa so lang wie der Fruchtknoten. Die *Blüten* gehören zu den *kleinsten der Gattung,* sie sind hellrot bis dunkelrot gefärbt. Alle 3 *Sepalen* sind *seitlich abstehend,* aber nicht vollständig zurückgeschlagen, die beiden Petalen wölben sich über das Säulchen. Die Sepalen sind nur 3–5 mm lang und am Ende abgerundet, die Petalen kleiner. Die *Lippe* ist tief *dreigeteilt, alle Lappen* etwa *gleich groß,* 5–7 mm lang und breit. Sie ist *flach ausgebreitet,* an der Basis hell gefärbt und mit *zwei dunkelroten Punktpaaren* besetzt, von denen das eine Paar meist am Eingang der Narbenhöhle sitzt und von außen nicht sichtbar ist. Der *Sporn* ist *lang* und sehr *dünn,* mit 10–12 mm so lang wie der Fruchtknoten und waagerecht bis leicht abwärts gerichtet.
Blütezeit: Mitte März bis Anfang Mai.
Höhenverbreitung: Von der Küste bis auf etwa 1500 m.
Standort: Die kalkliebende Art wächst auf Feldfluren und im lichten Gebüsch.
Bastarde: Nachgewiesen mit *O. anatolica* und *pauciflora.*
Bildnachweis: 17. 4. 1981, Korčula (Dalmatinische Insel), H. Baumann.
Das Bild zeigt die kleinen Blüten mit den eirunden geöffneten Sepalen. Die Lippe ist dreigeteilt, der Sporn dünn und lang.

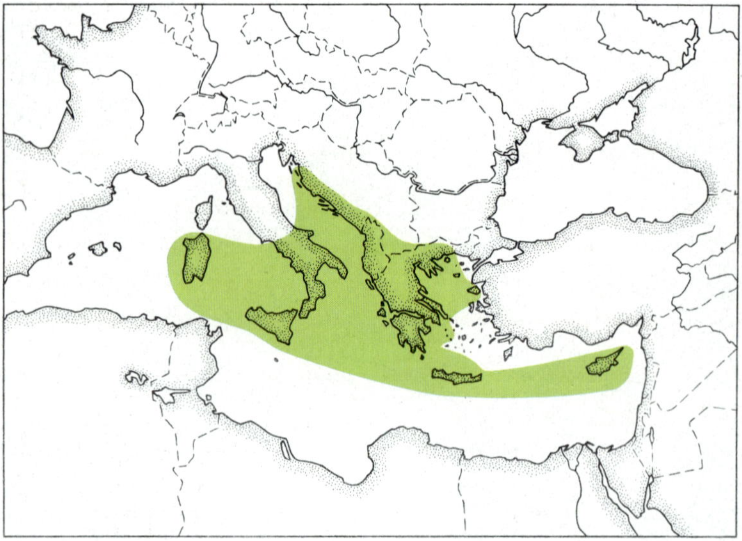

Órchis sáncta L.
Heiliges Knabenkraut

Beschreibung: Pflanze mittelgroß, 20–40 cm hoch. Laubblätter 8–15, am Grunde rosettig gehäuft. Die 5–10 Grundblätter sind ungefleckt, lang und schmal, 4–7 cm lang und 0,8–1,5 cm breit. Nach oben folgen 4–6 scheidige Stengelblätter. Der Blütenstand ist langgestreckt, bis 10 cm lang und trägt zahlreiche locker angeordnete Blüten. Die Tragblätter sind lang zugespitzt, etwa so lang wie der Fruchtknoten. Die Blüten sind relativ klein und hell- bis dunkelrot gefärbt. Die Sepalen und Petalen bilden einen sehr *lang zugespitzten Helm.* Die Sepalen sind 9–12 mm lang und auf der Außenseite rot mit grünem Nerv. Die *Lippe* ist dreilappig, mit lang vorgezogenem Mittellappen, *ohne Punkte* oder Flecken. Im Umriß ist sie keilförmig, 10 mm lang und 5–6 mm breit, *am Rande gesägt* und *flach* ausgebreitet. Der *Sporn* ist *hakenförmig nach unten gekrümmt,* 6–8 mm lang und etwas kürzer als der Fruchtknoten.
Blütezeit: Mitte April bis Mitte Juni, eine der spätblühenden *Orchis*-Arten.
Höhenverbreitung: Von der Küste bis etwa 800 m.
Standort: Die kalkliebende Art wächst in lichtem Gebüsch und auf Ödland.
Naturschutz: Selten vorkommende orientalische Art. Ihre Hauptvorkommen im Küstenbereich sind durch Kultivierung bedroht.
Bastarde: Nachgewiesen mit der nahe verwandten *O. coriophora,* bei gemeinsamem Vorkommen gibt es ganze Hybridpopulationen.
Bildnachweis: 15. 5. 1980, Izmir (Südwesttürkei), H. Baumann.
Das Bild zeigt den Blütenstand mit den sitzenden Blüten. Perigonblätter helmförmig zusammenneigend und lang zugespitzt. Sporn hakenförmig gekrümmt.

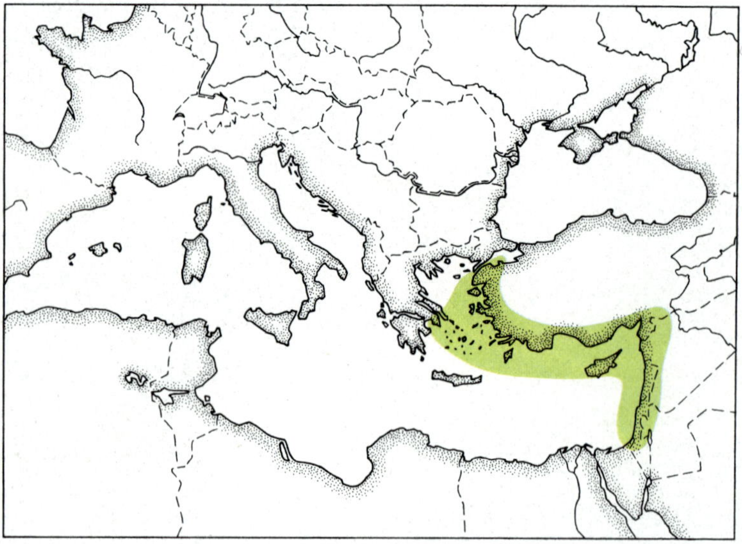

Órchis símia LAM.
Affen-Knabenkraut

Beschreibung: Pflanze mittelgroß, 20–45 cm hoch. Laubblätter 3–6, am Grunde rosettig gehäuft. Die 2–4 Grundblätter sind glänzend hellgrün und ungefleckt, länglich-eiförmig, 6–15 cm lang und 2,0–4,5 cm breit. Nach oben folgen 1–2 scheidige Stengelblätter. Der Blütenstand ist kurz zylindrisch, 3–7 cm lang und reichblütig. Die Tragblätter sind sehr kurz und lang zugespitzt, etwa halb so lang wie der Fruchtknoten. Die *Blüten* sind mittelgroß und *blühen von oben nach unten auf.* Die Perigonblätter bilden einen Helm mit frei abstehenden Spitzen. Er ist auf der Außenseite weiß bis rosa gefärbt, die Nerven sind dunkler. Die Sepalen sind etwa 10 mm lang, die Petalen deutlich kleiner. Die *Lippe* ist *tief dreigeteilt,* der *Mittellappen* nochmals *tief zweigeteilt.* Die *Seitenlappen* und die beiden *Teillappen* des Mittellappens sind lang und schmal, an den freien Enden *aufwärts gebogen* und dunkelrot gefärbt. Der mittlere Teil der Lippe ist weiß bis rosa gefärbt und mit dunkelroten Papillen besetzt. Der Mittellappen besitzt am Grunde ein rotes Zähnchen. Der Sporn ist zylindrisch und hell gefärbt, abwärts gerichtet und halb so lang wie der Fruchtknoten. Seine Länge beträgt 5 mm.
Blütezeit: Anfang März bis Ende Mai.
Höhenverbreitung: Von der Küste bis etwa 1500 m.
Standort: Kalkliebende Art der Trockenrasen, lichter Wälder oder Gebüsche.
Naturschutz: Nach der Bundesartenschutz-Verordnung vom Aussterben bedroht.
Bastarde: Nachgewiesen mit *O. italica, militaris, purpurea, ustulata* und *Aceras.*
Bildnachweis: 1. 5. 1981, Istrien bei Koper (Nordjugoslawien), H. Baumann.

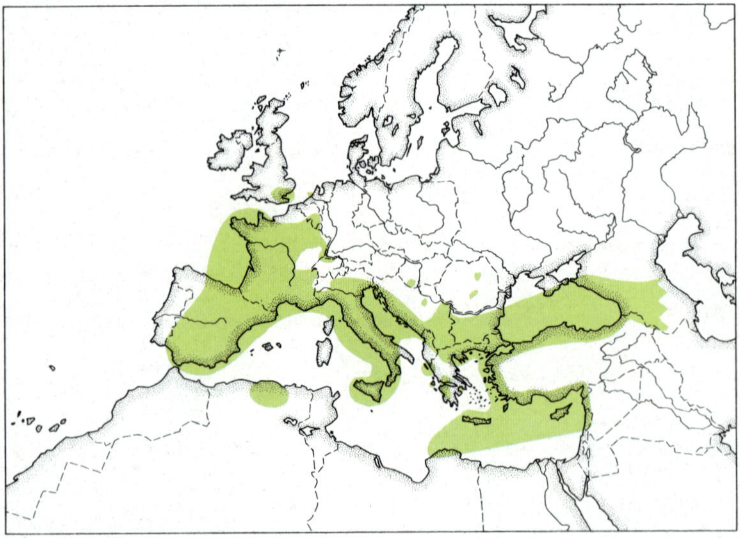

Órchis spitzélii SAUTER ex W. KOCH
Spitzels Knabenkraut

Beschreibung: Pflanze mittelgroß, 20–35 cm hoch. Laubblätter 4–7, am Grunde rosettig gehäuft. Die 2–4 grundständigen Blätter sind länglich-oval, bis zu 10 cm lang und bis 2,5 cm breit, hellgrün und glänzend. Nach oben folgen 1–2 scheidige Stengelblätter. Der Blütenstand ist mittellang und trägt 10–12 locker angeordnete Blüten. Die Blüten sind ziemlich groß und rosa bis hellrot gefärbt. *Die Perigonblätter bilden einen leicht geöffneten Helm.* Die *Sepalen* sind 8 mm lang, eiförmig, auf der Unter- und Oberseite *olivgrün* und *mit roten Punkten besetzt. Die Lippe ist dreilappig* mit vorgezogenem Mittellappen, der größer als die nach hinten umgebogenen Seitenlappen ist, im mittleren Bereich mit roten Punkten besetzt, *an den Seitenrändern der Narbenhöhle befinden sich 2 deutliche Schwielen. Der Sporn ist sackförmig nach unten gerichtet,* etwa *halb so lang wie der Fruchtknoten.* Die Lippe ist 8 mm lang und 10 mm breit.
Blütezeit: Mitte Mai bis Ende Juni.
Höhenverbreitung: Von der Küste bis 1800 m.
Standort: Waldpflanze, in Buchen-, Eichen-, Kiefern- und Tannenwäldern, im alpinen Bereich auf höhergelegenen Matten.
Naturschutz: Überaus seltene sporadisch vorkommende Art, stark gefährdet.
Bastarde: Nachgewiesen mit *O. langei, mascula, patens* und *provincialis.*
Bildnachweis: Oben links: 14. 6. 1981, Gardaseegebiet (Norditalien), W. Hiller. – Oben rechts: 25. 5. 1974, Miliana (Nordalgerien). – Unten links: 28. 5. 1980, Nogueira (Spanien). – Unten rechts: 30. 5. 1981, Bolu (Nordwesttürkei), alle H. Baumann. Die verschiedenen Bilder zeigen die große Variabilität dieser Art.

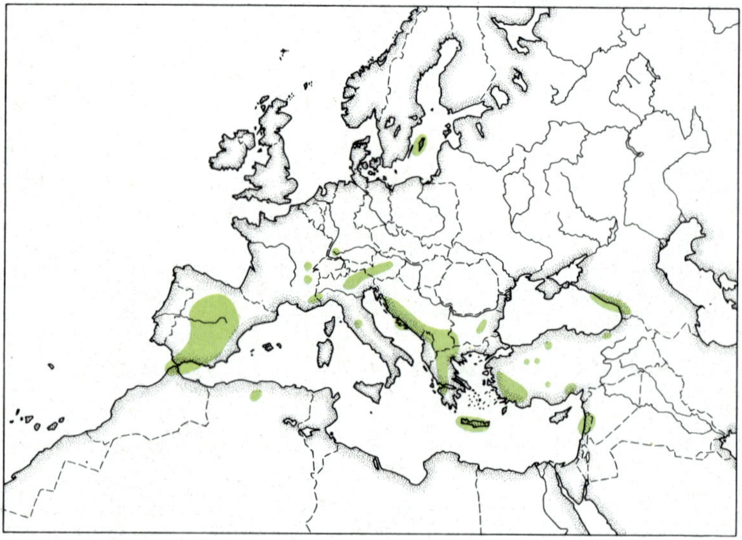

Órchis stevénii Reichenb. fil.
Stevens Knabenkraut

Beschreibung: Pflanze groß und stattlich, 25–45 cm hoch. Laubblätter 6–10, am Grunde rosettig gehäuft, bis 16 cm lang und 4 cm breit. Nach oben folgen 2–3 scheidige Stengelblätter. Der Blütenstand ist langgestreckt, 12–15 cm lang und vielblütig. Die Tragblätter sind häutig und 4–5mal kürzer als der Fruchtknoten. Die *Blüten* sind groß und *hell* gefärbt. Die *Perigonblätter bilden* einen geschlossenen, *langgestreckten Helm.* Die *seitlichen Sepalen* sind *16 mm lang* und auf der Außenseite weißlich bis rosa gefärbt. Die Lippe ist tief dreigeteilt, 17 mm lang und 5 mm breit, der Mittellappen nochmals zweigeteilt und langgestreckt. Sie ist hellrosa bis blaßviolett gefärbt und besonders auf dem Mittellappen mit dunkleren Punkten übersät. Die *Lippe* ist waagerecht abstehend und daher *kaum geöffnet.* Der Mittellappen ist länger als die Seitenlappen. Der Sporn ist abwärts gerichtet und weißlich gefärbt, halb so lang wie der Fruchtknoten. Diese Art steht O. militaris am nächsten, unterscheidet sich jedoch durch die größeren Blüten, die kaum geöffnet sind.
Blütezeit: Mitte Mai bis Ende Juni.
Höhenverbreitung: Von 400 m bis etwa 1500 m.
Standort: Frische Bergwiesen, lichte Wälder.
Naturschutz: Pflanze mit kleinem Verbreitungsgebiet, gefährdet.
Bastarde: Keine sicheren Nachweise.
Bildnachweis: 25. 6. 1978, Trabzon (Nordosttürkei), H. Baumann.

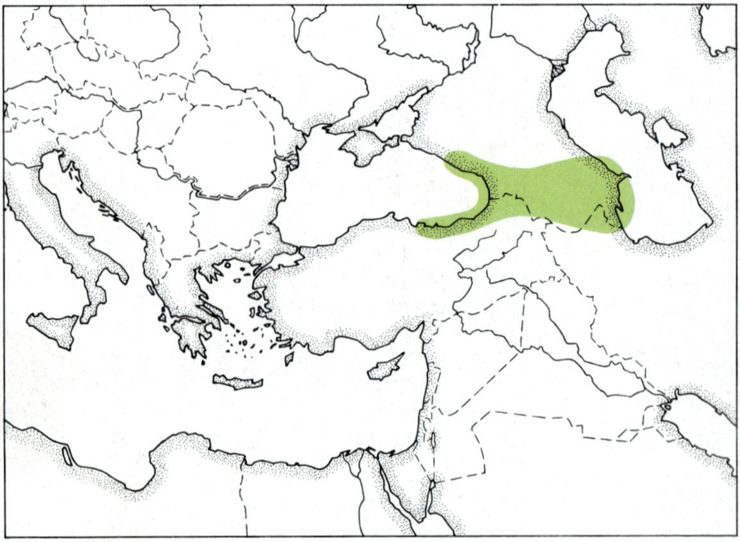

Órchis syríaca BOISS. ex H. BAUMANN & KUENKELE
Syrisches Knabenkraut

Beschreibung: Pflanze niedrig, 10–25 cm hoch. Laubblätter 6–9, am Grunde rosettig gehäuft. Die 4–6 Grundblätter sind länglich-lanzettlich und zugespitzt. Sie sind ungefleckt und grün gefärbt, bis zu 12 cm lang und bis 2 cm breit. Nach oben folgen 2–3 scheidige Stengelblätter. Der *Blütenstand* ist *armblütig* und kurz und trägt 4–12 locker angeordnete Blüten. Die Tragblätter sind grünlich-violett, am freien Ende abgestumpft und 3/4 so lang wie der Fruchtknoten. Die Blüten sind klein bis mittelgroß. Die Sepalen und Petalen bilden einen lockeren *Helm,* der *grünviolett* gefärbt ist und dessen Nervatur stark grün hervortritt. Die seitlichen Sepalen sind 5–7 mm lang. Die Lippe ist schwach dreilappig, die Seitenlappen sind etwas größer als der Mittellappen. Die Lippe ist entlang der gesamten Mittellinie gefaltet und die Seitenlappen nach hinten gebogen. Die *Blütenfarbe* variiert zwischen *elfenbeinweiß* und einem schwachen Rosa. Auf der Lippe befinden sich *keinerlei Striche,* Punkte oder Papillen. Der *Sporn* ist *hellviolett* bis rosa gefärbt und leicht *bogig aufwärts* gekrümmt. Er ist so lang wie oder etwas kürzer als der Fruchtknoten.
Blütezeit: Ende Februar bis Ende April.
Höhenverbreitung: Von der Küste bis etwa 1000 m.
Standort: Waldpflanze lichter Kiefernwälder oder Gebüsche, auf Kalk.
Naturschutz: Die küstennahen Kiefernwälder sind durch Touristik gefährdet.
Bastarde: Keine sicheren Nachweise bekannt.
Bildnachweis: 20. 3. 1970, Kormakiti (Zypern), H. Baumann.

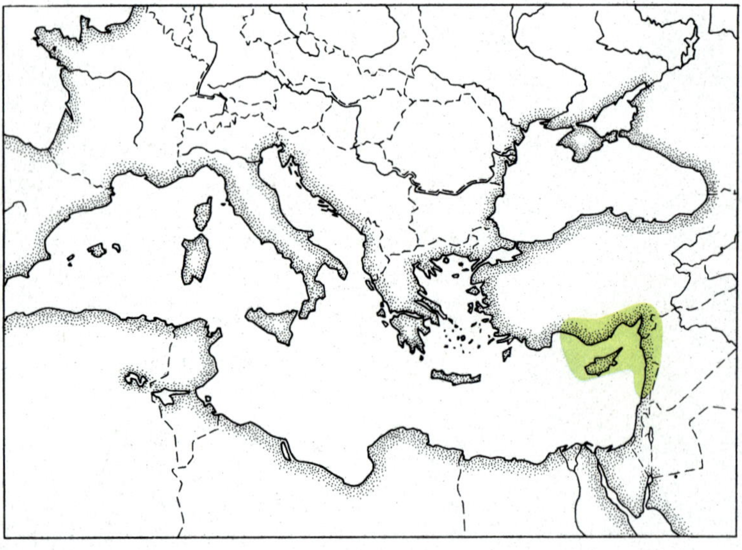

Órchis tridentáta Scop.
Dreizähniges Knabenkraut

Beschreibung: Pflanze mittelgroß, 15–40 cm hoch. Laubblätter 5–8, am Grunde rosettig gehäuft, blaugrün gefärbt, 4–12 cm lang und 1,0–2,5 cm breit. Nach oben folgen 2–3 scheidige Stengelblätter. Der *Blütenstand* ist *halbkugelig* und *dicht,* 2–4 cm lang. Er trägt zahlreiche kleine Blüten, die weiß, rosa bis hellviolett gefärbt sind. Die Tragblätter sind lang und zugespitzt und erreichen etwa die Länge des Fruchtknotens. Die Perigonblätter bilden einen lockeren Helm, seine spitzen Enden sind frei. Die Sepalen sind länglich-eiförmig und deutlich zugespitzt, 7–10 mm lang und rosa bis hellviolett gefärbt, die Nerven sind grün oder rot gezeichnet. Die *Lippe* ist tief *dreilappig,* der *Mittellappen* nochmals *geteilt, flach* ausgebreitet oder an den Rändern leicht aufwärts gebogen. Sie ist 7–9 mm lang und 5–6 mm breit, hellrosa bis fast *rein weiß* gefärbt und *mit purpurroten Punkten* dicht besetzt. Der Sporn ist abwärts gerichtet und mit 6 mm halb so lang wie der Fruchtknoten.
Blütezeit: Mitte März bis Mitte Juni.
Höhenverbreitung: Von der Küste bis 1500 m.
Standort: Halbtrockenrasen, Ödland, lichte Wälder und Gebüsche auf kalkreichem Boden.
Naturschutz: In Mitteleuropa nur inselartig auftretend und gefährdet.
Bastarde: Nachgewiesen mit *O. coriophora, mascula, militaris, morio, purpurea* und *ustulata.*
Bildnachweis: 1. 5. 1981, Ljubljana (Nordjugoslawien), H. Baumann.

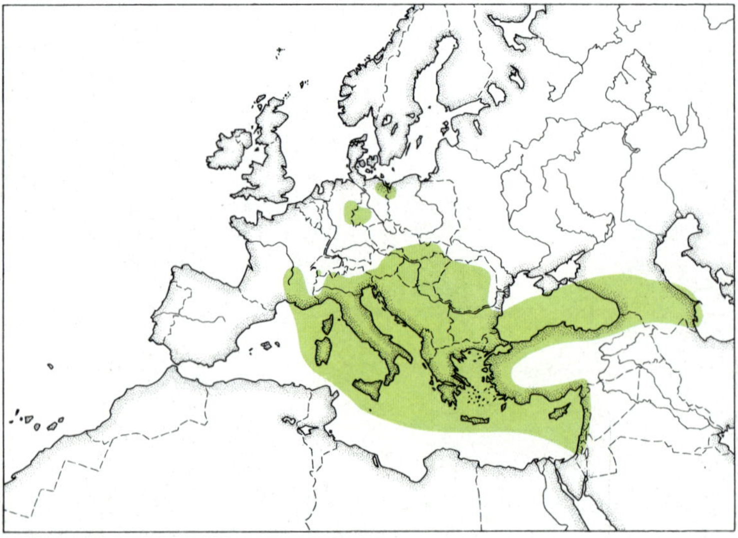

Órchis ustuláta L.
Angebranntes Knabenkraut

Beschreibung: Pflanze *niedrig,* sie gehört zu den kleinsten der Gattung, 10–30 cm hoch. Laubblätter 3–6, am Grunde rosettig gehäuft, blaugrün gefärbt, 3–8 cm lang und 0,5–2,0 cm breit. Nach oben folgen 1–3 scheidige Stengelblätter. Der Blütenstand ist kurz, bis zu 10 cm lang und trägt zahlreiche *winzige Blüten.* Die Tragblätter sind häutig, etwa so lang wie der Fruchtknoten. Die Blüten sind sehr klein. Die Perigonblätter bilden einen kleinen *kugeligen Helm,* der auf der *Außenseite dunkelpurpurn* gefärbt ist. Im Knospenzustand ist er fast schwarz. Die Sepalen sind eiförmig und 3–4 mm lang, die Petalen noch kürzer. Die Lippe ist stark dreigelappt und flach ausgebreitet, die Seitenlappen sind kleiner als der meist nochmals zweigeteilte Mittellappen. Im ausgebreiteten Zustand ist die Lippe 5 mm lang und 3 mm breit, fast rein weiß gefärbt und mit kleineren purpurnen Flecken besetzt. Der Sporn ist zylindrisch und stumpf, abwärts gerichtet und halb so lang wie der Fruchtknoten.
Blütezeit: Anfang Mai bis Ende Juli.
Höhenverbreitung: Von der Küste bis 2100 m.
Standort: Halbtrockenrasen, ungedüngte kurzrasige Bergwiesen und in lichten Eichenwäldern.
Naturschutz: Die Pflanze geht durch Düngung ihrer Standorte stark zurück.
Bastarde: Nachgewiesen mit *O. militaris, morio, simia* und *tridentata.*
Bildnachweis: 8. 6. 1979, Reutlingen (Baden-Württemberg), V. Hoffmann.

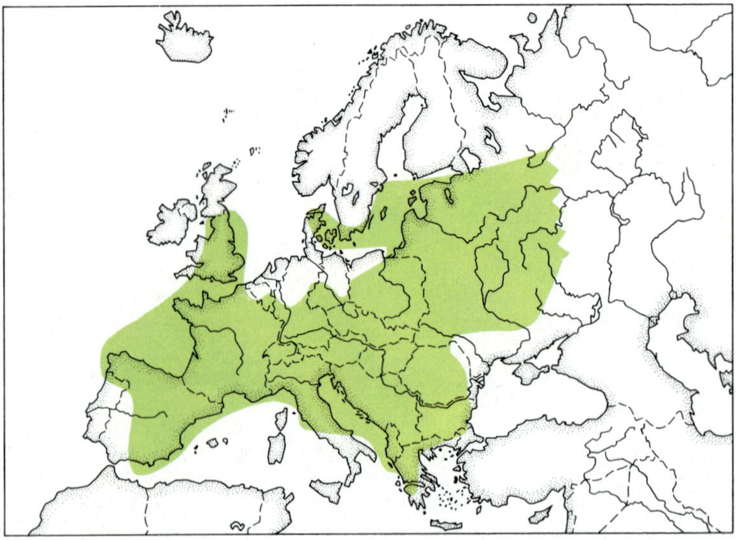

Platanthéra algeriénsis BATTAND. & TRABUT
Algerische Waldhyazinthe

Beschreibung: Pflanze steif, 50–70 cm hoch. *Stengel* kahl, rund, *am Grunde mit zwei Laubblättern,* nach oben mit 4–6 länglich-lanzettlichen, zugespitzten, in der Größe abnehmenden tragblattartigen Blättern. Laubblätter ziemlich lang, aufrecht bis etwas abstehend, länglich-elliptisch, ziemlich stumpf, am Grunde verschmälert, scheidig, 19–30 cm lang, 3,7–4,6 cm breit. Blütenstand zylindrisch, etwa 20 cm lang, ziemlich dicht- und reichblütig. *Blüten kleiner als bei Pl. chlorantha, dem Stengel stark genähert, grün bis grüngelb. Tragblätter* ziemlich groß, die unteren etwas *länger als die Blüten,* die oberen etwas kürzer, lanzettlich bis zugespitzt. Seitliche Sepalen abstehend, sichelförmig, stumpf, dreinervig, 8–10 mm lang, 4–4,5 mm breit. Mittleres Sepal mit den Petalen zusammenneigend, eiförmig, sehr stumpf, 5,8–7,2 mm lang, 5,8–7,8 mm breit. Petalen schief-lanzettlich, stumpf, 5,6–7,2 mm lang, 2,1–2,5 mm breit. Lippe zungenförmig, stumpf, herabhängend bis zurückgeschlagen, 8,5–12,0 mm lang, 2,3–3,4 mm breit. Sporn ziemlich waagerecht, fadenförmig, an der Spitze etwas verdickt, länger als der Fruchtknoten, 18–24 mm lang, 1,4–2,1 mm breit. *Staubbeutelfächer nach unten stark auseinandergespreizt.*
Blütezeit: Von Mitte Mai bis Ende Juni.
Höhenverbreitung: In Küstennähe und in Berglagen von 1400 m bis 2100 m.
Standort: Küstennahe Sumpfwiesen, Naßwiesen, Hangmoore.
Bastarde: Nicht nachgewiesen.
Bildnachweis: 5. 6. 1980, Sierra Nevada (Südspanien), H. Baumann.

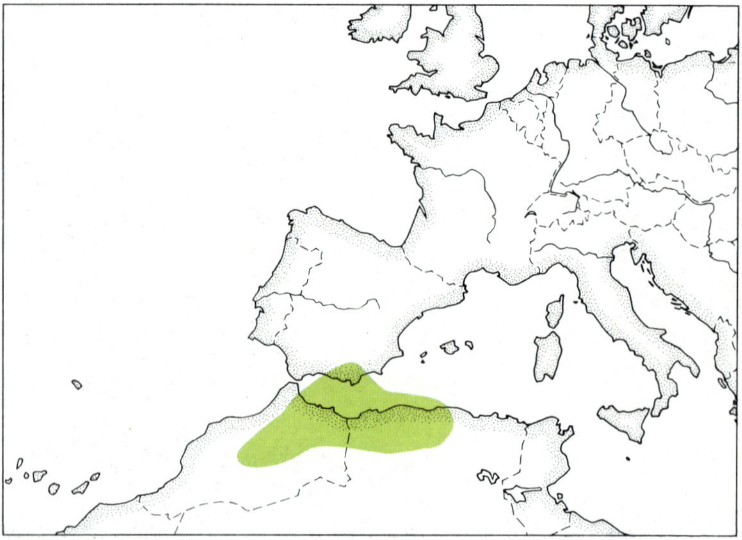

Platanthéra bifólia (L.) L. C. RICH.
Zweiblättrige Waldhyazinthe

Beschreibung: Pflanze 15–50 cm hoch. *Stengel* hohl, kantig, hell gelbgrün, *mit 2* (selten 3–4) *grundständigen Laubblättern* und 3–5 lanzettlichen, spitzen, tragblattartigen Stengelblättern. Grundblätter gegenständig, kahl, hellgrün, glänzend, mit zahlreichen Längsnerven, zumeist in einen Stiel verschmälert, oval bis länglich, 7–25 cm lang, 2–5 cm breit. Blütenstand zylindrisch, bis zu 25 cm lang, meist locker, reichblütig. Tragblätter lanzettlich, gelblichgrün, etwa so lang wie der Fruchtknoten. *Blüten* ziemlich groß, *weiß oder weißlich-grünlich.* Seitliche Sepalen lanzettlich, 8–10 mm lang, 4–5 mm breit, stumpf, abstehend. Mittleres Sepal mit den Petalen zusammenneigend, eiförmig-dreieckig, stumpf, 5–7 mm lang, 4–5 mm breit. Petalen lineal-lanzettlich, sichelartig gekrümmt, 8 mm lang, 2,5 mm breit. Lippe zungenförmig, nach abwärts gerichtet, stumpf, an der Spitze grünlich, 8–15 mm lang, 1,5–3 mm breit. *Sporn fadenförmig,* ziemlich waagerecht mit nach abwärts gebogener, grünlicher Spitze, *1,3–4,0 cm lang. Staubbeutelfächer parallel verlaufend,* zumeist einander stark genähert.
Blütezeit: Von Mai bis August.
Höhenverbreitung: Von der Küste bis 2300 m.
Standort: In lichten Laub- und Nadelwäldern, im Gebüsch, im Magerrasen, in feuchten Wiesen, in Flach- und Zwischenmooren.
Bastarde: Selten mit *Pl. chlorantha.*
Bildnachweis: 5. 7. 1981, Oberstdorf (Allgäu), H. Baumann.

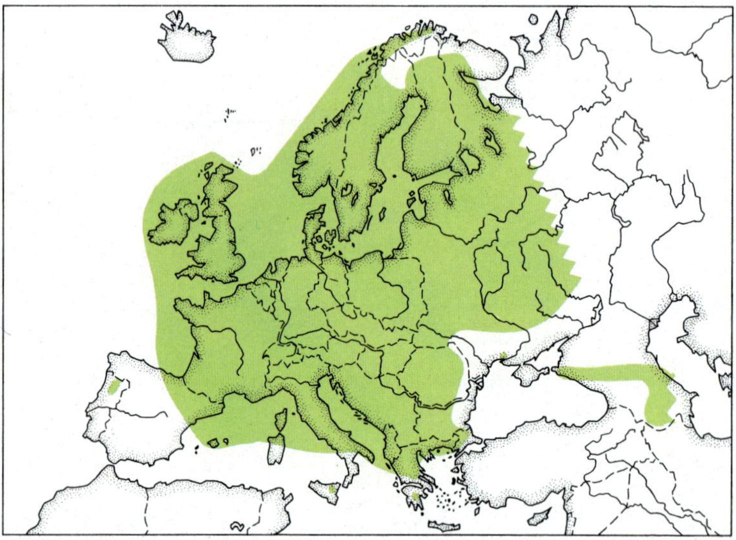

Platanthéra chlorántha (CUSTER) REICHENB.
Grünliche Waldhyazinthe

Beschreibung: Pflanze stattlich, 20–50 cm hoch. *Stengel* steif, kantig, hellgrün, *mit 2* (selten 3–4) *grundständigen Laubblättern* und 3–5 lanzettlichen, zugespitzten tragblattartigen Stengelblättern. Grundblätter gegenständig, kahl, hellgrün, fettglänzend, mit zahlreichen Längsnerven, aus stark verschmälertem Grunde länglich bis breiteiförmig, 6–20 cm lang, 2,5–3,5 cm breit. Blütenstand zylindrisch, bis zu 25 cm lang, fast immer locker, reichblütig. Tragblätter lanzettlich, zugespitzt, anfangs etwa so lang wie die Blüten, später noch auswachsend. *Blüten ziemlich groß, in allen Dimensionen kräftiger als Pl. bifolia,* weißlichgrün. Seitliche Sepalen schief eiförmig, abstehend, stumpflich bis etwas zugespitzt, 9–12 mm lang, 5–6 mm breit. Mittleres Sepal mit den Petalen zusammenneigend, herzförmig, stumpf, 5–10 mm lang, 7–9 mm breit. Petalen schmal-lanzettlich, sichelartig gekrümmt, stumpf, 6–8 mm lang, 2–3 mm breit. Lippe linealisch, nach abwärts gerichtet, stumpf, an der Spitze grünlich, 11–18 mm lang, 3–4 mm breit. Sporn waagerecht, fadenförmig, grünlich, 2–4 mm lang. *Staubbeutelfächer nach unten auseinanderspreizend,* meist bogenförmig gekrümmt.
Blütezeit: Von Mai bis August.
Höhenverbreitung: Von der Küste bis 1800 m.
Standort: In lichten Laub- und Nadelwäldern, im Gebüsch, in Magerrasen, in feuchten Wiesen, bevorzugt auf Kalk.
Bastarde: Mit *Pl. bifolia.*
Bildnachweis: 15. 6. 1977, Wildberg (Baden-Württemberg), H. Baumann.

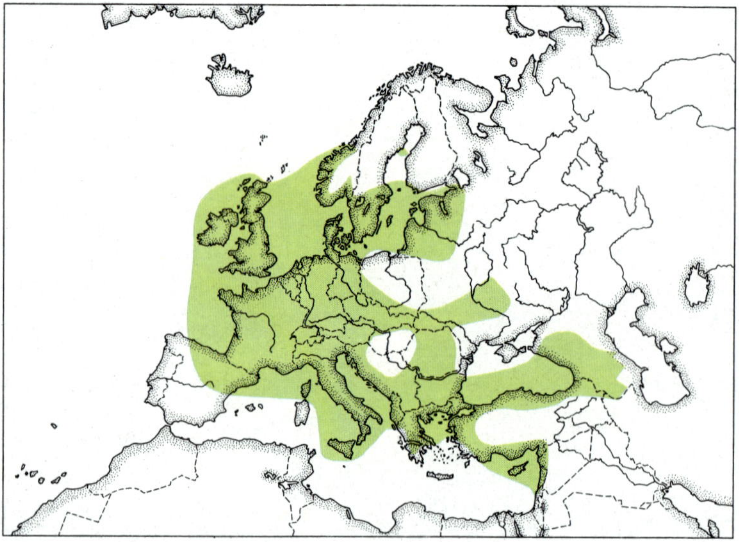

Platanthéra hyperbórea (L.) LINDL.
Nördliche Waldhyazinthe

Beschreibung: Pflanze robust, 10–35 cm hoch. Stengel kahl, kantig. *Laubblätter am Stengel verteilt.* Unterstes Blatt breit, kurz, breitscheidig. Die folgenden 3–4 aufgerichtet bis schräg abstehend, lanzettlich bis eiförmig-elliptisch, 3–13 cm lang, 0,6–2 cm breit, die obersten 2–3 lineal-lanzettlich, in der Größe abnehmend. Blütenstand zylindrisch, 3–9 cm lang, dicht- und reichblütig. *Blüten klein, grünlich.* Tragblätter schmal-lanzettlich, die unteren etwa so lang wie die Blüten, nach oben allmählich etwas kürzer werdend. *Perigonblätter 3–4 mm lang.* Seitliche Sepalen schmal-eiförmig, schräg nach unten abstehend. Mittleres Sepal mit den Petalen zusammenneigend, eiförmig, stumpf. Petalen schief länglich-eiförmig. *Lippe* breit lanzettlich, stumpf, *3–7 mm lang,* 1,2 mm breit, waagerecht bis leicht herabhängend. *Sporn* zylindrisch, stumpf, gekrümmt, 3,5–4,5 mm lang, *etwas kürzer als der Fruchtknoten.* Staubbeutelfächer oben zusammenneigend, nach unten breit auseinanderspreizend.
Blütezeit: Von Juni bis Juli.
Höhenverbreitung: Im Küstenbereich von Island und Grönland.
Standort: Auf Wiesen und Weiden.
Bastarde: Nicht nachgewiesen.
Bildnachweis: Tafel 80, II und III, aus Reichenb. fil. (1851).

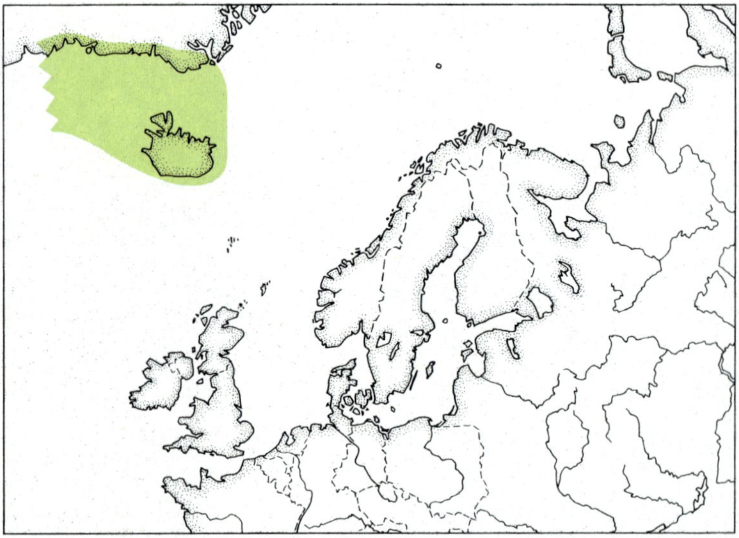

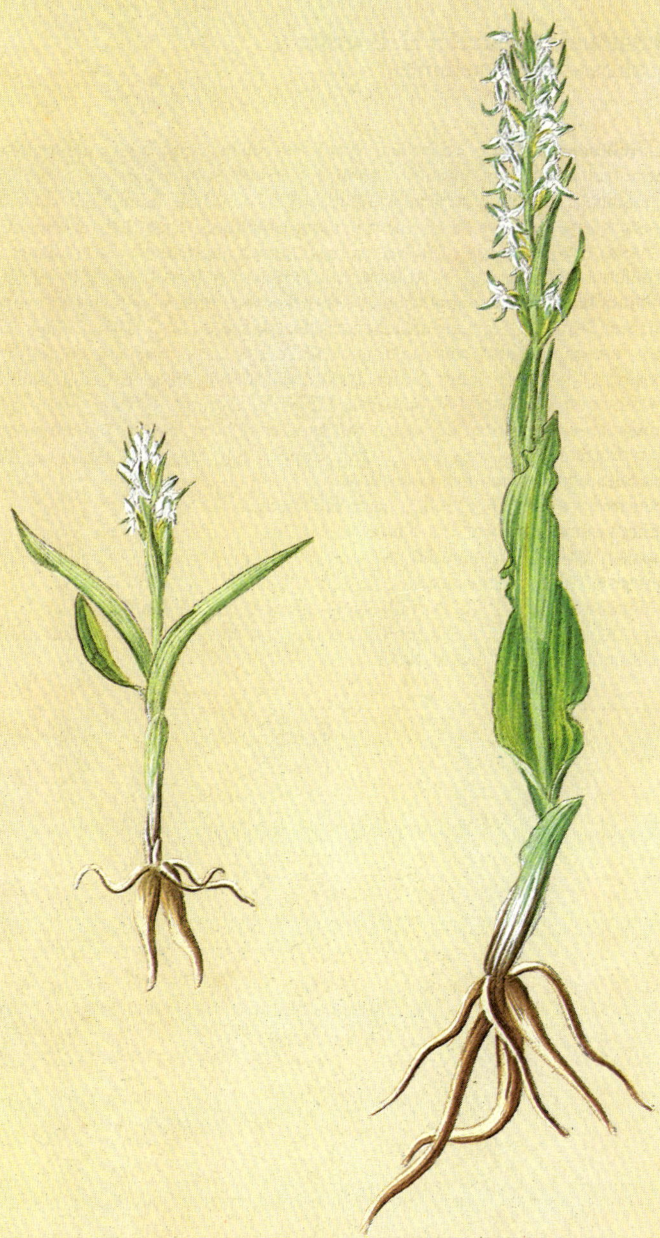

Platanthéra kuenkelei H. Baumann
Künkeles Waldhyazinthe

Beschreibung: Pflanze hochwüchsig, 45–90 cm hoch. Stengel aufgerichtet, kahl, oberwärts etwas hin und her gebogen, rinnig. *Grundständige Laubblätter 2,* lanzettlich-eiförmig, fast gegenständig, gegen die Basis allmählich verschmälert, *ziemlich lang,* bis 30 cm, 6–7 cm breit. Stengelblätter 5, lanzettlich, nach oben kürzer werdend, tragblattartig. *Blütenstand* zylindrisch, *verlängert,* 25 cm lang, locker, ziemlich *reichblütig,* (15–50 Blüten). Tragblätter lanzettlich, 11–14 mm lang, 3–4 mm breit, etwa so lang wie der Fruchtknoten. *Blüten weiß, zierlich, angenehm duftend.* Seitliche Sepalen abstehend, schief-lanzettlich, 9–10 mm lang, 3–4 mm breit, dreinervig. Mittleres Sepal mit den Petalen zusammenneigend, eiförmig bis dreieckig, 7–8 mm lang, 5 mm breit, fünfnervig. Petalen schmal-lanzettlich, gewölbt, 6–8 mm lang, 1–2 mm breit. Lippe lineal-zungenförmig, stumpf, herabgeschlagen, weißgelblich, 11–13 mm lang, 2 mm breit. Sporn fadenförmig, spitz, 22–27 mm lang, 1 mm breit, etwa doppelt so lang wie der Fruchtknoten. *Staubbeutelfächer parallel angeordnet.*
Blütezeit: Von April bis Juli, je nach Höhenlage.
Höhenverbreitung: Von der Küste bis 1300 m.
Standort: In Korkeichenwäldern.
Bastarde: Nicht nachgewiesen.
Bildnachweis: 3. 6. 1978, Azazga (Nordalgerien), H. Baumann.
Das Bild zeigt den reichblütigen Blütenstand mit den zierlichen, weißen Blüten. Die Staubbeutelfächer stehen parallel.

Pseudórchis álbida (L.) A. & D. LOEVE
Weißliche Höswurz

Syn.: Leucorchis albida

Beschreibung: Pflanze schlank, 10–40 cm hoch. Stengel steif, aufrecht, rundlich. Laubblätter am Stengel verteilt, 4–6. Die unteren länglich-verkehrteiförmig bis länglich-lanzettlich, nach vorne verbreitert, stumpf, kurz zugespitzt, 2,5–8 cm lang, 1–1,5 cm breit. Die oberen kleiner, lanzettlich, spitz, allmählich in die Tragblätter übergehend. *Blütenstand schmal-zylindrisch,* 2–10 cm lang, dicht- und vielblütig. Tragblätter lanzettlich, zugespitzt, dreinervig, so lang wie oder länger als der Fruchtknoten. *Blüten klein,* nickend, dem Stengel anliegend, *weißlich bis gelblich-weiß. Perigonblätter* zu einem glockigen bis fast kugeligen Helm zusammenneigend, *2–3 mm lang.* Sepalen eiförmig, stumpf, dreinervig, gekielt. Petalen kürzer, länglich-eiförmig, stumpf. *Lippe gelbgrün* nach vorwärts gerichtet, *dreilappig,* 2,6 mm lang, 1,7 mm breit. Seitenlappen lineal-lanzettlich, zugespitzt. Mittellappen zungenförmig, zumeist länger. *Sporn zylindrisch,* nach vorne verdickt, stumpf, gelblich, *2–2,5 mm lang,* 1 mm breit, nach *abwärts gerichtet* und etwas nach vorne gekrümmt.
Blütezeit: Von Mai bis August.
Höhenverbreitung: Von 400 m bis 2500 m.
Standort: In Magerrasen und auf Bergweiden, nur auf sauren Böden.
Naturschutz: In Mitteleuropa außerhalb der Alpen stark rückläufig.
Bastarde: Selten, mit *P. frivaldii* und Gattungsbastarde mit *D. maculata, G. conopsea* und *odoratissima, N. nigra* und *rubra.*
Bildnachweis: 7. 6. 1980, Bregenzer Wald (Österreich), W. Hiller.

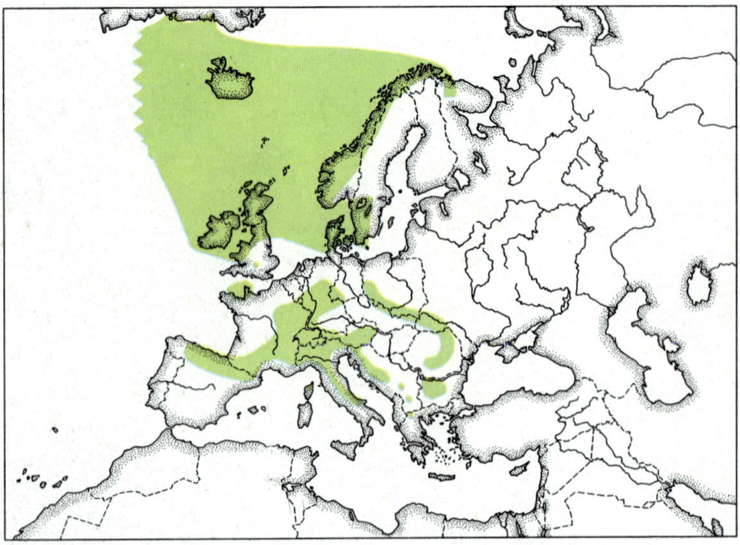

Pseudórchis friváldii (HAMPE ex GRISEB.) P. F. HUNT
Frivalds Höswurz

Beschreibung: Pflanze schlank, 12–30 cm hoch. Stengel kahl, rinnig. Laubblätter am Stengel verteilt, 3–5. Die unteren 2–3 zungenförmig, kurz zugespitzt, bis 9 cm lang, 6–14 mm breit, aufrecht bis etwas abstehend. Die oberen 1–2 tragblattartig werdend, spitz. *Blütenstand* kurz und gedrungen, *eiförmig,* 2–4 cm lang, dichtblütig. *Tragblätter* lanzettlich zugespitzt, *einnervig,* am Rande rötlich, die unteren länger als der Fruchtknoten. *Blüten* klein, vom Stengel abstehend, *weiß-rosa angehaucht bis hellrosa.* Perigonblätter 3–4 mm lang. *Sepalen* länglich, stumpf, die *seitlichen schräg abstehend.* Petalen schief-eiförmig, stumpf. *Lippe* rahmgelb bis rosa, *ungeteilt* bis leicht dreilappig, breit-umgekehrt-dreieckig, 4 mm lang, 3–3,5 mm breit, die Spitze nach abwärts gebogen. *Sporn schmal-*zylindrisch, 1,7 mm lang, 0,5 mm breit, leicht gekrümmt, etwa *3/4 so lang wie der Fruchtknoten.*
Blütezeit: Von Juni bis August.
Höhenverbreitung: Von 1000 m bis 2300 m.
Standort: In Hang- und Bachrandmooren, auf Urgestein.
Naturschutz: Balkan-Endemit alpiner Flachmoorgesellschaften, infolge starker Beweidung erheblich zurückgegangen.
Bastarde: Selten mit *Gymnadenia conopsea, Nigritella nigra* und *Pseudorchis albida.*
Bildnachweis: 15. 7. 1976, Peć (Südjugoslawien), H. Baumann.
Das Bild zeigt den kugeligen Blütenstand mit den rosa gefärbten Blüten. Die seitlichen Perigonblätter sind ausgebreitet, die Lippe fast ganzrandig.

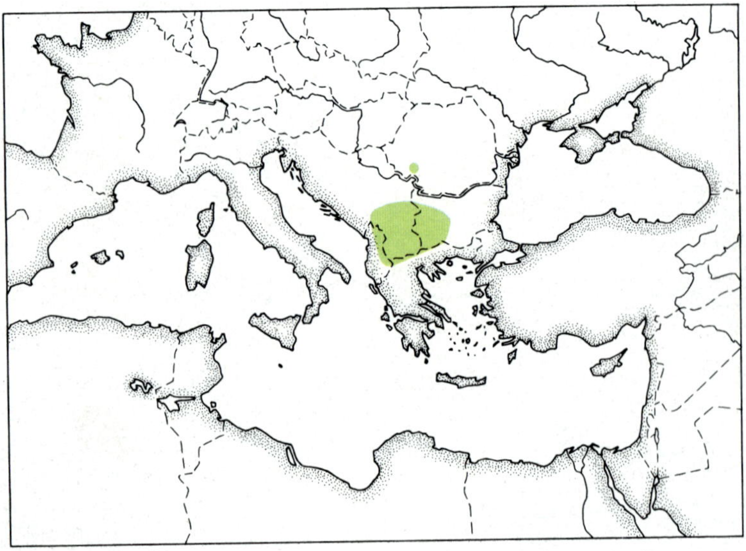

Serápias cordígera L.
Herzförmiger Zungenständel

Beschreibung: Pflanze 20–35 cm hoch. Stengel grünlich, mit den Blattscheiden im unteren Teil rotbraun gestreift, oberwärts bisweilen purpurn überlaufen. Laubblätter 5–9, bläulichgrün, aus scheidenförmigem Grunde linealisch bis breit-lanzettlich, spitz, rinnig, die untersten aufgerichtet bis überhängend, die höheren stengelumfassend, nach oben tragblattartig werdend. Blütenstand kurz, eiförmig, dicht 2- bis 10blütig. *Blüten ziemlich groß. Tragblätter* eiförmig-lanzettlich bis elliptisch, zugespitzt, hellrotviolett, meist *kürzer als die Blüten. Perigonblätter* helmförmig, 20–35 mm lang, *hell aschgrau,* leicht schräg aufwärts bis waagrecht. *Vorderlippe dunkelrot bis schwarzpurpurn,* am Grunde herzförmig, zugespitzt, 18–28 mm lang, *18–25 mm breit,* am Rande oft gewellt, abwärts bis vorwärts gerichtet. *Seitenlappen der Hinterlippe* aufgerichtet, *wenig aus dem Sepalhelm hervortretend.* Vom Grunde bis zur Mitte der *Vorderlippe dicht,* ziemlich lang, *dunkelpurpurn behaart.* Schwielen am Grunde der Hinterlippe parallel, nach vorne auseinanderlaufend, glänzend, schwarzpurpurn.
Blütezeit: Von April bis Mai.
Höhenverbreitung: Von der Küste bis 600 m.
Standort: Auf Ödland, an Böschungen, an kurzrasigen Stellen, in feuchten Wiesen, im Gebüsch, in lichten Kiefern-, Eichen- und Kastanienbeständen.
Bastarde: Mit *S. lingua, neglecta* subsp. *neglecta, parviflora, vomeracea* subsp. *vomeracea, vomeracea* subsp. *laxiflora,* selten mit *O. laxiflora* und *O. papilionacea.*
Bildnachweis: 9. 4. 1977, Sardinien, M. Kalteisen.

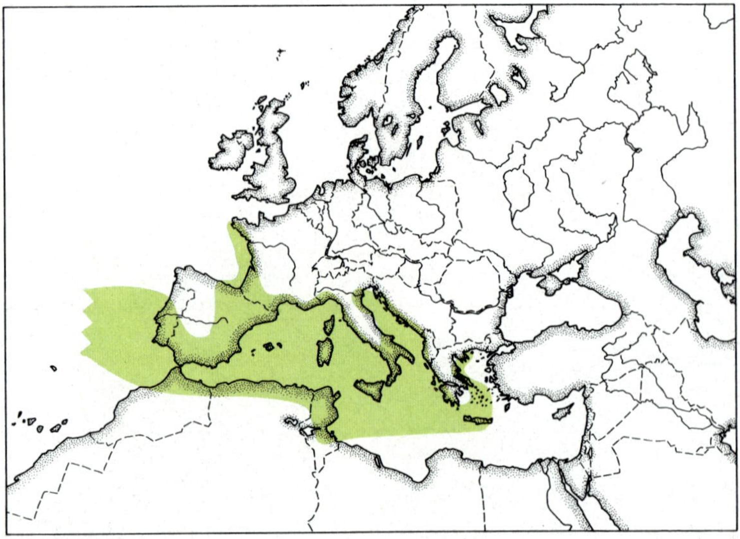

Serápias língua L.
Echter Zungenständel

Beschreibung: *Pflanze* 10–35 cm hoch, zumeist *gruppenweise gleich aussehend.* Stengel hellgrün, bisweilen purpurn angelaufen. Laubblätter 4–8, bläulichgrün, lanzettlich spitz, die unteren abstehend, die folgenden meist aufgerichtet, die obersten 1–2 tragblattartig. *Blütenstand 2- bis 6blütig,* anfangs gedrängt, später locker. Blüten mittelgroß. Tragblätter eiförmig bis eiförmig-lanzettlich, spitz, meist grauviolett bis rötlich, etwa so lang wie die Blüten. Perigonblätter helmförmig, 15–25 mm lang, hellgrauviolett, purpurviolett, seltener weißlich, vorwiegend waagerecht abstehend. *Vorderlippe rötlich, hellrosa, gelblich oder weißlich,* aus leicht verschmälertem Grunde schmal- bis breitlanzettlich, zugespitzt, 10–18 mm lang, *5–10 mm breit,* zumeist vorwärts bis leicht abwärts gerichtet. Seitenlappen der Hinterlippe aufgerichtet, purpurrot, nur leicht aus dem Helm hervortretend. *Lippe* kaum bis *schwach behaart. Am Grunde der Lippe eine Schwiele,* von außen sichtbar, länglich bis geigenförmig, schwärzlich, glänzend.
Blütezeit: Von April bis Mai.
Höhenverbreitung: Von der Küste bis 1200 m.
Standort: In feuchten und trockenen Wiesen, an Bachrändern, an Quellhorizonten, auf Ödland, im Gebüsch, in lichten Kiefern- und Eichenwäldern.
Bastarde: Mit *S. cordigera, neglecta* subsp. *neglecta, parviflora, vomeracea* subsp. *vomeracea, vomeracea* subsp. *orientalis, vomeracea* subsp. *laxiflora,* selten mit *O. laxiflora, morio, papilionacea.*
Bildnachweis: 16. 5. 1978, Istrien (Nordjugoslawien), M. Kalteisen.

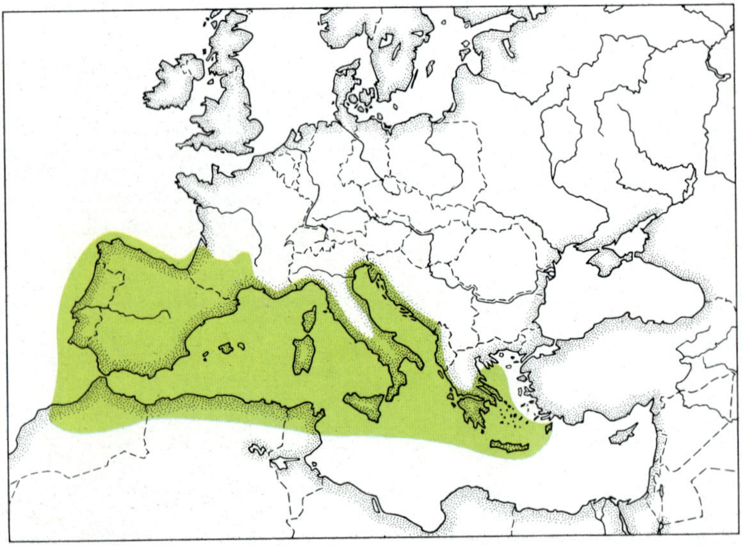

Serápias neglécta De Not.
Verkannter Zungenständel

1. subsp. iónica E. Nelson – Jonische Unterart

Beschreibung: *Pflanze auffallend niedrig,* 7–15 cm hoch. Stengel grün, ungefleckt, oberwärts bisweilen rot überlaufen. Laubblätter 4–7, lanzettlich, 4–9 cm lang, 0,7–1,5 cm breit, bläulichgrün, die untersten seitlich abstehend, meist stark gebogen, rinnig gefaltet, oberwärts 1–2 tragblattartige Stengelblätter, meist violett überlaufen. *Blütenstand kurz,* eiförmig, 3–7 cm lang, dicht, *mit 2–5 Blüten. Blüten ziemlich groß,* Tragblätter länglich-eiförmig, 25–41 mm lang, 11–16 mm breit, rotviolett. Perigonblätter helmförmig, 20–26 mm lang, hellgrau-rotviolett, waagerecht bis leicht aufwärts gerichtet. *Vorderlippe hellocker bis rostbraun,* länglich herzförmig, 16–26 mm lang, *10–15 mm breit,* oft in einem abgesetzten Spitzchen endend, am Rande oft gewellt und aufwärts gebogen, abwärts bis vorwärts gerichtet. Hinterlippe weißlichgelb, *Seitenlappen* aufwärts gebogen, *wenig aus dem Sepalhelm hervortretend, dunkelviolett,* Grund bis zur Mitte der Vorderlippe dicht weißlich behaart. Schwielen am Grunde der Hinterlippe parallel, dunkelocker.
Blütezeit: Im April.
Höhenverbreitung: Von der Küste bis 400 m.
Standort: Auf beweidetem Ödland, im Gebüsch, in lichten Kiefern- und Zypressenbeständen.
Bastarde: Nicht nachgewiesen.
Bildnachweis: 7.4.1936 bei Argostoli auf Kephallonia (Griechenland), Zeichnung E. Nelson.

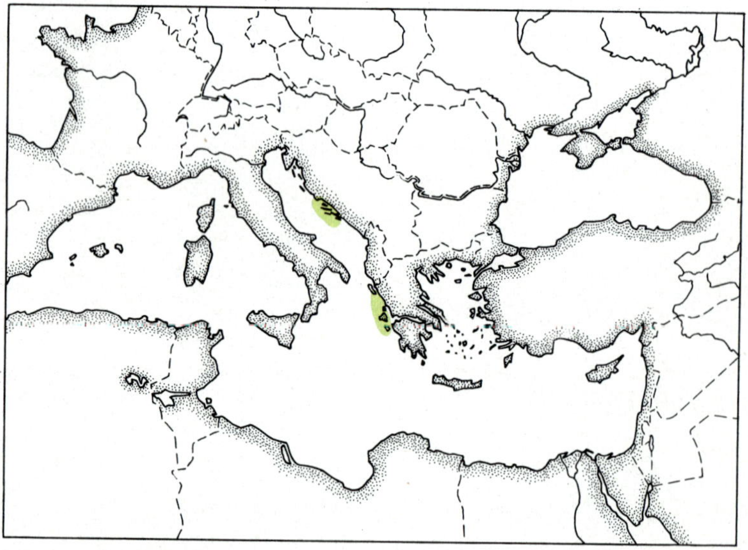

Serápias neglécta DE NOT.
Verkannter Zungenständel

2. subsp. neglécta – Gewöhnliche Unterart.
Beschreibung: *Pflanze mittelhoch,* 10–30 cm hoch. Stengel grün bis gelbbraun, oberwärts bisweilen violett überlaufen, ungefleckt. Laubblätter 4–8, breitlanzettlich, oft ziemlich lang, bläulichgrün, die untersten ausgebreitet, stark gebogen, die höheren stengelumfassend, nach oben 1–2 tragblattartige. Blütenstand kurz, büschelig, 4–7,5 cm lang, gedrängt, mit 2–8 Blüten, selten mehr. *Blüten ziemlich groß.* Tragblätter breit-lanzettlich, etwa so lang wie die Blüten, 27–42 mm lang, 10–16 mm breit, grün, meist violett überlaufen. Perigonblätter helmförmig, 21–27 mm lang, grauviolett bis grünlich, waagerecht bis leicht aufwärts gerichtet. *Vorderlippe ockergelb, orangebraun, breit-herzförmig,* 20–30 mm lang, *15–21 mm breit,* zumeist stumpf, am Rande bisweilen gewellt und aufwärts gebogen bis leicht abwärts gerichtet. *Seitenlappen der Hinterlippe* aufwärts gebogen, *weit aus dem Sepalhelm hervortretend, hellrosa* bis bräunlichrot. Vom Grunde bis zur Mitte der Vorderlippe dicht und lang weißlich behaart. Schwielen am Grunde der Hinterlippe parallel, hellpurpurn.
Blütezeit: Von Ende März bis Mai.
Höhenverbreitung: Von der Küste bis 600 m.
Standort: An rasigen Stellen, in feuchten Wiesen, in Olivenhainen, im Gebüsch und in lichten Kiefernwäldern.
Bastarde: Mit *S. cordigera, lingua, vomeracea* subsp. *vomeracea,* selten mit *O. champagnenxii, laxiflora, morio, palustris, papilionacea.*
Bildnachweis: 16. 4. 1977, Fréjus (Südfrankreich), O. Kurze.

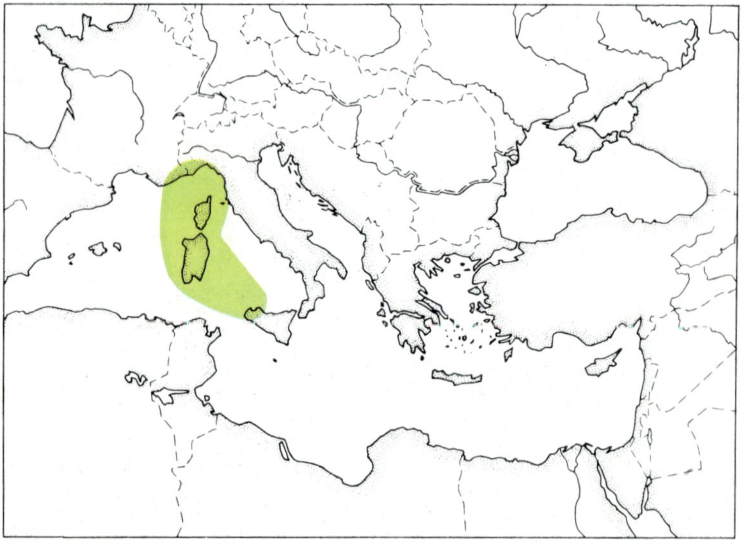

Serápias ólbia Verguin
Südfranzösischer Zungenständel

Beschreibung: *Pflanze* 10–30 cm hoch, zumeist *gruppenweise gleich aussehend* auftretend. Stengel hellgrün, bisweilen am Grunde purpurn gestrichelt, oberwärts rotviolett überlaufen. Laubblätter 5–7, dunkelgrün, lineal-lanzettlich, die unteren seitlich abstehend, gebogen, die höheren dem Stengel anliegend, bisweilen rötlich überlaufen. *Blütenstand kurz,* gedrängt, *2- bis 4blütig.* Blüten mittelgroß. *Tragblätter* breit-lanzettlich bis eiförmig, zugespitzt, hell rotviolett, meist *kürzer als die Helmspitze.* Perigonblätter helmförmig, 20–25 mm lang, hell aschgrau bis weißlich, vorwiegend waagerecht bis leicht aufgerichtet. *Vorderlippe dunkelpurpurn,* aus leicht verschmälertem Grunde schmal-lanzettlich, *14–16 mm lang, 6–8 mm breit,* herabhängend bis stark zurückgekrümmt. Seitenlappen der Hinterlippe aufgerichtet, fast ganz im Sepalhelm. Lippe vom Grunde bis über die Mitte der Vorderlippe dicht behaart. *Am Grunde der Lippe zwei parallele, engstehende Schwielen, glänzend, schwärzlich,* von außen nicht sichtbar.
Blütezeit: Von April bis Mai.
Höhenverbreitung: Nur im Küstenbereich.
Standort: An trockenen Hängen, in feuchten oder salzigen Wiesen, an sandigen Stellen, nur auf sauren Böden.
Bastarde: Keine sicheren Nachweise bekannt.
Bildnachweis: 13. 4. 1974, Giens (Südfrankreich), M. Kalteisen.
Das Bild zeigt die stark behaarte dunkelrote Lippe, die Deckblätter sind kürzer als der Helm. Die Hinterlippe ragt kaum aus dem Helm hervor.

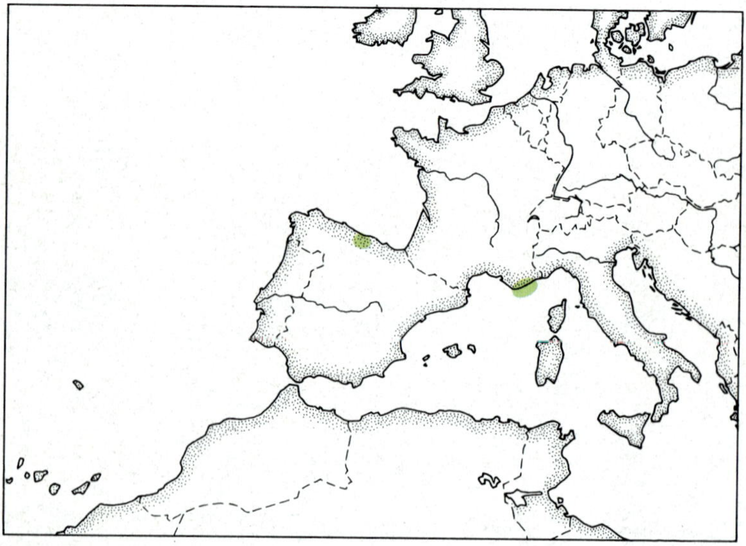

Serápias parviflóra PARL.
Kleinblütiger Zungenständel

Beschreibung: Pflanze 15–30 cm hoch. Stengel hellgrün, im unteren Teil purpurn gestrichelt. Laubblätter 4–5, hell bläulichgrün, linealisch-lanzettlich bis lanzettlich, zugespitzt, die unteren abstehend bis überhängend, die mittleren steil aufwärts gerichtet, häufig den Grund des Blütenstandes erreichend, das oberste noch ziemlich lang, nicht tragblattartig. *Blütenstand verlängert,* anfangs gedrängt, später *locker, 3- bis 10blütig. Blüten klein, autogam, Fruchtknoten bereits im Knospenstadium deutlich angeschwollen.* Tragblätter breit-lanzettlich, grün, purpurn überlaufen, kürzer als der Sepalhelm. Perigonblätter helmförmig, 13–18 mm lang, hellgrau-grünlich bis rötlichviolett, schräg aufwärts gerichtet. *Vorderlippe* braunrötlich, schmal-lanzettlich, *sehr kurz, 5–10 mm lang, 3–5 mm breit,* herabhängend, zumeist *stark zurückgeschlagen.* Seitenlappen der Hinterlippe aufgerichtet, kaum aus dem Sepalhelm hervortretend. Schwach behaart bis fast kahl. Am Grunde der Lippe zwei parallele Schwielen, braunrot.
Blütezeit: Von April bis Mai.
Höhenverbreitung: Von der Küste bis 1000 m.
Standort: Auf Ödland, an rasigen Stellen, in Seewiesen, im Gebüsch, in lichten Kiefernwäldern.
Bastarde: Mit *S. cordigera, lingua, vomeracea* subsp. *laxiflora, vomeracea* subsp. *vomeracea.*
Bildnachweis: 10. 4. 1975, Casablanca (Marokko), H. Baumann.

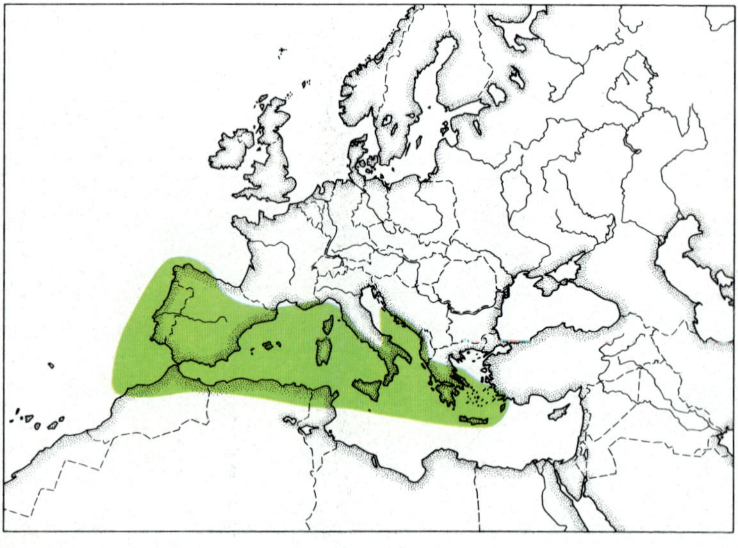

Serápias vomerácea (BURM. fil.) BRIQ.
Pflugschar-Zungenständel

1. subsp. laxiflóra (SOÓ) GOELZ & REINHARD – Lockerblütige Unterart
Beschreibung: Pflanze 15–30 cm hoch. Stengel grün, im oberen Teil meist rötlich überlaufen. Laubblätter 6–9, bläulichgrün, aus scheidenförmigem Grunde lanzettlich, rinnig, die unteren abstehend bis überhängend, die höheren aufrecht bis schräg abstehend, die obersten 1–2 tragblattartig, violett überlaufen. *Blütenstand* anfangs ziemlich dicht, später *verlängert* (bis zu 20 cm lang), *locker, 4- bis 12blütig. Blüten mittelgroß.* Tragblätter lanzettlich, steil aufgerichtet, purpurviolett, die untersten den Sepalhelm meist überragend. Perigonblätter helmförmig, 15–22 mm lang, lanzettlich, lang zugespitzt, rosa bis purpurviolett, steil aufwärts gerichtet. *Vorderlippe* bräunlich bis rotbraun, *schmallanzettlich, 12–15 mm lang, 4–5 mm breit, herabhängend bis zurückgeschlagen. Seitenlappen der Hinterlippe* aufgerichtet, *fast ganz im Sepalhelm. Behaarung der Lippe schwach* und kurz, manchmal fast kahl. Am Grunde der Lippe zwei parallele Schwielen, bräunlich.
Blütezeit: Von April bis Mai.
Höhenverbreitung: Von der Küste bis 600 m.
Standort: In trockenen und feuchten Wiesen, auf Ödland, im Gebüsch, in Felsfluren, im lichten Kiefernwald.
Bastarde: Mit *S. cordigera, lingua, parviflora, vomeracea* subsp. *orientalis, vomeracea* subsp. *vomeracea,* selten mit *Orchis morio.*
Bildnachweis: 19. 5. 1981, Bolu (Nordwesttürkei), H. Baumann.

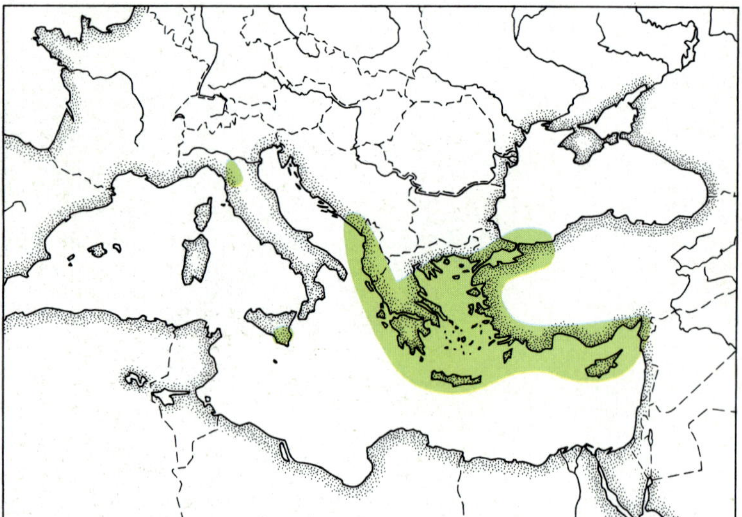

Serápias vomerácea (BURM. fil.) BRIQ.
Pflugschar-Zungenständel

2. subsp. orientális W. GREUTER – Orientalische Unterart
Beschreibung: Pflanze 10–30 cm hoch. Stengel grün, abwärts rötlichviolett überlaufen. Laubblätter 4–6, bläulich- bis gelblichgrün, breit-lanzettlich, aufrecht bis abstehend, die unteren oft zurückgebogen, die obersten 1–2 tragblattartig, rotviolett bis bräunlich überlaufen, den Grund des Blütenstandes erreichend oder überragend. *Blütenstand kurz,* eiförmig, *gedrängt, 3- bis 6blütig. Blüten ziemlich groß.* Tragblätter breit-eiförmig, zugespitzt, 40–52 mm lang, 18–25 mm breit, bläulichviolett bis silbrighellgrün. Perigonblätter helmförmig, 20–32 mm lang, lanzettlich, zugespitzt, grau bis purpurviolett, waagerecht bis leicht aufwärts gerichtet. *Vorderlippe* ockerfarben, gelblichgrün, bräunlichrötlich, dunkelpurpurn, *breit-lanzettlich bis herzförmig, 14–30 mm lang, 11–13 mm breit,* am Rande oft gewellt, herabhängend bis leicht zurückgekrümmt. *Seitenlappen der Hinterlippe* aufgerichtet, *aus dem Helm hervortretend. Vom Grunde der Lippe bis zur Mitte der Vorderlippe dicht und lang behaart.* Am Grunde der Lippe zwei parallele Schwielen, gelblichrötlich.
Blütezeit: Von Ende März bis Mai.
Höhenverbreitung: Von der Ebene bis 800 m.
Standort: In feuchten und trockenen Wiesen, auf Ödland, im Gebüsch.
Bastarde: Mit *S. lingua, vomeracea* subsp. *laxiflora,* selten mit *O. laxiflora.*
Bildnachweis: 15. 4. 1971, Siwa (Kreta), H. Baumann.

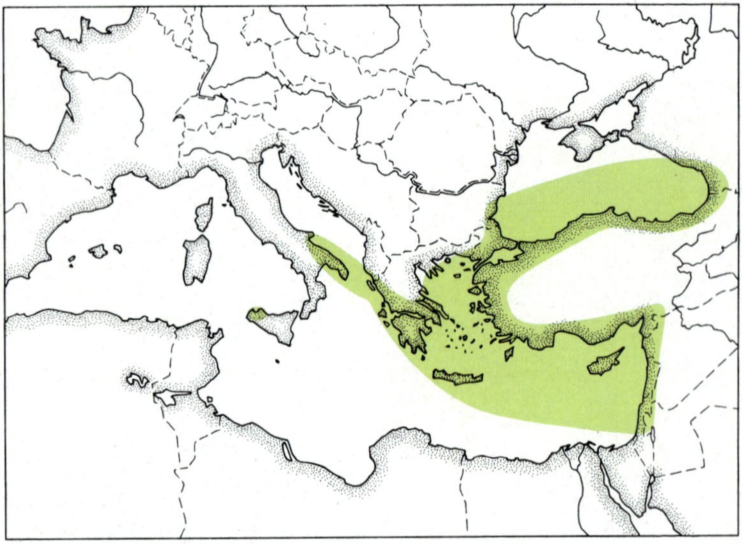

Serápias vomerácea (BURM. fil.) BRIQ.
Pflugschar-Zungenständel

3. subsp. vomerácea – Gewöhnliche Unterart
Beschreibung: *Pflanze* ziemlich *hochwüchsig,* 20–55 cm hoch. Stengel hellgrün, unten bisweilen rot punktiert, oberwärts meist rötlich überlaufen. Laubblätter 4–7, bläulichgrün, aus scheidenförmigem Grunde lineal-lanzettlich, spitz, die unteren aufrecht-abstehend, die obersten 1–2 tragblattartig, braunrot überlaufen. *Blütenstand verlängert, locker, 3- bis 10blütig. Blüten groß.* Tragblätter lanzettlich-zugespitzt, rötlichviolett, meist viel länger als der Sepalhelm. Perigonblätter helmförmig, 20–30 mm lang, zugespitzt, graublauviolett, zumeist steil aufwärts gerichtet. *Vorderlippe* hell rostbraun bis bräunlichviolett, *schmal-lanzettlich, 20–30 mm lang, 8–12 mm breit,* herabhängend bis zurückgekrümmt. Seitenlappen der Hinterlippe fast ganz im Sepalhelm. Am *Ansatz der Vorderlippe dicht* und ziemlich lang *behaart.* Am Grunde der Lippe zwei parallele Schwielen, rosaviolett.
Blütezeit: Von April bis Juni.
Höhenverbreitung: Von der Küste bis 1000 m.
Standort: In feuchten und trockenen Wiesen, auf Ödland, im Gebüsch, in lichten Kiefernwäldern.
Bastarde: Mit *S. cordigera, lingua, neglecta* subsp. *neglecta, parviflora, vomeracea* subsp. *laxiflora,* selten mit *O. coriophora, laxiflora, morio, papilionacea.*
Bildnachweis: 1. 5. 1971, Comer See (Norditalien), H. Baumann.

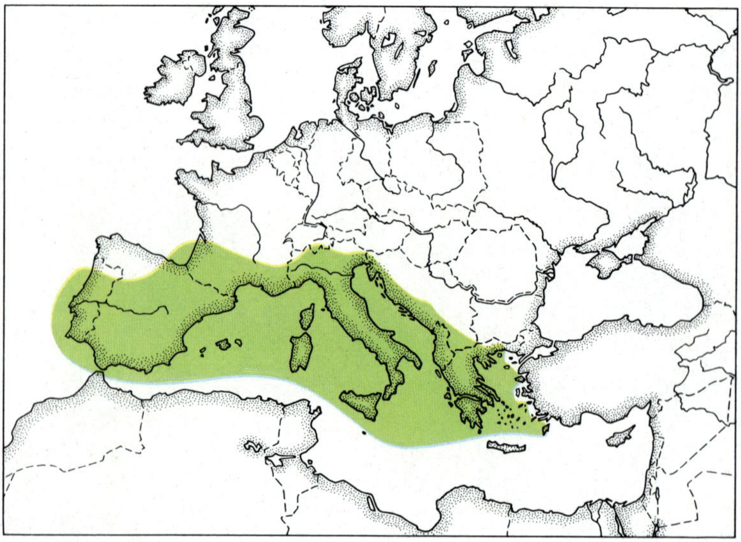

Spiránthes aestivális (POIR.) L. C. RICH.
Sommer-Drehwurz

Beschreibung: Pflanze schlank, 10–40 cm hoch. Stengel meist etwas hin und her gebogen, vom Grunde beblättert, oberwärts drüsig behaart. Untere Laubblätter aus scheidigem Grunde lineal-lanzettlich, 5–12 cm lang, 4–9 mm breit, rinnig, aufrecht bis schräg abstehend, gelblichgrün, die untersten einander genähert, die obersten kleiner, tragblattartig, entfernt stehend. *Blütenstand* schmal, 3–10 cm lang, dicht- und reichblütig (6–20 Blüten), *spiralförmig* angeordnet. *Blüten klein, weiß.* Tragblätter lanzettlich, zugespitzt, außen drüsig behaart, länger als der Fruchtknoten, 6–9 mm lang. *Perigonblätter* lanzettlich, 5–7 mm lang, weiß, anfangs zusammen *mit der Lippe eine waagerechte Röhre bildend, seitliche Sepalen zuletzt abstehend.* Lippe länglich-eiförmig, 6–7 mm lang, weißlich, in der Mitte grün, nach vorne kreisförmig verbreitert, am Rande gekerbt, *ohne Sporn.*
Blütezeit: Von Juni bis August.
Höhenverbreitung: Von der Küste bis 1300 m.
Standort: In sumpfigen Wiesen, in Kalk-Flachmooren, in moorigen Waldstellen.
Naturschutz: Nach der Bundesartenschutz-Verordnung vom Aussterben bedroht.
Bastarde: Selten mit *Sp. spiralis.*
Bildnachweis: 20. 8. 1980, Wangen (Oberschwaben), H. Baumann.
Das Bild zeigt den korkenzieherartig gedrehten Blütenstand mit den kleinen, rein weißen Blüten. Die Blüten sind nur wenig geöffnet.

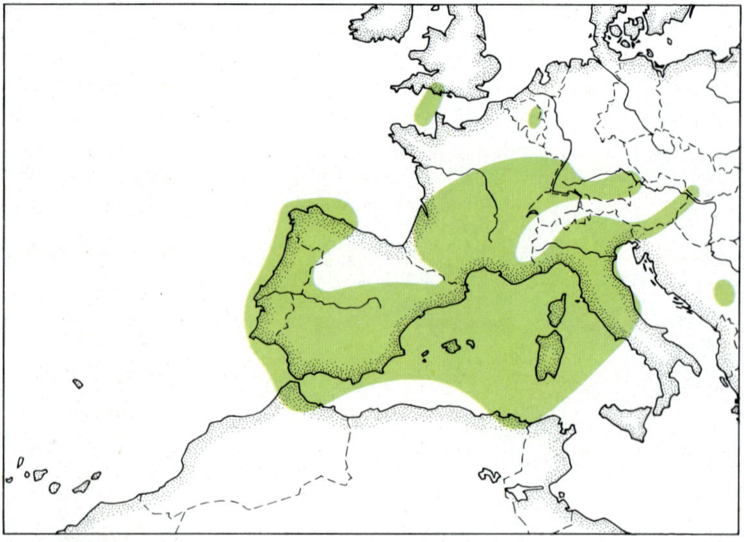

Spiránthes romanzóffiana CHAM.
Irische Drehwurz

Beschreibung: Pflanze 10–30 cm hoch. Stengel etwas hin und her gebogen, kahl, gelblich, vom Grunde an beblättert. Untere Laubblätter 5–6, vorwiegend grundständig, lineal-lanzettlich bis schmal länglich, 7–12 cm lang, 5–13 mm breit, spitz, ziemlich aufrecht, gelblichgrün, die oberen kleiner, in die Tragblätter übergehend. *Blütenstand* kurz-zylindrisch, 3–6 cm lang, dicht mit 12–35 Blüten *in 3 Spiralen angeordnet.* Tragblätter eiförmig, 10–17 mm lang, zugespitzt, außen drüsig behaart. Blüten klein, weiß bis grünlich oder cremefarbig. *Perigonblätter* lanzettlich, etwa 12 mm lang, zugespitzt, *mit der Lippe eine bis zur Hälfte geschlossene waagerechte Röhre bildend,* außen fein behaart. *Lippe* länglich-eiförmig, *stark nach unten gebogen,* nach vorne kreisförmig verbreitert, am Rande gezähnelt, ohne Sporn.
Blütezeit: Von Juli bis August.
Höhenverbreitung: Im Küstenbereich und niedere Lagen.
Standort: In feuchten Wiesen, auf Torfmooren und an Seeufern, am Rande von Bächen und Flüssen.
Naturschutz: In Europa nur wenige Vorkommen. Die Art hat in Nordamerika von Alaska bis Pennsylvania ihr Haupt-Verbreitungsgebiet.
Bastarde: Nicht nachgewiesen.
Bildnachweis: Zeichnung E. Nelson (unveröffentlicht) nach einer Pflanze unbekannter Herkunft.

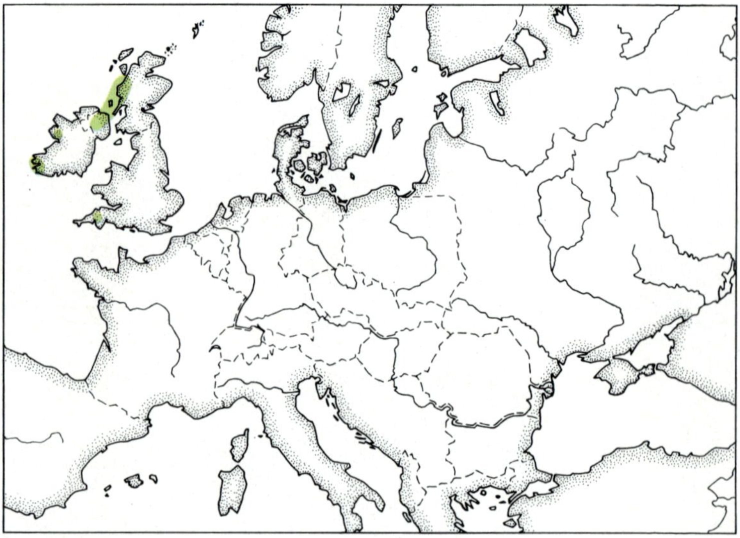

Spiránthes spirális (L.) CHEVALL.
Herbst-Drehwurz

Beschreibung: Pflanze zierlich, 6–35 cm hoch. *Stengel steht neben der jungen Blattrosette,* aufrecht oder etwas gebogen, bläulichgrün, mit 3–7 lanzettlichen Blattschuppen, oberwärts drüsig behaart. *Laubblätter* grundständig, 3–6, rosettenartig angeordnet, eiförmig, *2–3,5 cm lang,* breitgestielt, bläulichgrün. *Blütenstand* schmal, 3–14 cm lang, dicht- und reichblütig (6–20 Blüten), *spiralförmig angeordnet,* bisweilen einseitswendig. Blüten klein, weiß bis grünlichweiß. Tragblätter eiförmig bis lanzettlich, zugespitzt, an den Rändern weißlich, außen drüsig behaart, länger als der Fruchtknoten. *Perigonblätter* länglich, 6–7 mm lang, weiß, *die 3 oberen bilden zusammen mit der Lippe eine waagerechte Röhre, seitliche Sepalen abstehend.* Lippe länglich, 6–7 mm lang, 4 mm breit, am Rande wellig bis gekerbt, gelblich grün, *ohne Sporn.*
Blütezeit: Juli bis Oktober.
Höhenverbreitung: Von der Küste bis 1200 m.
Standort: Auf beweidetem Ödland, am Rande von Sumpfwiesen, in frischen Berg- und Waldwiesen, in Dünentälchen und im lichten Kiefernwald.
Naturschutz: In Mitteleuropa stark zurückgegangen.
Bastarde: Sehr selten mit *Sp. aestivalis.*
Bildnachweis: 9. 9. 1972, Göppingen (Baden-Württemberg), H. Baumann.
Das Bild zeigt den stark behaarten Blütenstand mit den grünlichweißen Blüten. Der Schlund der Blütenlippe ist grün gefärbt.

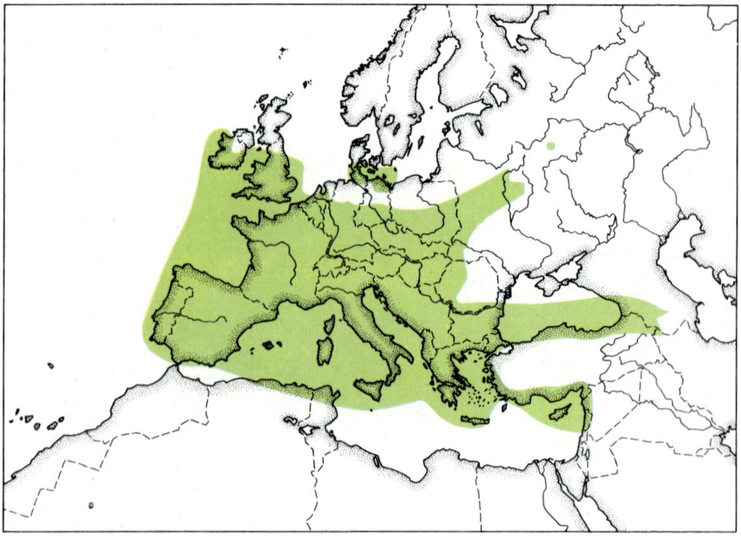

Steveniélla satyrioídes (SPRENGEL) R. SCHLECHTER
Kappenwurz

Beschreibung: Pflanze 15–60 cm hoch. *Stengel* rund, steif, ziemlich dick, *am Grunde mit einem Laubblatt* und 2–3 scheidenförmigen Stengelblättern. *Laubblatt groß,* 10–20 cm lang, 2,5–6,5 cm breit, lanzettlich bis zungenförmig, bogenförmig abstehend, gegen die Basis schmäler, stengelumfassend, dunkel-olivgrün, *rot überlaufen* oder gestreift. Blütenstand zylindrisch, bis zu 18 cm lang, etwas locker, 7- bis 20blütig. *Blüten* ziemlich klein, *an den Stengel gedrückt.* Tragblätter 4–14 mm lang, bisweilen schuppenförmig, bisweilen auch lanzettlich, zugespitzt, etwa so lang wie der Fruchtknoten. *Perigonblätter einen geschlossenen,* 8–10 mm langen *Helm bildend, außen schmutzig grünlichrot,* innen gelblichgrün. *Lippe* im oberen Teil *dreilappig,* 8–10 mm lang, oliv- oder *gelblichgrün,* am Grunde rot getönt, Mittellappen zungenförmig, bis zu 6 mm lang, Seitenlappen klein, rundlich. *Sporn* breit konisch, 3–4 mm lang, am Grunde 4 mm breit, *an der Spitze* meist *deutlich zweigeteilt.*
Blütezeit: Von April bis Juni.
Höhenverbreitung: Von der Küste bis 2100 m.
Standort: An buschigen Hängen, in feuchten Bergwiesen, am Rande von Nadel- und Buchenwäldern, bisweilen auch im Kiefernwald.
Bastarde: Keine Nachweise bekannt.
Bildnachweis: 1. 6. 1981, Bolu (Nordwesttürkei), H. Baumann.
Das Bild zeigt die rötlich überlaufenen Grundblätter und das stengelständige Scheidenblatt. Die Blüten sind grüngelb gefärbt, die Lippe dreilappig.

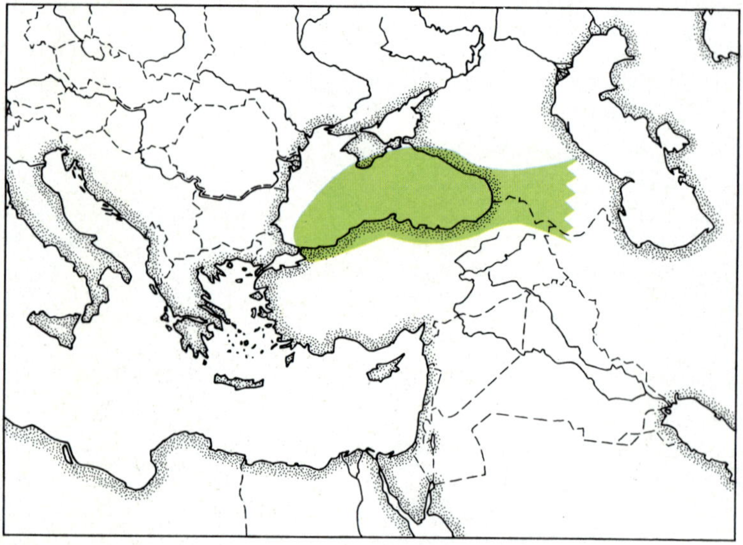

Traunsteinéra globósa (L.) REICHENB.
Kugel-Knabenkraut

Beschreibung: Pflanze schlank, 20–70 cm hoch. Stengel meist etwas hin und her gebogen, kahl, gelblichgrün. Laubblätter blaugrün, am Stengel verteilt. Untere 2–3 Blätter länglich-lanzettlich, 5,5–11 cm lang, 1,5–3 cm breit, spitz oder zugespitzt, ziemlich aufrecht, am Grunde langscheidig, ungefleckt. Oberwärts 1–2 kleine, lineale, zugespitzte Blätter. *Blütenstand* anfangs pyramidal, später *eiförmig bis rund,* 1,2–4 cm lang, 1,4–2,7 cm breit, dicht- und vielblütig. *Blüten klein, rosa,* selten weiß. Tragblätter schmal-lanzettlich, zugespitzt, etwa so lang wie der Fruchtknoten, grün, am Rande purpurn bis violett. *Perigonblätter* anfangs helmförmig zusammenneigend, später glockig abstehend-lanzettlich, lang zugespitzt, *fadenförmig verlängert, an der Spitze deutlich verdickt.* Seitliche Sepalen 6 mm lang, das mittlere Sepal 5 mm lang. Petalen deutlich kürzer, dreinervig. *Lippe* breit dreilappig, 5–8 mm lang, 4 mm breit, *mit dunkelroten Flecken.* Seitenlappen rhombisch, am Rande gezähnelt. *Mittellappen länglich,* nach vorne zuweilen *mit einem kleinen Anhängsel.* Sporn dünn, 3 mm lang.
Blütezeit: Von Mai bis August, je nach Höhenlage.
Höhenverbreitung: Von 400 m bis 2500 m.
Standort: In frischen Bergwiesen, in alpinen Matten, gern auf Kalk, auch auf Schiefer und auf Urgestein.
Bastarde: Keine sicheren Nachweise bekannt.
Bildnachweis: 15. 7. 1972, Damüls (Bregenzer Wald, Österreich), H. Baumann.

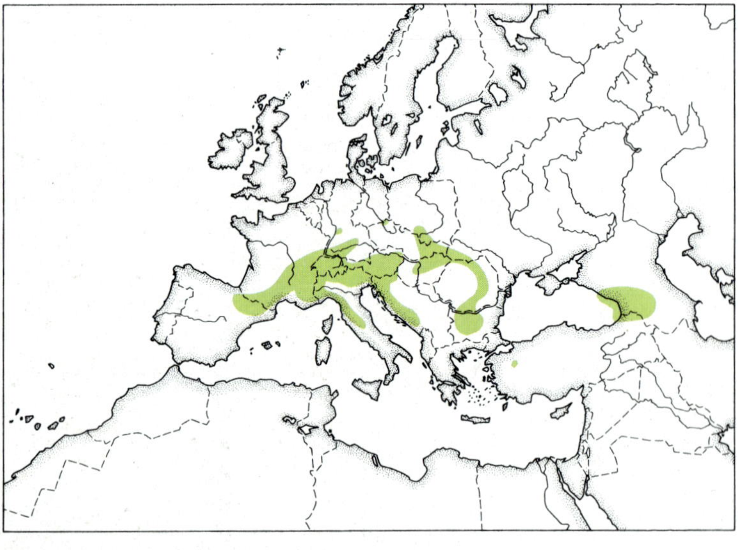

Traunsteinéra sphaérica (M.-BIEB.) R. SCHLECHTER
Rundes Knabenkraut

Beschreibung: Pflanze stattlich, 25–65 cm hoch. Stengel aufrecht oder leicht hin und her gebogen, kahl, gelblichgrün. Laubblätter am mittleren und oberen Teil des Stengels verteilt. Mittlere Stengelblätter 2–3, aufrecht bis schräg abstehend, länglich-lanzettlich, 5–13 cm lang, 0,6–2,5 cm breit, kurz zugespitzt, am Grunde lang scheidig, bläulichgrün, ungefleckt. Oberwärts 1–2 zugespitzte Blattschuppen. *Blütenstand* pyramidenförmig, bis *eiförmig-rund,* 1,5–4,5 cm lang, 1,7–3,2 cm breit, dicht und vielblütig. *Blüten klein, gelblichgrün.* Tragblätter grün, lanzettlich, lang-zugespitzt, etwa so lang wie der Fruchtknoten. *Perigonblätter* eiförmig-lanzettlich, lang zugespitzt, *fadenförmig verlängert, an der Spitze deutlich verdickt,* anfangs helmförmig zusammenneigend, später glockig abstehend. Sepalen dreinervig, 7–8 mm lang. Petalen drei- bis fünfnervig, etwas kürzer, 5–6 mm lang. *Lippe* breit dreilappig, *ohne Punkte,* 6–7 mm lang, 7,5 mm breit. Seitenlappen schräg abwärts spreizend, rhombisch länglich, am Rande gezähnelt. *Mittellappen* zungenförmig, 4 mm lang, *an der Spitze fadenförmig verlängert,* 1,25–1,5 mm lang. Sporn schlank, konisch, stumpflich, 3–5 mm lang.
Blütezeit: Von Juni bis Juli.
Höhenverbreitung: Von 1600 m bis 2400 m.
Standort: In alpinen Matten und in lichten Bergwäldern.
Bastarde: Nicht nachgewiesen.
Bildnachweis: 10. 7. 1978, Rize (Nordosttürkei), H. Baumann.

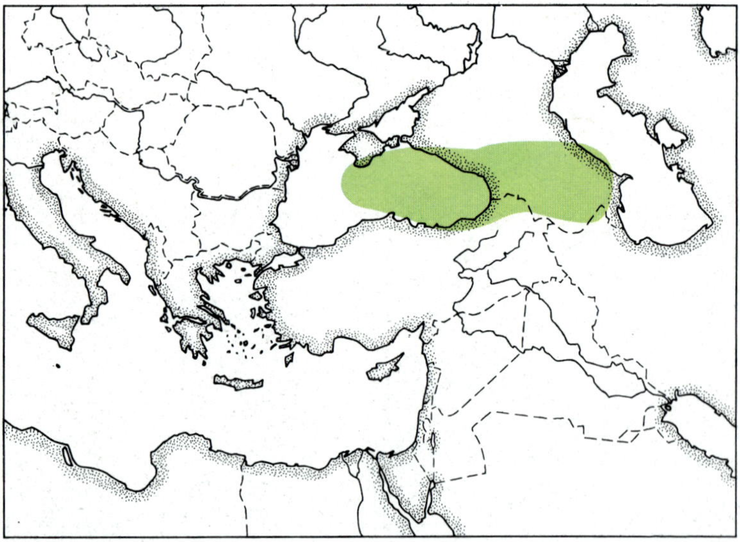

Endemiten von Madeira und vom Kaukasus

Dactylorhíza foliósa (VERM.) SOÓ – Blattreiches Knabenkraut
Beschreibung: Pflanze 30–70 cm hoch. *Laubblätter 8–12, am Stengel verteilt, bis zu 20 cm lang, ungefleckt.* Blütenstand 5–15 cm lang, dicht. *Blüten* ziemlich groß, *leuchtend rosapurpurn. Lippe breitrundlich,* 8–11 mm lang, 10–13 mm breit, *flach, vorne schwach dreilappig.* Zeichnung strich- bis punktförmig. *Sporn kurz und dünn,* 5–8 mm lang, *abwärts gerichtet.*
Blütezeit: Von Mai bis Juli. **Standort:** An feuchten Hängen, an Wassergräben, von 400–1000 m. **Verbreitung:** Endemit von Madeira. **Bildnachweis:** Madeira, Zeichnung E. Nelson, Tafel 28a (1976).

Goodyéra macrophýlla R. LOWE – Großblättriges Netzblatt (nicht abgebildet)
Beschreibung: *Pflanze bis 60 cm hoch. Laubblätter* rosettig, *12–20 cm lang, 3–7 cm breit,* grün, glänzend, oberwärts am Stengel zahlreiche lanzettliche Stengelblätter. *Blütenstand dicht, vielblütig, bis 20 cm lang. Blüten schmutzig-weiß. Perigonblätter helmförmig. Lippe zugespitzt, nach unten gebogen.*
Blütezeit: Von September bis November. **Standort:** Feuchte Schluchten und Steilhänge der höheren Bergregionen. **Verbreitung:** Endemit von Madeira.

Órchis scopulórum SUMMERH. – Felsen-Knabenkraut (nicht abgebildet)
Beschreibung: Pflanze bis 55 cm hoch. Laubblätter ungefleckt, am Grunde rosettig gehäuft, schmal-länglich. Blütenstand bis 10 cm lang, ziemlich locker, 8- bis 18blütig. Blüten lila bis rot. *Perigonblätter helmförmig, die seitlichen Sepalen* etwas *abstehend. Lippe rundlich flach, 14–17 mm lang, 13–16 mm breit, dreilappig,* gezähnelt bis ausgerandet, rötlich punktiert. *Sporn abwärts gerichtet,* 6–8 mm lang.
Blütezeit: Im Juni. **Standort:** An felsigen Abhängen, auf Ödland, von 800–1000 m. **Verbreitung:** Endemit von Madeira.

Cephalanthéra caucásica KRAENZL. – Kaukasisches Waldvögelein (nicht abgebildet)
Beschreibung: *Pflanze* 20–60 cm hoch, *Laubblätter* 7–9, die unteren eiförmig-elliptisch, *5–20 cm lang, 4–7 cm breit,* die oberen länglich-lanzettlich. Blütenstand dicht, vielblütig. *Blüten groß, rein weiß,* ziemlich geöffnet, *ohne Sporn. Untere Tragblätter laubblattähnlich, bis zu 10 cm lang,* nach oben rasch verkleinert. Sepalen elliptisch-lanzettlich, 18–24 mm lang. Lippe aufgerichtet, 10–12 mm lang. Vorderlippe in der Mitte gelborange, dicht behaart.
Blütezeit: Von Ende April bis Anfang Juni. **Standort:** Auf Waldwiesen, in Laubwäldern, von der Ebene bis 1900 m. **Verbreitung:** Vom südöstlichen Kaukasus bis in den Nord-Iran.

Óphrys caucásica WORONOW EX GROSSH. – Kaukasische Ragwurz (nicht abgebildet)
Beschreibung: Pflanze 10–25 cm hoch. Sepalen länglich-eiförmig, 10–12 mm lang, hell olivgrün, die seitlichen im unteren Teil purpurn gefleckt. *Petalen zungenförmig, 6 mm lang,* gelblich-grünlich, *kurz behaart. Lippe* im oberen Teil tief dreilappig, bis 12 mm lang und 10 mm breit, *stark gewölbt, purpurbraun.* Seitenlappen stark zurückgeschlagen und schwach gehöckert. *Anhängsel klein,* gelblich. *Zeichnung ein nach vorne verlängertes H.*
Blütezeit: Von April bis Mai. **Standort:** Von der Küste bis 600 m. **Verbreitung:** Endemit des Kaukasus.

Endemiten der Kanarischen Inseln und der Azoren

Habenária tridactylítes LINDL. – Dreifingrige Habenarie
Beschreibung: Pflanze 15–30 cm hoch. *Laubblätter 2, grundständig,* eiförmig, 4–18 cm lang, 1,2–7 cm breit, schwach glänzend. *Blütenstand blattlos,* locker, 5- bis 30blütig. *Blüten grün,* süßlich duftend. Seitliche Sepalen abstehend, die übrigen Perigonblätter helmförmig zusammenneigend. *Lippe tief dreilappig,* Lappen lineal, sehr lang. *Sporn fadenförmig,* etwa 15 mm lang. **Blütezeit:** Von November bis Februar. **Standort:** Von der Küste bis 800 m, meist an Felsen und auf felsigen Abhängen. **Verbreitung:** Kanarische Inseln (Teneriffa, Gran Canaria, Gomera, La Palma, Hierro). **Bildnachweis:** 1. 2. 1979, La Palma (Kanarische Inseln), M. Bayer.

Órchis canariénsis LINDL. – Kanarisches Knabenkraut
Beschreibung: Pflanze 25–60 cm hoch. Laubblätter 3–5, am Grunde rosettig gehäuft, schmal- bis breit-lanzettlich, flach, ungefleckt, etwas glänzend, nach oben ein stengelumfassendes Hochblatt. Blütenstand ziemlich kurz, locker. *Blüten weißlich bis hellrot,* Lippenzeichnung dunkelrot. Perigonblätter eiförmig-länglich, *seitliche Sepalen steil nach oben gerichtet, mit grünem Mittelstreifen,* aber ohne dunkle Punkte, die übrigen Perigonblätter helmförmig. Lippe im vorderen Drittel dreilappig. *Sporn sackförmig,* höchstens *1/2 so lang wie der Fruchtknoten,* waagerecht abstehend bis leicht aufwärts gerichtet. Narbe von vorne kaum sichtbar. **Blütezeit:** März. **Verbreitung:** Kanarische Inseln (Teneriffa, Gran Canaria, Hierro). **Standort:** Meist im Kiefernwald in feuchten Felsschluchten, von 800–1400 m. **Bildnachweis:** 10. 2. 1977, Masca (Teneriffa), M. Bayer.

Platanthéra azórica R. SCHLECHTER – Azoren-Waldhyazinthe
Beschreibung: Pflanze 25–40 cm hoch. Laubblätter am Grunde 3–4, breit-oval, 15–17 cm lang, 3–4 cm breit, nach oben 5–7 Stengelblätter, allmählich kleiner werdend. Blütenstand 8–10 cm lang, ziemlich locker, vielblütig. *Blüten* klein, *weißlich. Seitliche Sepalen* länglich-oval, 4 mm lang, *nach unten geschlagen,* mittleres Sepalblatt eiförmig, 3 mm lang, aufgerichtet. Petalen dreieckig, 3 mm lang. *Lippe* zungenförmig, 3–3,5 mm lang, *nach oben gebogen. Sporn lang, 7–8 mm lang,* dünn, nach unten gebogen. **Blütezeit:** Juni bis Juli. **Verbreitung:** Endemit der Azoren (Sao Miguel, Sta. Maria, Flores). **Standort:** An rasigen Stellen der mittleren und höheren Berglagen. **Bildnachweis:** Azoren, K. Robatsch.

Platanthéra micrántha (C. HOCHST.) R. SCHLECHTER – Kleinblütige Waldhyazinthe
Beschreibung: Pflanze 12–35 cm hoch. Laubblätter am Grunde 2, länglich-oval, 6–11 cm lang, 1,8–3 cm breit, nach oben 3–4 Stengelblätter, länglich-oval bis lanzettlich. Blütenstand 5–12 cm lang, dicht vielblütig. *Blüten* klein, *gelbgrünlich. Seitliche Sepalen* oval, 2–3 mm lang, *seitlich abstehend,* mittleres Sepalblatt breit-oval, 2–3 mm lang, nach vorn geneigt. Petalen dreieckig, 2,5 mm lang. *Lippe* länglich, 3 mm lang, 2,3 mm breit, *abwärts gerichtet. Sporn kurz, 2–3 mm lang,* zylindrisch, abwärts gerichtet. Pollenfächer nach unten auseinanderspreizend. **Blütezeit:** Juni bis Juli. **Verbreitung:** Endemit der Azoren (Sao Miguel, Pico, Faial). **Standort:** An Berghängen, 400–1400 m. **Bildnachweis:** Azoren, K. Robatsch.

Ophrys-Bastarde (1)

Die *Ophrys*-Arten verfügen über den raffiniertesten Bestäubungsmechanismus der mediterranen Orchideen. Die Blüten lassen eine große Ähnlichkeit mit dem Körper der Insekten erkennen, vor allem mit dem von Bienen. Bestäuber sind fast ausschließlich Männchen von Hautflüglern, die regelmäßig vor den entsprechenden Weibchen schlüpfen. Die *Ophrys*-Blüte wirkt nun als Täuschblume, indem sie für das paarungswillige Insektenmännchen ein Weibchen imitiert, auf dem es sich niederläßt, um das vermeintliche Weibchen seiner Art zu befruchten. Bei dieser Gelegenheit werden die beiden Pollenpakete mit ihren Klebscheiben am Kopf des Insektes angekittet, beim Besuch der nächsten Blüte auf die Narbe übertragen und damit die Bestäubung vollzogen. Zusätzlich senden die *Ophrys*-Blüten einen Duft aus, der dem Sexuallockstoff der Insektenweibchen entspricht und die Männchen über größere Entfernungen anzulocken vermag. Die unterschiedliche Lippengröße und die großen Verbreitungsgebiete der Pflanzen deuten aber darauf hin, daß verschiedene Bestäuber in Frage kommen müssen. Man nimmt heute an, daß fast jede *Ophrys*-Art einen eigenen, spezifischen Bestäuber besitzt, wobei die pelzige Randbehaarung der Lippe und die kahle Malzeichnung weitere Signale für die Spezifität der Bestäuber darstellen.

Ophrys bombyliflora × tenthredinifera (oben links)
Petalen mittellang und behaart, Sepalen abgerundet und schmutziggrün. Die Lippe ist schwach dreilappig mit kleinen Seitenhöckern, der Rand gelb gefärbt. Die Malzeichnung ist reduziert, die Narbenhöhle breit und glänzend, das Anhängsel klein.
Bildnachweis: 19. 4. 1980, Grosseto (Norditalien), H. Baumann.

Ophrys atrata × lunulata (oben rechts)
Lippe langgestreckt und schwach gehöckert, an den Seitenrändern zottig behaart, am unteren Rand gelb gesäumt. Malzeichnung H-förmig, blau, nicht auf die Seitenhöcker ausladend. Seitliche Sepalen nach unten gezogen, Anhängsel klein.
Bildnachweis: 13. 4. 1980, Gela (Sizilien), H. Baumann.

Ophrys argolica × spruneri (unten links)
Lippe breit, deutlich dreilappig und schwach gehöckert, an den Seitenrändern (Schulter) dicht zottig behaart, rotbraun gefärbt. Malzeichnung ausgedehnt mit seitlichen Abzweigungen. Sepalen zweifarbig, auf der Oberseite hellrot, im unteren Bereich dunkler. Anhängsel klein und grün.
Bildnachweis: 20. 4. 1971, Delphi (Griechenland), H. Baumann.

Ophrys fusca × vernixia (unten rechts)
Die Pollinien werden von dem Insekt bei *O. fusca* mit dem Hinterleib, bei *O. vernixia* mit dem Kopf weggetragen. Die Sepalen sind schmutziggrün, die Petalen mittellang und hellbraun, schwach behaart. Die Lippenzeichnung ist großflächig, aber nicht als glänzender blauer Spiegel, sondern blaßblau mit silberner Einrahmung. Die Narbenhöhle ist stark wulstig mit schwachem basalem Einschnitt, im hinteren Bereich hell. Randbehaarung weniger lang und dicht als bei *O. vernixia.*
Bildnachweis: April 1980, Sardinien, M. Kalteisen.

Ophrys-Bastarde (2)

Die scheinbar perfekte Anpassung der *Ophrys*-Blüte an die spezifischen Bestäuber kann jedoch nicht verhindern, daß die Hybridisierung bei dieser Gattung weit verbreitet ist. Normalerweise handelt es sich um Einzelbastarde. Nur selten kommen sie in größerer Zahl vor. In wenigen Fällen gibt es sogar völlig stabilisierte Hybridpopulationen, die einen eigenständigen Eindruck erwecken und ein relativ großes Areal besiedeln, wobei eine oder sogar beide Elternarten völlig verschwunden sein können. Ein schönes Beispiel dafür stellt *O. delphinensis* dar, eine Sippe, die durch Bastardierung zwischen *O. argolica* und *œstrifera* hervorgegangen ist. Weit verbreitet ist dies bei *O. bertolonii,* bei der sich eine ganze Reihe von Bastardpopulationen gebildet hat und die infolge einer weiträumigen Trennung auch als eigenständige Arten aufgefaßt werden *(O. benacensis, bertoloniiformis, catalaunica).*

Ophrys bertolinii × tenthredinifera (oben links)
Sepalen blaßrosa, Petalen gleich gefärbt und halb so lang, dicht behaart. Lippe bauchig und braun gefärbt, an der Seite und im unteren Teil gelb behaart. Die Malzeichnung ist klein und isoliert mit einer Verbindung zur Basis. Das Anhängsel ist klein und aufwärts gerichtet, darüber befindet sich ein kleines Haarbüschel.
Bildnachweis: 10. 4. 1980, Sizilien, H. Baumann.

Ophrys tenthredinifera × vernixia (oben rechts)
Bastarde unter Beteiligung von *O. vernixia* sind besonders dekorativ und gut interpretierbar, da diese Art eine Reihe von Merkmalen besitzt, die bei den anderen Arten nicht vorkommen (Spiegelzeichnung, flache Lippe, wulstige Narbenhöhle). Sepalen dunkelrot, Petalen braunrot und zungenförmig, stark behaart. Lippe am Rande zottig behaart, Malzeichnung flächig mit blauem, aber mattem Glanz, Anhängsel braun und seitlich abstehend. Säule am Ende stumpf, die Narbenhöhle ist gratartig eingefaßt. Extrem seltener Bastard.
Bildnachweis: 25. 4. 1974, Ronda (Südspanien), H. Baumann.

Ophrys lunulata × oxyrrhynchos (unten links)
Sepalen schmutzig grün und seitlich nach unten gezogen, Petalen 1/3 so lang wie die Sepalen, grünlichbraun und behaart. Lippe schwach dreilappig, gehöckert, im Zentrum braun und an den Rändern hellgelb, die Seitenlappen stark behaart. Die Lippenzeichnung erstreckt sich bis ins untere Lippendrittel und ist bläulich und silbrig umrandet. Das Anhängsel steht aufwärts und ist groß.
Bildnachweis: 15. 4. 1980, Sizilien, H. Baumann.

Ophrys fusca × lutea (unten rechts)
In diesem Fall handelt es sich um eine Kreuzung zwischen der großblütigen *O. lutea* und einer weit kleineren *O. fusca,* die beide Hinterleib-Bestäuber besitzen. Die Lippe ist breit und flach, im oberen Bereich liegt das bläuliche Mal, in der Mitte ist sie dunkelbraun und an den Rändern heller gefärbt, wobei der Einfluß von *O. fusca* besonders am unteren Lippenrand durch eine verwaschene Zeichnung in Erscheinung tritt. Der Lippenknick ist nur schwach ausgeprägt.
Bildnachweis: 20. 4. 1970, Médéa (Nordalgerien), H. Baumann.

Orchis-Bastarde

Auch innerhalb der Gattung *Orchis* ist eine Hybridisierung sehr leicht möglich, und es scheint zwischen den verschiedenen Arten keine deutlichen Paarungsschranken zu geben. Im Gegensatz zur Gattung *Ophrys* ist die Spezifität der Bestäuber nicht so ausgeprägt, und es ist sicher, daß verschiedene Arten von den gleichen Insekten bestäubt werden können. Ein wichtiges Indiz dafür ist die Tatsache, daß bestimmte Bastarde mit großer Regelmäßigkeit auftreten, sobald die Elternarten zusammen vorkommen. Es gibt jedoch eine Reihe anderer Arten, bei denen eine Bastardierung sehr selten ist oder überhaupt nicht beobachtet wurde.

Orchis morio × papilionacea (oben links)
Bei gemeinsamen Vorkommen der Elternarten kann überall mit dem Vorkommen von Bastarden gerechnet werden. Oft handelt es sich um ganze Bastardschwärme. Da die Bastarde selbst wiederum fortpflanzungsfähig sind, können sie mit den Elternarten erneut in genetischen Kontakt treten, was zu einer enormen Variabilität dieser Rückkreuzungsprodukte führen kann. Die beiden Eltern unterscheiden sich vor allem in der Größe des Tragblattes und der Blüte, sowie in der Form der Lippe und des Sporns. Diese Merkmale finden sich in mehr oder weniger intermediärer Ausbildung bei den Bastarden.
Bildnachweis: 15. 4. 1974, Moulay Idriss (Marokko), H. Baumann.

Orchis militaris × purpurea (oben rechts)
Für diesen Bastard gilt das unter *O. morio × papilionacea* Gesagte. Seine besonderen Kennzeichen sind: Der Helm ist auf der Außenseite schmutzig braunrot, die Nervatur und die Ränder treten dunkler hervor. Die Lippe ist breit und dreilappig, der Mittellappen nochmals geteilt. Die Lippe ist im oberen Teil hell gefärbt und dicht mit dunkelroten Papillen besetzt.
Bildnachweis: 25. 5. 1976, Möckmühl (Baden-Württemberg), H. Baumann.

Orchis pauciflora × quadripunctata (unten links)
In diesem Fall handelt es sich um die Kreuzung zwischen einer gelbblühenden und einer rotblühenden *Orchis*- Art. In den meisten Fällen dieser Art dominiert die rote Farbe, wie auch bei diesem Beispiel. Die seitlichen Sepalen sind stark zurückgeschlagen und am Ende abgerundet *(quadripunctata)*. Die Lippe ist stark dreilappig und wie die Perigonblätter schmutzig rot gefärbt. Die Malzeichnung besteht aus 4 Punkten am Sporneingang auf gelbem Grund. Der lange Sporn ist waagerecht orientiert, dicker als bei *O. quadripunctata.*
Bildnachweis: 15. 4. 1981, Korčula (Dalmatinische Inseln), H. Baumann.

Orchis tridentata × ustulata (unten rechts)
Auch diese Kreuzung ist gebietsweise, vor allem in den Südalpen, häufig und leicht anzusprechen. Die Außenseite des Helmes ist rotbraun *(ustulata)*, die Sepalen sind zugespitzt *(tridentata)*. Die Lippe ist dreilappig und mit dunklen Punkten übersät, der Mittellappen größer als die Seitenlappen.
Bildnachweis: 20. 5. 1977, Trient (Norditalien), H. Baumann.

Dactylorhiza-Bastarde

Innerhalb der Gattung *Dactylorhiza* spielt die Bastardierung eine nicht unbeträchtliche Rolle. Im Gegensatz zu *Ophrys* besitzt sie im Mittelmeergebiet keine große Bedeutung, da in diesem Gebiet die verschiedenen Arten meist ökologisch oder geographisch voneinander getrennt sind. Die Tendenz zur Hybridisierung nimmt in Mittel- und Nordeuropa stark zu, vor allem in den Feuchtgebieten der Alpen und des Alpenvorlandes, wo sich im Laufe eines langen Zeitraumes ganze Hybridschwärme aus zwei oder mehreren Arten ungestört entwickeln konnten, die ein völlig anderes Aussehen als die Elternarten besitzen können.

Dactylorhiza romana × sambucina (oben links)
Diese Kreuzung ist ziemlich selten. Die beiden Elternarten kommen nicht oft gleichzeitig vor. Die hellgelbe Lippe ist dreilappig mit vorgezogenem Mittellappen, die Blütengröße intermediär. Das wichtigste Kennzeichen ist der dicke und lange Sporn, der waagerecht bis leicht aufwärts gerichtet ist.
Bildnachweis: 20. 4. 1977, Mte. Gargano (Süditalien), H. Baumann.

Dactylorhiza elata × incarnata (oben rechts)
Auch in diesem Fall handelt es sich um eine Kreuzung zwischen einer mediterranen und einer mitteleuropäischen Art, die nur unter besonderen Umständen zu erwarten ist. Die besonderen Kennzeichen sind: Lippe rundlich mit schwach vorgezogenem Mittellappen, Seitenlappen der Lippe nicht zurückgeschlagen *(elata)*. Lippenzeichnung fein schleifenförmig *(incarnata)*. Sporn relativ dünn und abwärts gerichtet.
Bildnachweis: 25. 5. 1980, Cuenca (Ostspanien), H. Baumann.

Dactylorhiza iberica × nieschalkiorum (unten links)
Diese Kreuzung ist besonders interessant, da *D. iberica* durch das Vorhandensein von rübenförmig verlängerten Wurzelknollen und unterirdischen Ausläufern morphologisch klar von den übrigen *Dactylorhiza*-Arten abgesetzt ist. Die besonderen Kennzeichen sind: Die Lippe ist flach und an den Rändern aufgebogen und dort hellrot gefärbt, im Zentrum hell, mit dunklen Strichen gezeichnet, die auf die seitlichen Sepalen übergreifen. Der Sporn ist relativ dick und mittellang, abwärts gerichtet.
Bildnachweis: 14. 7. 1978, Bolu (Nordwesttürkei), H. Baumann.

Dactylorhiza incarnata × majalis (unten rechts)
Es handelt sich um einen der besonders häufigen mitteleuropäischen *Dactylorhiza*-Bastarde, die schwarmweise auftreten können, da die beiden Elternarten oft am gleichen Standort miteinander vergesellschaftet sind. Der Bastard fällt allein schon deshalb auf, weil er oft hochwüchsiger und reichblütiger als die Elternpflanzen ist (Heterosiseffekt). Seine besonderen Kennzeichen sind: Lippe dreilappig mit vorgezogenem Mittellappen, breit und an den Rändern leicht zurückgeschlagen. Die Zeichnung der Lippe ist schleifenartig.
Bildnachweis: 17. 6. 1981, Weingarten (Baden-Württemberg), H. Baumann.

Interspezifische Bastarde verschiedener Gattungen

Der Ausdruck „interspezifischer Bastard" bezieht sich auf einen Bastard zwischen Arten derselben Gattung. Unter den europäischen Orchideen tritt er besonders häufig innerhalb der Gattungen *Dactylorhiza, Ophrys, Orchis* und *Serapias* auf. Seit langem ist jedoch bekannt, daß eine Bastardierung innerhalb jeder Gattung möglich ist. An Hand der folgenden Beispiele soll dies verdeutlicht werden. Die Bastardformeln entsprechen der korrekten Kurzform.

Platanthera bifolia × chlorantha (oben links)
Beide Elternarten stehen sich in ihrer äußeren Erscheinung sehr nahe, und es bedarf einer genauen Betrachtung, um eine sichere Bestimmung vornehmen zu können. Zwar ist *P. chlorantha* in allen Blütendimensionen deutlich größer als *P. bifolia,* aber dies tritt erst bei direktem Vergleich deutlich hervor. Das wichtigste Kennzeichen ist die Anordnung der Staubbeutelfächer, die bei *P. chlorantha* stark nach unten auseinanderspreizen, bei *P. bifolia* jedoch parallel und eng sind. Der abgebildete Bastard nimmt hier eine deutliche Mittelstellung ein.
Bildnachweis: 10. 6. 1981, Stammheim (Baden-Württemberg), H. Baumann.

Epipactis atrorubens × palustris (oben rechts)
Für die Abgrenzung der verschiedenen *Epipactis*-Arten gilt das unter *Platanthera* Gesagte. Bastarde zwischen diesen Arten sind daher nur sehr schwierig erkennbar. Eine Ausnahme stellt jedoch die Kreuzung zwischen *E. atrorubens* und *palustris* dar, da sich die Elternarten in einer ganzen Reihe von Merkmalen deutlich unterscheiden. Die besonderen Kennzeichen sind: Petalen schmutzigbraunrot und eirund, deutlich zugespitzt *(palustris).* Hinterlippe auf hellem Grund seitlich gelb geadert *(palustris),* der Nektar abscheidende Mittelteil breit gelblich. Vorderlippe herzförmig rot, mit zwei gelbroten, kraus gefalteten Höckern *(atrorubens).* Säulchen kurz und gelb *(atrorubens).* Extrem selten.
Bildnachweis: 15. 7. 1973, Wolfratshausen (Bayern), M. Kalteisen.

Gymnadenia conopsea × odoratissima (unten links)
Bei gemeinsamem Vorkommen der Elternarten kann fast überall mit dem Auffinden dieses Bastardes gerechnet werden. Blütenstand lang und reichblütig *(conopsea).* Blüten blaßrosa gefärbt *(odoratissima).* Sporn etwas länger als der Fruchtknoten. Mit Ausnahme der Spornlänge liegen die Werte für Abmessungen im Bereich der Blüten ziemlich intermediär zwischen den Elternarten: Fruchtknotenlänge 7 mm, Spornlänge 9 mm, Lippenbreite 6 mm. Die Spornlänge tendiert etwas mehr zum kürzerspornigen Elternteil *G. odoratissima.*
Bildnachweis: 2. 7. 1981, Weil der Stadt (Baden-Württemberg), H. Baumann.

Cephalanthera epipactoides × longifolia (unten rechts)
Im vorliegenden Fall handelt es sich um die Kreuzung zwischen einer gespornten und einer ungespornten *(longifolia)* Art. Die Spornlänge ist intermediär, ähnlich verhält es sich mit der Blütengröße. Die Blüten sind ziemlich geöffnet und rahmgelb, die mittleren und oberen Tragblätter sind länger als bei *C. longifolia.*
Bildnachweis: 9. 5. 1980, Canakkale (Nordwesttürkei), H. Baumann.

Intergenerische Bastarde

Im Gegensatz zu den interspezifischen Bastarden, die aus zwei verschiedenen Arten derselben Gattung hervorgehen, treten Bastarde zwischen Arten zweier Gattungen, sogenannte intergenerische Bastarde, sehr viel seltener auf. Der Gattungsname eines solchen Bastardes besteht aus Bestandteilen des Namens der beiden Elterngattungen. Im Gegensatz zu den interspezifischen Bastardnamen wird das Multiplikationszeichen (×) den Namen von Gattungsbastarden vorangestellt.

Aceras anthropophorum (L.) W. T. AITON × **Orchis italica** POIR. = × **Orchi-aceras bivonae** (TOD.) SOÓ (oben links)
Es handelt sich um die Hybridisierung zwischen einer ungespornten *(Aceras)* und einer gespornten Art *(italica),* wobei sich die Spornlänge halbiert (2 mm). Das besondere Kennzeichen dieser Kreuzung ist die tief dunkelrote Lippenfärbung, die keinem der beiden Elternteile zukommt. Die Perigonblätter bilden einen leicht offenen Helm, der auf der Außenseite hell *(italica)* gefärbt ist. Die Sepalen sind lang zugespitzt *(italica).* Die Lippe steht schräg nach außen und besitzt zwei weißliche Schwielen an der Basis *(Aceras).*
Bildnachweis: 10. 4. 1979, Lissabon (Portugal), H. Baumann.

Orchis papilionacea L. × **Serapias vomeracea** (BURM. fil.) BRIQ. subsp. **vomeracea** = × **Orchi-serapias ligustica** E. G. CAMUS (oben rechts)
Tragblätter länger als der Fruchtknoten *(vomeracea).* Petalen fast so lang wie die Sepalen, deutlich zugespitzt *(vomeracea),* mit grünen Nerven *(papilionacea).* Lippe purpurrot und dreilappig, groß, Mittellappen breit, Seitenlappen flach, Lippe nicht behaart *(papilionacea).* Schwielen an der Basis deutlich vorhanden *(vomeracea).* *Orchi-serapias*-Bastarde gehören zu den größten Seltenheiten.
Bildnachweis: 1. 5. 1971, Comer See (Norditalien), H. Baumann.

Dactylorhiza maculata (L.) SOÓ × **Gymnadenia odoratissima** (L.) L. C. RICH. = × **Dactylodenia regeliana** (BRUEGG.) PEITZ (unten links)
Auch hier handelt es sich um einen selten auftretenden Gattungsbastard. Die Lippe ist dreilappig mit vorgezogenem Mittellappen. Die Blüten sind karminrot gefärbt und besitzen eine unregelmäßige, verschwommene Lippenzeichnung, die auf die seitlichen Sepalen übergreift. Die Blütengröße ist intermediär. Die seitlichen Sepalen sind abstehend, aber nicht vollständig zurückgeschlagen. Die Narbenhöhle ist niedrig, der Sporn relativ kurz und dünn.
Bildnachweis: 16. 6. 1975, Reutlingen (Baden-Württemberg), H. Baumann.

Coeloglossum viride (L.) HARTM. × **Dactylorhiza maculata** (L.) SOÓ = × **Dactyloglossum conigerum** (NORMAN) RAUSCHERT (unten rechts)
Auch diese Kreuzung tritt nur sehr selten auf. Der Sepalhelm ist geöffnet, die seitlichen Sepalen sind abstehend, aber nicht vollständig zurückgeschlagen. Die Sepalen und Petalen sind rosa-schmutziggrün, an den Rändern braunrot überlaufen. Die Lippe ist langgestreckt und dreilappig und besitzt eine dunkelrote schleifenartige Zeichnung, die auf die Unterseite der seitlichen Sepalen übergeht. Der Sporneingang ist weit, der Sporn mittellang und schräg abwärts gerichtet.
Bildnachweis: 20. 7. 1980. Fextal (Graubünden, Schweiz), M. Kalteisen.

Gattungs-Bastarde mit Nigritella nigra (L.) KIRSCHL.

Die *Nigritella*-Arten besitzen ein räumlich weit getrenntes, arktisch-alpines Verbreitungsgebiet. Neben dieser eigenartigen Arealgestaltung ist diese Gattung auch morphologisch klar gekennzeichnet. Dies betrifft vor allem den kleinen Wuchs, die Anordnung und Form der Blätter, die nicht resupinierten und dunkel gefärbten Blüten mit dem extrem kurzen Sporn und dem intensiven Geruch nach Schokolade. Um so überraschender ist, daß *Nigritella* mit Vertretern anderer Gattungen bastardiert, die ebenfalls durch das Vorhandensein einer gespaltenen Knolle ausgezeichnet sind, besonders leicht aber mit *Gymnadenia*-Arten.

Gymnadenia conopsea (L.) R. BR. × **Nigritella nigra** (L.) KIRSCHL. = × **Gymnigritella suaveolens** (VILL.) E. G. CAMUS (oben links)
Diese Kreuzung ist der mit Abstand häufigste europäische Gattungsbastard. Die Hauptvorkommen liegen in den Zentralalpen, an der Peripherie des *N. nigra*-Areals gehen die Vorkommen stark zurück. Besondere Kennzeichen: Blütenstand beim Aufblühen dreieckig, Blüten karminrot bis rotviolett gefärbt. Lippe schräg nach oben weisend. Fruchtknotenlänge 6 mm, Spornlänge 5 mm, Lippenbreite 5 mm.
Bildnachweis: 15. 7. 1974, Dolomiten (Norditalien), H. Baumann.

Gymnadenia odoratissima (L.) L. C. RICH. × **Nigritella nigra** (L.) KIRSCHL. = × **Gym-nigritella heufleri** (A. KELLER) E. G. CAMUS (oben rechts)
Diese Kreuzung ist seltener, da *G. odoratissima* auf die Kalkalpen beschränkt ist. Im Vergleich zu × *G. suaveolens* ist sie in allen Abmessungen kleiner, die Blüten sind heller gefärbt. Die Lippe steht ebenfalls schräg nach oben. Die folgenden Maße dienen zur genauen Bestimmung: Fruchtknotenlänge 5 mm, Spornlänge 2,5 mm, Lippenbreite 4 mm.
Bildnachweis: 12. 7. 1973, Avers (Schweiz), H. Baumann.

Dactylorhiza maculata (L.) SOÓ × **Nigritella nigra** (L.) KIRSCHL. = × **Dactylitella tourensis** (GODF.) BORSOS & SOÓ (unten links)
Dieser Bastard tritt nur sehr selten auf. In optischer Hinsicht überwiegt der Einfluß von *D. maculata*. Seine besonderen Kennzeichen sind: Blütenstand reichblütig, Blüten relativ groß und violettrot gefärbt, Lippe mit dunkleren Strichen gezeichnet, die Zeichnung greift auf die Perigonblätter über, die Lippe weist schräg nach oben, der schokoladenartige Geruch ist deutlich wahrnehmbar, der Sporn ist etwa halb so lang wie der Fruchtknoten.
Bildnachweis: 15. 7. 1976, Galtür (Vorarlberg, Österreich), H. Baumann.

Nigritella nigra (L.) KIRSCHL. × **Pseudorchis albida** (L.) A. & D. LOEVE = × **Pseuditella micrantha** (A. KERNER) P. F. HUNT (unten rechts)
Auch diese Kreuzung ist außerordentlich selten. Der Blütenstand ist klein, aber reichblütig. Die Blüten sind schmutzig rosa, der zentrale Teil der Lippe ist grüngelb *(P. albida)*. Der Helm ist leicht geöffnet, die seitlichen Sepalen stehen ab und sind am Ende stumpf. Die Blütenlippe ist schwach dreilappig, der Mittellappen etwas vorgezogen. Die Blütenlippe steht schräg aufwärts. Fruchtknotenlänge 4 mm, Spornlänge 3 mm, Lippenbreite 4 mm.
Bildnachweis: 15. 7. 1974, Dolomiten (Norditalien), H. Baumann.

Orchideenblüten mit abweichender Färbung

Für alle Pflanzen, die von Insekten bestäubt werden, ist es von größter Bedeutung, daß die Bestäuber möglichst rasch und zahlreich angelockt werden. Dazu dienen häufig duftende oder auffällig gefärbte Blüten. Die Familie der Orchideen ist durch eine weitere Einrichtung dieser Art ausgezeichnet. Eines der sechs Blütenblätter, die sogenannte Lippe, ist durch Form, Farbe und Größe gekennzeichnet und dient als geeigneter „Landeplatz" für die Bestäuber. In vielen Fällen ist diese Lippe besonders intensiv gefärbt und mit zusätzlichen Markierungen versehen, wofür die Gattung *Ophrys* ein gutes Beispiel darstellt. Wenn auch die Blütenfarbe einer gewissen Variabilität unterworfen ist, so stellt sie doch für jede Art ein typisches Kennzeichen dar. Gelegentlich finden sich Pflanzen, bei denen die Blüten oder die Lippen nicht mehr die arttypische Färbung besitzen, sondern einfarbig hell gefärbt sind. Bei der Gattung *Ophrys* oder *Serapias* sind diese „Albinos" gelb bis grüngelb, bei *Dactylorhiza* und *Orchis* aber rein weiß gefärbt, um nur die wichtigsten zu nennen. Da diese Pflanzen meist nur einzeln vorkommen, liegt der Schluß nahe, daß bei diesen Mutanten (mutare = ändern) durch Ausbleiben der Bestäuber eine Fortpflanzung nicht mehr in vollem Umfang gewährleistet ist.

Orchis militaris L. (oben links)
Der Entzug des Blütenfarbstoffes ist nicht vollständig, da die Lippenzeichnung und die Nervatur des Helmes noch rot sind.
Bildnachweis: 25. 5. 1980, Stammheim (Baden-Württemberg), H. Baumann.

Ophrys vernixia BROT. (oben rechts)
Die grüngelbe Lippenfarbe zeigt den vollständigen Verlust des dunklen Blütenfarbstoffes an. Bei dieser Art ist dieser Vorgang bislang nur selten belegt worden.
Bildnachweis: 30. 3. 1973, Tabarka (Nordwesttunesien), H. Baumann.

Dactylorhiza incarnata (L.) SOÓ (unten links)
Diese Farbvariante besitzt noch Reste des Blütenfarbstoffes, da vollständig albinotische Formen rein weiß gefärbt sein müßten, was bei dieser Art nicht allzuselten vorkommt. Im Normalfall sind die Blüten kräftig rot, es gibt jedoch ganze Populationen, die einheitlich blaßrosa sind. Die hier abgebildete gelbgrüne Farbvariante kommt besonders in Mitteleuropa immer wieder in kleineren Populationen, allerdings in Begleitung der typischen Form, vor. Da sie darüber hinaus im Wuchs einen robusteren Eindruck erweckt, wird sie von einigen Fachbotanikern sogar als Unterart angesehen, obwohl die Blüten ansonsten keine Besonderheiten aufweisen.
Bildnachweis: 20. 6. 1979, Bad Wurzach (Baden-Württemberg), M. Kalteisen.

Orchis coriophora L. (unten rechts)
Auch diese Pflanze besitzt noch Reste des grünen Farbstoffes.
Bildnachweis: 18. 4. 1972, Tabarka (Nordwesttunesien), H. Baumann.

Verzeichnis wichtiger Synonyme

In der älteren und jüngeren Literatur über europäische Orchideen werden vielfach wissenschaftliche Namen gebraucht, die keine korrekten Namen im Sinne der internationalen Nomenklaturregeln sind. Eine wichtige Auswahl solcher Synonyme ist in der linken Spalte alphabetisch angeordnet. Der rechten Spalte lassen sich die korrekten Namen entnehmen, unter denen die Arten in diesem Buch aufgeführt sind.

Barlia longebracteata PARL.	*Barlia robertiana*
Calypso borealis SALISB.	*Calypso bulbosa*
Cephalanthera alba (CR.) SIMONK.	*Cephalanthera damasonium*
– *andrusii* POST	– *kurdica*
– *angustifolia* SIMONK.	– *longifolia*
– *ensifolia* L. C. RICH.	– *longifolia*
– *grandiflora* S. F. GRAY	– *damasonium*
– *pallens* L. C. RICH.	– *damasonium*
Corallorhiza intacta CHAM.	*Corallorrhiza trifida*
Corallorrhiza innata R. BR.	– *trifida*
Dactylorchis (KLINGE) VERM.	*Dactylorhiza*
Dactylorhiza cataonica (H. FLEISCHM.) HOLUB	– *osmanica*
– *caucasica* (LIPSKY) SOÓ	– *euxina*
– *cilicica* (KLINGE) SOÓ	– *osmanica*
– *fuchsii* (DRUCE) SOÓ	– *maculata*
– *incarnata* (L.) SOÓ	
– subsp. *africana* (KLINGE) SUNDERM.	– *elata*
– subsp. *turcestanica* (KLINGE) SUNDERM.	– *umbrosa*
– *kotschyi* (REICHENB. fil.) SOÓ	– *umbrosa*
– *lancibracteata* (K. KOCH) RENZ	– *urvilleana*
– *latifolia* (L.) SOÓ	– *majalis*
– *maculata* (L.) SOÓ	
– subsp. *osmanica* SUNDERM.	– *nieschalkiorum*
– subsp. *triphylla* SUNDERM.	– *urvilleana*
– *majalis* (REICHENB.) P. F. HUNT & SUMMERH.	
– subsp. *caucasica* (KLINGE) SUNDERM.	– *euxina*
– *persica* (R. SCHLECHTER) SOÓ	– *umbrosa*
– *romana* (SEBAST.) SOÓ	
– subsp. *bartonii* A. J. HUXLEY & P. F. HUNT	– *insularis*
– subsp. *georgica* (KLINGE) SOÓ	– *flavescens*
– subsp. *siciliensis* (KLINGE) SOÓ	– *markusii*
– *saccifera* (BRONGN.) SOÓ	
– subsp. *cartaliniae* (KLINGE) SOÓ	– *urvilleana*
– subsp. *lancibracteata* (K. KOCH) SOÓ	– *urvilleana*
– *sambucina* (L.) SOÓ	
– subsp. *georgica* (KLINGE) SUNDERM.	– *flavescens*
– subsp. *pseudosambucina* (TEN.) SUNDERM.	– *romana*
– subsp. *siciliensis* (KLINGE) SUNDERM.	– *markusii*
– *sanasunitensis* (H. FLEISCHM.) SOÓ	– *umbrosa*

– *strictifolia* (OPIZ) RAUSCHERT	– *incarnata*
– *sulphurea* FRANCO	– *romana*
– subsp. *pseudosambucina* (TEN.) FRANCO	– *romana*
– subsp. *siciliensis* (KLINGE) FRANCO	– *markusii*
– *vanensis* E. NELSON	– *umbrosa*
Epipactis abyssinica PAX	*Epipactis veratrifolia*
– *atropurpurea* RAFIN.	*Cephalanthera rubra*
– *cambrensis* C. THOMAS	*E. phyllanthes*
– *consimilis* WALL. ex HOOK. fil.	– *veratrifolia*
– *helleborine* (L.) CRANTZ	
– subsp. *varians* (CR.) SOÓ	– *purpurata*
– *latifolia* (L.) ALL.	– *helleborine*
– *longifolia* ALL.	– *palustris*
– *pendula* C. THOMAS	– *phyllanthes*
– *rubiginosa* (CR.) W. KOCH	– *atrorubens*
– *sessilifolia* PETERM.	– *purpurata*
– *somaliensis* ROLFE	– *veratrifolia*
– *varians* (CR.) H. FLEISCHM. & K. RECH. fil.	– *purpurata*
– *vectensis* (T. & T. A. STEPHENS.) B *ROOKE & F. ROSE*	– *phyllanthes*
– *violacea* (DUR.-DUQ.) BOREAU	– *purpurata*
– *viridans* (CR.) BECK	– *helleborine*
Gymnadenia albida (L.) L. C. RICH.	*Pseudorchis albida*
– *densiflora* (WAHLENB.) A. DIETRICH	*Gymnadenia conopsea*
– *frivaldii* ex HAMPE EX GRISEB.	*Pseudorchis frivaldii*
– *miniata* (CR.) HAYEK	*Nigritella nigra*
– *nigra* (L.) REICHENB. fil.	– *nigra*
– *rubra* R. WETTST.	– *rubra*
Helleborine MILLER	*Epipactis*
Himantoglossum bolleanum (SIEHE ex DAMMER) *R. SCHLECHTER*	*Himantoglossum affine*
– *longebracteatum* R. SCHLECHTER	*Barlia robertiana*
Jonorchis abortiva (L.) BECK	*Limodorum abortivum*
Leucorchis E. H. F. MEYER	*Pseudorchis*
Limnorchis hyperborea (L.) RYDB.	*Platanthera hyperborea*
Loroglossum L. C. RICH.	*Himantoglossum*
Malaxis paludosa (L.) SW.	*Hammarbya paludosa*
Microstylis monophyllos (L.) LINDL.	*Malaxis monophyllos*
Neotinea intacta (LINK) REICHENB. fil.	*Neotinea maculata*
Nigritella angustifolia L. C. RICH.	*Nigritella nigra*
– *miniata* (CR.) JANCHEN	– *nigra*
Ophrys adonidis A. CAMUS & GOMBAULT	*Ophrys transhyrcana*
– *araneifera* HUDS.	– *sphegodes*
– *bicornis* SADLER	– *oestrifera* subsp. *oestrifera*
– *carmeli* H. FLEISCHMANN & BORNM.	– *umbilicata*
– *ciliata* BIV.-BERN.	– *vernixia*
– *cornuta* STEVEN	– *oestrifera* subsp. *oestrifera*
– *cretica* (VIERH.) E. NELSON	– *doerfleri*

– *cypria* RENZ	– *kotschyi*
– *dinsmorei* R. SCHLECHTER	– *umbilicata*
– *fuciflora* (F. W. SCHMIDT) MOENCH	– *holosericea*
– *grandiflora* TEN.	– *tenthredinifera*
– *kurdica* D. & U. RUECKBRODT	– *cilicica*
– *litigiosa* E. G. CAMUS	– *araneola*
– *luristanica* RENZ	– *schulzei*
– *mimnolea* O. SCHWARZ	– *reinholdii*
– *muscifera* HUDS.	– *insectifera*
– *myodes* JACQ.	– *insectifera*
– *orientalis* (RENZ) SOÓ	– *umbilicata*
– *phrygia* H. FLEISCHM. & BORNM.	– *oestrifera* subsp. *bremifera*
– *sintenisii* H. FLEISCHM. & BORNM.	– *transhyrcana*
– *speculum* LINK	– *vernixia*
– *sphaciotica* H. FLEISCHM.	– *spruneri*
– *tommasinii* VIS.	– *araneola*
Orchis affinis K. KOCH	*Dactylorhiza urvilleana*
– *amblyoloba* NEVSKI	– *urvilleana*
– *cartaliniae* (KLINGE) LIPSKY	– *urvilleana*
– *cataonica* H. FLEISCHMANN	– *osmanica*
– *caucasica* (LIPSKY) LIPSKY	– *euxina*
– *cilicica* (KLINGE) R. SCHLECHTER	– *osmanica*
– *fusca* JACQ.	*Orchis purpurea*
– *georgica* (KLINGE) LIPSKY	*Dactylorhiza flavescens*
– *hispanica* A. & CH. NIESCHALK	*Orchis langei*
– *macrostachys* TIN.	*Dactylorhiza gervasiana*
– *pontica* H. FLEISCHM. & HAND.-MAZZ.	– *urvilleana*
– *saccata* TEN.	*Orchis collina*
– *sesquipedalis* WILLD.	*Dactylorhiza elata*
– *triphylla* K. KOCH	– *urvilleana*
– *turcestanica* (KLINGE) KLINGE	– *umbrosa*
Platanthera montana (F. W. SCHMIDT) *REICHENB. fil.*	*Platanthera chlorantha*
– *oligantha* TURCZ.	*Lysiella oligantha*
– *parvula* R. SCHLECHTER	– *oligantha*
Serapias longipetala (TEN.) POLL.	*Serapias vomeracea*
– *pseudocordigera* (SEBAST.) MORIC.	– *vomeracea*
Spiranthes autumnalis L. C. RICH.	*Spiranthes spiralis*

Verzeichnis der wissenschaftlichen und deutschen Namen

Die halbfetten Seitenzahlen weisen auf die ausführliche Beschreibung hin.